AUTRES OUVRAGES DANS LA MÊME COLLECTION

Jean Brun : **Développez votre aptitude au bonheur.**

Jean Chartier (Docteur en psychologie) : **Vous et les autres... Cours pratique de caractérologie.**

Bruno Comby : **Comment vous libérer du tabac.**

Bruno Comby : **Stress-control.** Comment vous libérer du stress par les méthodes naturelles.

Patrick Estrade : **Vivre sa vie : comprendre, décider et agir.**

Patrick Estrade : **Réussissez votre personnalité.**

Patrick Estrade : **Vivre mieux : mode d'emploi.**

Patrick Estrade : **Le Couple retrouvé.**

Patrick Estrade : **L'Amour retrouvé.**

Patrick Estrade : **Bonjour l'ambiance !...** Comment améliorer les relations humaines en milieu professionnel.

Pierre Fluchaire : **La Révolution du rêve.**

Céline Gérent : **Le Guide du savoir-vivre sexuel.**

Alain Houel : **Comment faire face aux gens difficiles** dans vos relations quotidiennes.

Patrice Julien : **Cette vie, dont vous êtes le héros...**

Thierry Loussouarn : **Transformez votre vie par la sophrologie.**

Alexander Lowen, M.D. : **La Spiritualité du corps.**

Dr André Passebecq : **Votre santé par la diététique** et l'alimentation saine.

Dr André Passebecq : **L'Enfant.** Guide pratique pour les parents et éducateurs.

Dr André Passebecq : **Psychothérapie par les méthodes naturelles.**

Dr André Passebecq : **Qui ?** Découvrez qui vous êtes et qui sont réellement les autres par la grapho-morphopsychologie.

Marcel Rouet : **Relaxation psychosomatique.**

Marcel Rouet : **Maigrir et vaincre la cellulite par la détente nerveuse.**

Marcel Rouet : **Chassez la fatigue en retrouvant la forme !**

Marcel Rouet : **La Maîtrise de votre subconscient.**

Alain Saury : **Régénération par le jeûne.**

Yvonne Sendowski : **Gymnastique douce.**

Jean Spinetta : **Le Visage, reflet de l'âme.**

Pr Robert Tocquet : **Votre mémoire :** comment l'acquérir, la développer et la conserver.

Bonjour l'ambiance !...

collection "Psycho-soma"

(le corps et l'esprit)

DU MÊME AUTEUR

La Mésentente dans le couple et son remède (Éditions du G.T.P.P., Nice).

Vivre sa vie : comprendre, décider et agir. Manuel pratique de psychologie au quotidien (Éditions Dangles, 1988).

Réussissez votre personnalité. Guide pratique pour mieux vivre avec soi-même et les autres (Éditions Dangles, 1988).

Vivre mieux : mode d'emploi. Comment surmonter crises et déprime et décider d'être heureux (Éditions Dangles, 1989).

Le Couple retrouvé. Les mésententes conjugales et leurs remèdes (Éditions Dangles, 1990).

L'Amour retrouvé. Itinéraires pour une nouvelle vie conjugale (Éditions Dangles, 1991).

Bonjour l'ambiance !... Comment améliorer les relations humaines en milieu professionnel (Editions Dangles, 1993).

Patrick ESTRADE
(Psychologue, psychothérapeute)

Bonjour l'ambiance !...

Comment améliorer les relations humaines en milieu professionnel

Dessins de Huguette Estrade

Editions Dangles
18, rue Lavoisier
45800 ST-JEAN-DE-BRAYE

L'AUTEUR :

Professeur de français en République fédérale d'Allemagne, traducteur et interprète auprès du Gouvernement militaire français de Berlin pendant près de 10 ans, Patrick G. Estrade (né en 1948) a étudié la psychologie à l'Institut de psychologie analytique de Berlin où il poursuivit son analyse didactique auprès du professeur Josef Rattner avec qui il a travaillé durant 3 années comme cothérapeute. Il a publié de nombreux articles de psychologie, tant en Allemagne qu'en France.

En 1983, il fonde à Nice le Groupe de travail pour la psychologie des profondeurs (G.T.P.P.), la dynamique de groupe et la thérapie de groupe. Cette association, ayant pour objet d'encourager la recherche dans les domaines de la psychologie analytique et de la culture, publie une revue, des articles et organise des conférences régulières.

Patrick Estrade exerce à Nice depuis 1979 en tant que psychothérapeute en cabinet libéral ; il anime également des groupes de réflexion et des stages.

En outre, son activité d'écrivain le conduit à participer à de nombreuses émissions de radio et de télévision, ainsi qu'à donner dans toute la France des conférences sur tous les grands thèmes de la relation à autrui et de la communication. Ces conférences, qui sont très appréciées du fait du langage simple et accessible à tous qui a fait le succès de ses ouvrages, attirent un public sans cesse grandissant.

ISSN : 0397-4294
ISBN : 2-7033-0387-4

A Arthur, mon fils,
petit roi acharné au labeur.

Mes remerciements vont :

— A Albert Hervieu, une fois encore, pour les avis philosophiques éclairés et compétents et pour les « leçons » qu'il a bien voulu me donner.

— A Lucien Busutil (pharmacien, chimiste) et Gilbert Montigiani (entrepreneur) pour les âpres discussions qui ont conduit à la rédaction de certains chapitres de cet ouvrage.

— A ma sœur Annick Béroul, pour ses commentaires pris sur le vif en phase avec la réalité professionnelle quotidienne.

— Au docteur Valéro, homéopathe, pour l'éclairage médical qu'il a pu me fournir en certaines circonstances.

— A Mesdames Huguette Prévot, Esther Bohbot, Danièle Fabri et Heidi Roosli pour leur aimable soutien.

— Au docteur Génaro Galano, au docteur Sylviane Debroise, à Olivier Debroise aussi, pour leurs commentaires intelligents et sensibles.

— Aux membres du Groupe de psychologie analytique que je dirige à Nice qui m'ont apporté une aide inappréciable avec leur vécu personnel et leurs commentaires pénétrants et ciblés.

— A mon épouse, pour les dessins réalisés, et qui, une fois de plus, par son aide, ses encouragements, sa patience et ses mille remarques pertinentes, m'a permis de mener jusqu'à terme le présent ouvrage.

« Mais que diable allait-il faire dans cette galère ? »

Molière *(les Fourberies de Scapin).*

Avertissement

Une petite encyclopédie du bon sens psychologique

Avec cet ouvrage consacré au monde relationnel du travail, j'en arrive au sixième volet de mon projet d'une *« petite encyclopédie du bon sens psychologique »*. Peu à peu, le puzzle prend forme. Le nombre des rééditions des différents ouvrages me confirme le bien-fondé du propos que je tenais dans *le Couple retrouvé*. Voici ce que je disais :

Après presque vingt années d'étude de la psychologie et de la philosophie de l'existence et plus de treize années de pratique psychothérapique, je constate encore et toujours qu'il manque au grand public – c'est-à-dire à nous tous – certaines connaissances en matière de psychologie du quotidien.

Ces connaissances sont si « élémentaires » que nous les négligeons notre vie durant, sans même nous douter de leur caractère résolument fondamental. Cette *carence de l'élémentaire*, cette *ignorance du minimum* conduisent la plupart d'entre nous à gâcher leurs perspectives d'avenir professionnel, relationnel et amoureux et, à terme, à gâcher leur vie.

Lorsque je regarde autour de moi, je ne vois pas une seule couche sociale ni une seule profession qui puisse se targuer de détenir un tel savoir. Avocats, médecins, notaires, politiciens, chefs d'entreprise, industriels, professeurs, enseignants, éducateurs, fonctionnaires (grands et petits), musiciens, employés de banque, secrétaires, vendeurs et vendeuses, ouvriers, riches et pauvres, intellectuels et manuels... il n'en est pas un qui ne cafouille en un endroit ou en un autre de sa vie de la façon la plus funeste, pas un qui ne se heurte au plafond de ses préjugés, pas un qui ne conclut avec lui-même les compromissions les plus inadmissibles. Car le plus difficile, dans la vie, n'est pas de faire carrière ou de gagner un pouvoir toujours plus grand. **La grande difficulté réside dans l'aptitude à vivre avec les autres.** Parmi eux. Or, l'école nous a inculqué beaucoup de choses, mais elle ne nous a pas enseigné les rudiments d'un « vivre ensemble » digne de ce nom. J'ai personnellement beaucoup d'estime et d'admiration pour les instituteurs. J'ai toujours considéré que leur difficile métier relevait tout autant (sinon davantage) d'une sorte de « médecine du mental » que de la pédagogie (1). Mais comment un instituteur ou un professeur qui n'a pas fait lui-même « le tour » de sa personnalité pourrait-il intervenir efficacement sur celle de ses élèves ?

Les connaissances que je livre dans mes ouvrages sont « élémentaires ». Mais dans ce mot, je mets autant de poids que dans celui qu'affectionnait Sherlock Holmes devant le docteur Watson. Tant mieux pour qui les détient ! Que les autres, ceux qui les ignorent, sachent pourtant qu'elles sont primordiales pour quiconque veut entrer dans la vie adulte avec quelques chances de réussite.

Mon vœu serait que les ouvrages constituant ma *« petite encyclopédie du bon sens psychologique »* puissent servir sinon de référence, du moins de base de réflexion aux parents et aux éducateurs.

Précision pratique

Le lecteur pourra se sentir parfois importuné par les notes de bas de page renvoyant à mes autres ouvrages entrant dans le cadre de ma « petite encyclopédie du bon sens psychologique ». Mais pour être efficace, cet ensemble d'ouvrages qui, à terme devrait constituer une unité synthétique, doit éviter de se répéter. Cependant, tel thème abordé ne peut pas manquer de faire appel à d'autres réponses déjà fournies par ailleurs. S'il y a entité de la

1. Platon ne définissait-il pas l'ignorance comme une folie ?

personnalité, il ne peut y avoir cloisonnement hermétique des problématiques qui s'y rattachent. Le lecteur avisé sait parfaitement qu'un seul et unique livre ne saurait prendre en compte toute la complexité de la psychologie de notre quotidien. En revanche, j'espère qu'au fil de mes ouvrages, il pourra progressivement acquérir un certain pensum qui lui fournira une vision synoptique de l'ensemble des problèmes posés par l'âme humaine en sa rencontre avec autrui.

En guise de légitimité

En découvrant le présent ouvrage, une question pourrait d'emblée se poser au lecteur et à la lectrice, à savoir : Que vient faire un psychothérapeute dans le champ des relations professionnelles ? A-t-il compétence en la matière ? A quel titre ?

A cette question, je répondrai ceci : fondamentalement, un psychothérapeute est (ou en tout cas devrait être) un « polytechnicien » de la psychée, c'est-à-dire qu'il doit être en mesure de fournir un certain nombre de points de vue et de réponses différenciées aux diverses questions centrales que pose la vie humaine. D'après Alfred Adler, comme nous le verrons avec plus de détails dans les pages suivantes, les trois principaux champs d'investigation humains susceptibles de poser problème sont l'amour, les relations sociales et le travail. Une personne qui parvient à s'épanouir correctement dans ces trois domaines peut être considérée comme « saine » ou à peu près (2). Ajoutons que dans sa théorie du développement psychosexuel, Sigmund Freud a caractérisé le *« caractère génital »* comme étant celui **« capable d'aimer et de travailler ».** Ne serait-ce qu'à ce titre, la capacité ou l'incapacité à travailler apparaît donc comme une question à laquelle la psychothérapie a à répondre.

Or, que signifie « capacité à travailler » ? On ne peut dissocier la capacité à travailler de celle de coopérer, c'est-à-dire la capacité à *être avec* les autres et à *faire* avec eux. Les notions

2. Nous disons « à peu près » saine, car il convient de penser que, vivant dans une société productrice de névrose, il n'est pas envisageable que quiconque puisse se targuer d'être tout à fait sain.

d'aptitude au travail et d'aptitude à rencontrer autrui sont, par conséquent, interdépendantes. Une personne mal à l'aise dans son milieu relationnel professionnel ne pourra pas exécuter un travail efficace, de même qu'une personne mal à l'aise dans son travail pourra difficilement entretenir de bonnes relations avec ses collègues.

La question de l'amélioration des relations au sein de la vie professionnelle est donc une question allant à la fois dans l'intérêt de celui ou celle qui s'offre de travailler pour un employeur et dans l'intérêt de celui ou celle qui cherche à s'attacher les services de collaborateurs et de collaboratrices compétents et efficaces.

PREFACE

Rien de nouveau sous le soleil ?

En prenant le présent ouvrage entre ses mains, le lecteur pourrait s'exclamer intérieurement : *« Ah ! Voici un nouveau livre traitant des relations dans l'entreprise ; voyons quelles recettes miracles – si possible, américaines – il va nous fournir ! »*

Ce lecteur serait vite déçu car de recettes, miracles ou américaines, point nous ne fournirons ici. En tout cas pas dans le sens de celles que proposent les soi-disant « gourous » de la communication. Je sais, ce faisant, que je vais m'attirer la réprobation de certains : *« Quoi ? Pas de Carnegie, de Gordon, d'analyse transactionnelle, de P.N.L.* (1) *? Ne voilà-t-il pas une démarche rétrograde ? »*

Si l'on entend par « rétrograder » passer une vitesse inférieure à celle où l'on se trouve *(Larousse),* alors si. Mais comprenons-nous bien. Pour moi, en l'occurrence, passer une vitesse inférieure signifie : revenir sur les traces des grands auteurs de la psychologie des profondeurs et vérifier si, nous débarrassant de la pensée de ces grands pionniers de notre début de siècle, nous n'avons pas été un peu « vite » en besogne (2). Au demeurant, il serait peut-être temps de nous émanciper de l' « Oncle Sam » et de découvrir qu'il existe chez nous aussi (j'entends en Europe et en

1. P.N.L. : programmation neurolinguistique.

2. Combien d'œuvres de Freud, Jung, Adler, Rank, Ferenzci, Horney… pour n'en citer que quelques-uns, restent encore inédites aujourd'hui en langue française ?

France) une psychologie susceptible d'être tout aussi attractive que celles d'obédience anglo-saxonne.

Comprenons-nous bien. Je n'ai rien contre la méthode Carnegie, l'analyse transactionnelle, la méthode Gordon ou la programmation neurolinguistique. Somme toute, il est toujours intéressant de ranger et de conceptualiser des phénomènes psychiques et/ou neurologiques. Ce qui me porte peine, ce sont les croyants béats et les adorateurs de telles méthodes (3) qui cherchent toujours à réduire l'image de l'homme à un quelconque cliché.

Je ne me suis personnellement jamais attaché à une seule et unique « paroisse » psychanalytique, de même que je n'ai jamais cherché à devenir un freudien, un jungien ou un adlerien « orthodoxe ». A l'instar de Josef Rattner qui soulignait qu' *« aucune philosophie ne rend les autres superflues »,* je dirais qu'aucune doctrine psychologique ou psychanalytique ne rend les autres superflues. Une doctrine psychanalytique ne détient qu'**un « instrument » de vérité,** jamais la vérité elle-même.

*

* *

Le parti pris de cet ouvrage sera donc de s'efforcer de traduire pour le lecteur et la lectrice, dans un langage que je voudrais aussi simple et aussi clair que possible, ce que la tradition et la pensée psychologiques, analytiques et philosophiques ont pu apporter à l'homme d'aujourd'hui dans sa compréhension des relations interhumaines en général et de celles rencontrées en milieu professionnel en particulier.

3. Pour reprendre l'expression de l'écrivain japonais Inukai Ashito : *« Oui, nous vivons à une époque d'adoration des idoles ; et les idoles sont innombrables. »*

CHAPITRE I

Choisir son camp !

1. Les trois principales sources de réussite ou d'échec

Comment un oiseau peut-il pondre ses œufs s'il hésite à faire son nid ?

Nous avons dit précédemment que pour le célèbre psychanalyste viennois Alfred Adler les sources de réussite ou d'échec humain étaient au nombre de trois, toutes d'égale importance, toutes interférant peu ou prou les unes dans les autres :

— La première relève de notre **sphère émotionnelle.** Il s'agit là de tout ce qui ressort de nos émois sentimentaux et amoureux.

— La deuxième relève de toutes nos **rencontres** et de tous nos **contacts sociaux.**

— La troisième relève de notre **champ d'activité :** il s'agit là de tout ce qui ressort de notre labeur (profession, métier, emploi, fonction, travail...).

Comme nous le savons, dans la pratique ces trois domaines sont extrêmement interactifs, de sorte qu'ils paraissent quasiment indissociables. Et en effet, lorsque le domaine relationnel pâtit de certaines insuffisances ou de certaines carences, il n'est pas rare que les domaines sentimental et professionnel s'en ressentent immédiatement. De même, lorsque notre domaine professionnel est mis en échec, cela se répercute presque automatiquement sur les domaines relationnel et amoureux. Il s'agit donc d'une **triple interaction.**

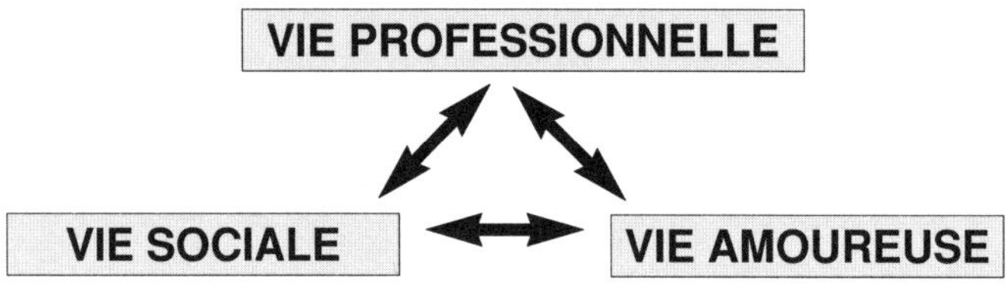

Les trois principales sources de réussite ou d'échec inhérentes à la vie de l'homme.

Il est une chose, pourtant, qu'il faut concéder : parmi les trois domaines précités, celui du travail est celui dans lequel il est le plus facile de s'investir *seul* et de parvenir à un certain *résultat.* Cela tient au fait que, contrairement aux deux autres qui impliquent forcément la personne d'autrui, celui-ci peut – dans certaines conditions en tout cas – n'engager que nos propres forces, notre propre compétence et notre propre arbitre. Et c'est peut-être dans ce paradoxe que réside le piège le plus insidieux de notre réalisation professionnelle : on peut réussir une carrière professionnelle sans y avoir pour autant trouvé le bonheur et l'épanouissement !

Mais s'agit-il, dès lors, véritablement d'une réussite ? Celui qui se trouve constamment en échec (indifférence, conflits, guerre d'intérêt...), contre ses subordonnés, ses collaborateurs, ses collègues, peut-il se targuer d'une « réalisation » professionnelle épanouie ? Qu'il nous soit permis d'en douter. A notre avis, **personne ne peut prétendre s'être réalisé dans son métier s'il n'a pas inclus dans sa démarche professionnelle la réalisation de sa relation à autrui.** Car travailler, lorsqu'il ne s'agit pas de certaines tâches mécaniques avilissantes et inhumaines – telles qu'elles ont pu apparaître en particulier au début de l'ère industrielle – c'est rencontrer les autres dans une histoire commune, dans un *devenir* commun dans lequel le travail de chacun est lié au labeur de tous, et au-delà, de celui de toute la communauté humaine.

Cela nous conduit à poser ou à reposer une question somme toute fondamentale, à savoir : Qu'est-ce qui, en dehors du labeur spécifique et de l'argent gagné qui en découle, nous semble important de trouver et d'élaborer dans notre vie professionnelle ? Trois types de réponses, trois centres d'*intérêts* viennent d'emblée à l'esprit :

◆ Le premier est d'ordre strictement **personnel,** à savoir :
— Trouver un épanouissement personnel dans le travail.
— Rendre possible une progression personnelle dans cette activité nous conduisant d'un côté à mieux gagner notre vie, et d'un autre côté à un exercice plus passionnant et à de nouvelles responsabilités.

◆ Le deuxième est un intérêt d'ordre **social,** à savoir :
— Développer au sein de notre entreprise, de notre bureau ou de notre usine, des relations interpersonnelles riches, voire même découvrir des amis.
— Créer les conditions d'une reconnaissance sociale à l'extérieur.

◆ Le troisième intérêt enfin est d'ordre **éthique** ou, disons, « philosophique », à savoir : développer le « sentiment » de participer et de contribuer à l'évolution de la société dans laquelle nous vivons ; en d'autres termes, conquérir un droit de cité.

Certains, il faut bien le concéder, ne parviennent même pas au premier palier : leur souci majeur – sinon unique – est de « faire » le maximum d'argent tout en travaillant le moins possible (1).

La grande majorité d'entre nous cependant – et fort heureusement ! – cherche sincèrement à se situer et à se réaliser dans ces trois centres d'intérêt. C'est à eux que s'adresse le propos de cet ouvrage.

---

1. Si le lecteur que vous êtes est de ceux-là, inutile de continuer plus loin. Il y a fort à parier que ce livre ne vous intéressera pas.

2. Notre place dans le contexte professionnel

C'est difficile de tenir sa place quand on ne sait pas très bien où elle est !

Lorsqu'on observe comment se répartit, dans une journée ordinaire, le temps dévolu spécifiquement à notre vie professionnelle et celui consacré aux tâches quotidiennes (courses, démarches administratives, éducation des enfants...), aux loisirs (sport, détente, culture...) et au repos (sommeil), force est de constater que l' *« homo simpliciens »* que nous sommes tous et toutes en puissance passe au minimum deux fois plus de temps sur son lieu de travail que partout ailleurs. Cela signifie que nous sommes conduits à frayer deux fois plus longtemps avec les personnes de notre entourage professionnel (patron et collègues) qu'avec celles de notre foyer et de notre famille. Or, il est un paradoxe tout à fait étonnant : tandis que nous nous efforçons de nous montrer relativement attentif, scrupuleux, prévoyant sur le choix de la « moitié » avec laquelle nous nous destinons à partager nos joies et nos peines « infiniment (2) », nous nous montrons insouciant, irrationnel et kamikaze lorsqu'il s'agit de notre milieu professionnel. En toute logique, lorsque nous envisageons de prendre un nouveau travail, nous devrions nous entourer, sinon davantage au moins des mêmes précautions que lorsqu'il s'agit de notre vie privée... et pourtant il n'en est rien. Comment expliquer ces « deux poids et deux mesures » ? Cela tient au fait que tandis que dans la vie privée la fin (former un couple, fonder une famille, assurer la perpétuation de la race, etc.) justifie les moyens, dans la vie professionnelle ce sont plutôt **les moyens** (financiers, bien sûr !) qui **justifient la fin.** En d'autres termes, si nous avons loisir de nous montrer « exigeant » sur les qualités intrinsèques de notre chère « moitié », nous pouvons difficilement agir de même face à tous ceux qui, de près ou de loin, participent à faire « bouillir notre

2. En précisant « infiniment », je reprends ici un vers fort célèbre de Goethe : *« Les dieux donnent tout, et particulièrement à ceux qu'ils favorisent ; des joies infiniment et des peines infiniment. Ils les donnent tous. »*

marmite ». C'est un fait : on choisit son mari, sa femme, ses amis ; on ne choisit en revanche – à de très rares exceptions près – ni son patron ni ses collègues. Ce serait même plutôt le contraire, à savoir que nous sommes choisi par ceux et celles qui ont préexisté avant nous dans l'entreprise qui nous accueille.

Mais s'il est vrai que nous sommes généralement « choisi » et « accueilli » à bras ouverts (ne serait-ce que parce qu'un nouvel arrivant amène toujours un peu d'air frais et de distraction), il advient aussi parfois que l'accueil soit plutôt tiède, inamical ou glacial, voire que les « princes » et « princesses » en place pratiquent à notre endroit la politique de rejet la plus ostentatoire. Est-ce donc à dire que notre vie socioprofessionnelle reposerait sur l'arbitraire relationnel le plus absolu ? Oui et non :

Il arrive que les "Princes" et "Princesses" en place pratiquent envers le nouvel arrivé, une politique de rejet des plus ostentatoires.

— Oui, car, pénétrant dans une sphère étrangère, nous sommes « neuf » et n'avons par conséquent qu'un pouvoir décisionnaire très théorique et donc très limité.

— Non, car le microcosme du monde relationnel d'une entreprise (qu'il s'agisse d'une usine, d'un bureau, d'une administration, d'un cabinet libéral ou autres) n'est, heureusement ! pas immuable. Tout comme les autres microcosmes dans lesquels nous évoluons (milieu familial, rural, social), il connaît, lui aussi, la « géométrie variable », en d'autres termes les fluctuations d'influences. En effet, toute structure vivante est sujette à certains impondérables, c'est-à-dire, en l'occurrence, à certaines nécessités d'ordre « politique » : nécessité d'évolution, d'équilibre de certaines forces et, par voie de conséquence, nécessité d'**alliances.**

C'est, comme nous le verrons, de notre capacité à déceler, à différencier, à saisir, à comprendre, à animer, à influencer, bref à « jouer (3) » avec les structures psychologiques rencontrées au sein de l'entreprise dans laquelle nous travaillons, que dépendra notre bien-être et, à terme, notre avenir en son sein.

Il est indubitable qu'un tel cheminement, un tel « adagio » ne va pas sans une bonne connaissance de la relation interhumaine dans l'entreprise et de la psychologie des hommes et des femmes qui l'animent, à commencer par nous-même.

3. Quel type de collègue voulons-nous être pour les autres ?

Sur des bases sordides, on ne fera jamais un conte de fées...

a) Une question de regard

Toute chose peut être vue sous différents aspects ; on peut choisir la vision d'en dessous, celle d'en dessus, la transversale, la frontale, etc. Il en va ainsi de toutes les circonstances de la vie humaine. Il est parfois bon de quitter un point de vue habituel et d'en adopter un autre pour vérifier si les choses nous apparaissent toujours de la même façon. Voir les choses « en face » est, à n'en pas douter, une attitude raisonnable. Toutefois, prendre de la « hauteur » peut également s'avérer salutaire de même que, parfois, revenir à une vision bien terrestre, bien « terre à terre » peut contribuer à remettre certaines de nos « pendules » à l'heure. L'idéal serait, bien sûr, de pouvoir disposer en permanence et simultanément de tous les points de vue afin de percevoir les choses dans toutes leurs dimensions, mais, hélas ! une telle « métavision » est humainement impossible. Pour l'essentiel, la

3. Lorsque nous disons « jouer », nous entendons ce mot non dans son sens ludique ou manipulatoire des autres, mais dans celui du jeu du musicien virtuose.

« panoplie » visuelle de l'*Homo sapiens* que nous sommes se résume à trois possibilités :

Parfois, revenir à une vision bien "terre à terre" peut contribuer à remettre certaines de nos "pendules à l'heure".

◆ La première consiste en ce qu'on pourrait nommer la vision ou **pensée du « dessous ».** En relèvent tous ceux tendant à véhiculer une image rétrécie d'eux-mêmes. Les sentiments qui prédominent en eux sont, pour ne citer que les principaux, l'infériorité, la culpabilité, la peur de l'autorité et le sentiment de rejet. Il en découle un sentiment de vie étriqué, carentiel, inadéquat à comprendre et à résoudre les problèmes. Les tenants de cette catégorie tendent à ne percevoir que le négatif des choses. Leurs positions de vie sont craintives, incertaines, inquiètes. La température qui les caractérise est la tiédeur : tiédeur de sentiment, tiédeur d'action, tiédeur de réalisation.

De toute évidence, ils manquent de ce qu'on pourrait appeler le « courage de vie ». Spectateurs plutôt qu'acteurs de leur destin, ils subissent les événements et les problèmes plutôt qu'ils ne s'y confrontent.

Devant cette carence vitale personnelle, il n'est pas rare qu'ils cherchent à s'immiscer dans le destin des autres, incapables qu'ils sont de maîtriser le leur. Cela les conduit en toute logique à des attitudes rivalisantes et concurrentielles très frustrantes pour eux car leurs attitudes à tendance passive ou réactive leur confèrent, face aux autres, le sentiment de toujours tirer la mauvaise paille.

Plutôt que de s'appliquer à renforcer leur pensée, leur capacité d'action et leur « élan vital », ils tendent à se réfugier derrière les quelques croyances ordinaires que notre culture en mal d'« ontologie (4) » instille imperceptiblement en nous, et cherchent volontiers dans les horoscopes, tarot, verres tournants, marc de café et autres pratiques sulfureuses, confirmation de leur fragilité intrinsèque.

De toute évidence, ils n'ont pas saisi le sens profond de toute « destinée » humaine et passent généralement leur vie à manquer les grands rendez-vous que celle-ci nous fixe à l'occasion.

◆ La deuxième réside dans la **vision « frontale »** des choses. On pourrait la rapprocher de ce que la vox populi nomme le « raz des pâquerettes ». Relèvent de cette catégorie les personnalités à tendance primaire privilégiant une perception immédiate, indifférenciée, non filtrée des événements ou des problèmes appréhendés par leur Moi. Leur vie paraît rassembler tous les préjugés, les a priori, les clichés, les idées toutes faites de la terre ; elles évoluent – la plupart du temps sans même s'en rendre compte – dans le « prêt à penser » et dans le « prêt à sentir » humains, dans ce qu'ils comportent de plus trivial.

Le leitmotiv qui se dégage de leurs attitudes vitales réside dans un sempiternel *« Moi je »* qui les fait apparaître comme totalement égoïstes, même si elles savent parfois se montrer généreuses.

Elles ont un jugement sur tout et aussi, hélas ! sur « tous », ce qui les conduit à véhiculer, souvent avec véhémence, des convictions globalisantes, la plupart du temps infondées, voire erronées. Elles se considèrent comme des « esprits libres » alors qu'elles s'enlisent dans leurs positions entêtées et bornées qu'elles prennent pour de la détermination et de la ténacité.

Une telle politique de vie conduit bien évidemment ces personnes à subir ce qu'il conviendrait de nommer la **« bêtise de l'immédiateté ».** Et en effet, à l'analyse on constate chez elles un

---

4. L'ontologie est la science de l'être.

manque de recul en même temps qu'un manque de réflexion, de psychologie et de bon sens humain.

Contrairement aux ressortissants de la vision précédemment étudiée qui, pour l'essentiel, nous l'avons vu, sont les victimes inconscientes de systèmes d'éducation à tendance autoritaire et répressive, les tenants de la vision frontale sont certes dupes dans une certaine mesure, mais néanmoins grandement complices de leur aveuglement psychologique, ce qui rend leurs attitudes de vie encore plus agaçantes et encore plus impardonnables pour ceux qui ont à les supporter (5).

◆ La troisième pourrait être nommée vision ou **pensée du « dessus »** ou encore **« pensée habile ».** Contrairement à la précédente, il s'agit ici d'une perception des choses à partir d'un point de vue élevé tel que peut par exemple en disposer un aigle planant dans le ciel.

Contrairement à ce que cette expression semble nous suggérer, la vision du dessus n'est pas la position hautaine adoptée par ceux qui voudraient se croire supérieurs (6) ; il s'agit d'une attitude d'habileté relationnelle faite de circonspection, de réserve et de prudence réfléchie. La vision du dessus se traduit par ce qu'on appelle le « recul ». Qu'est-ce que le recul ?

Cette qualité humaine apparaît si banale et si évidente qu'il devrait être inutile, a priori, de s'y attarder. Toutefois, dans la pratique, elle semble faire si cruellement défaut à la majorité des humains – et ce, sous toutes les latitudes – qu'il est bon de nous y pencher malgré tout.

Le recul est la capacité tout humaine de faire taire l'impulsion immédiate, le rebondissement réflexe à une situation donnée. Elle émane de la conviction intrinsèque que toute chose sur terre n'est pas forcément « immédiatement » solutionnable, mais se trouve sujette à certaines lois de progression et de régression, d'apparition et de disparition les rendant plus ou moins maîtrisables dans le temps. Le recul consiste donc dans la capacité

---

5. Sauf, bien sûr, si eux-mêmes pêchent par cette même vision des choses.

6. En effet, le complexe de supériorité n'est rien d'autre qu'une compensation à un sentiment d'infériorité. La personne hautaine et supérieure appartiendrait donc, de fait, à la première des catégories présentement évoquées.

humaine à **se donner du temps** pour tenter de percevoir la globalité des choses au lieu de rester fixer sur le seul détail.

Prendre du recul, c'est aussi une certaine manière de renoncer à la satisfaction afférant aux privilèges que confère la gâterie : on « sacrifie » le besoin de l'instant au profit d'une réalisation à venir plus complète (7). En ce sens, prendre du recul c'est être disposé à prendre toutes les leçons auxquelles la vie nous confronte lorsque, toutefois, nous sommes disposé à les prendre et donc à les percevoir.

Le recul permet enfin de mieux appréhender les événements et les problèmes pouvant se présenter à nous, en d'autres termes de mieux « anticiper ». En effet, par le recul, nous obtenons une vision plus globale et par conséquent plus nette des problèmes, ce qui nous permet d'opter pour le chemin le plus direct et le plus opportun (8). Paradoxalement, on peut donc affirmer que **prendre du recul permet de prendre de l' « avance ».**

*
* *

Le lecteur l'aura vite compris : le point de vision idéal réside dans la vision du dessus. C'est celle que tout homme et toute femme de cœur et d'esprit devrait s'efforcer d'adopter et de pratiquer face aux événements et aux problèmes relationnels qui découlent de toute vie en société. Toutefois, l'humain que nous sommes n'étant pas infaillible (9), il advient que nous soyons conduit – parfois inconsciemment, parfois à notre corps défendant – à favoriser la vision frontale et la vision du dessous au détriment de celle du dessus. Et en effet, qui pourrait se targuer de n'avoir jamais flirté avec le sentiment d'infériorité ou n'avoir jamais réagi de façon primaire face à une situation donnée ? Ces

7. Josef Rattner a exprimé cela en disant : *« Lorsque je sais que je peux faire une chose, je peux me retenir de faire cette chose. »* Par ailleurs, concernant la notion de sacrifice, Goethe a écrit : *« Qu'il est difficile pour l'homme de bien considérer ce qu'il doit sacrifier par rapport à ce qu'il peut y gagner. »*

8. Il est intéressant de constater que lorsque deux karatékas se mettent en position de garde, ils effectuent deux pas en arrière. Cela n'est pas, on s'en doute, dû à la peur de l'adversaire, mais à la nécessité d'en percevoir une vision plus globale permettant de mieux anticiper ses attaques.

9. *« Humain, trop humain »*, disait le philosophe Friedrich Nietzsche.

« laisser-aller » épisodiques n'ont rien de grave en soi dans la mesure où nous nous efforçons, le plus rapidement possible, de revenir à la vision que nous devrions nous efforcer de solliciter en permanence, à savoir celle du dessus. Mais il advient parfois que, dans un contexte donné (conditions familiales difficiles, maladie persistante, âpreté du milieu rural ou social, ambiance professionnelle par trop agressive...), certains d'entre nous se trouvent soudain incapables de « différencier » leurs points de vue et qu'ils fassent une « fixation » sur la vision du dessous ou sur la vision frontale. On n'a plus alors affaire à une perturbation épiphénoménale et passagère du regard, mais à un véritable **« ancrage caractériel »** faisant figure de traits constants de personnalité.

b) Une caractérologie pour le moins inhabituelle

Lorsque, en consultation psychothérapique, j'ai à montrer clairement et simplement à mes « analysants (10) » les conséquences pratiques et concrètes ressortant de ces diverses visions des choses, je leur explique ce qui suit (11) :

Dans l'échelle des possibilités d'évolution de l'homme civilisé, on compte trois niveaux (que nous classerons ici, par commodité, de haut en bas) :

— Tout d'abord, on trouve ceux qui aspirent à marcher sur **deux « pattes »** (chez les humains, on appelle généralement cela les « jambes »), comme le font – ou en tout cas comme devraient le faire – les mammifères bipèdes de l'ordre des primates, par ailleurs nommés *Homo sapiens* (12), que nous sommes pour la science dite naturelle. A ceux-ci, le lecteur l'aura reconnu, correspond ce que nous avons nommé *pensée du dessus.*

---

10. On appelle « analysants » les personnes allant consulter un psychothérapeute analyste.

11. Attention, cela n'est qu'une boutade ! Il ne faudrait pas prendre une telle classification au pied de la lettre. Il m'arrive d'utiliser des images un peu humoristiques ou provocantes pour déclencher chez mes interlocuteurs une prise de conscience des systèmes de pensée pour le moins aberrants qui régissent, souvent à leur insu, leurs comportements et leurs attitudes de vie face à autrui.

12. *Homo sapiens*, du latin *homo* : homme et *sapientia* : sagesse. L'*Homo sapiens* est l'homme doué de sapience, c'est-à-dire de sagesse.

— Viennent ensuite ceux qui, *hominiens* (13) du sous-ordre des primates, éprouvent, par paresse ou par insuffisance intrinsèque, quelques difficultés à se tenir droit et qui, par conséquent, choisissent de marcher plus ou moins souvent à **quatre pattes.** Devant la multitude des possibilités animales qu'offre cette catégorie de quadripèdes (hérissons, loups, renards...), je laisse au lecteur le soin d'y faire correspondre les images qu'il ressent le mieux.

— Viennent enfin, ceux qui, oubliant – ou faisant fi – de leurs origines de mammifère bipède de l'ordre des primates, tendent à se déplacer sur **cinq paires de pattes thoraciques** ainsi que le font les crustacés décapodes que nous nommons couramment « crabes ». Ceux-là, chacun le sait, compte tenu de leur étrange constitution, sont dans l'incapacité de marcher droit et ont pour détestable manie de se nourrir du cadavre des autres.

*

* *

On trouve bien sûr un peu partout des individus relevant de chacun de ces types, mais c'est probablement dans notre milieu professionnel qu'ils s'affichent de la manière la plus nette. En fait, aucune de ces trois catégories n'est l'apanage d'une classe spécifique. Cela signifie – n'en déplaise aux uns et aux autres – que quel que soit notre milieu professionnel (entreprise, bureau, atelier, usine, magasin...), nous pouvons tout aussi bien rencontrer – au plus haut comme au plus bas de la hiérarchie – un merveilleux spécimen bipède de l'ordre des primates véhiculant avec élégance et humanisme la pensée du dessus (et, par-delà, toutes les qualités qui en découlent : goût de l'effort, écoute, compréhension, flexibilité...), qu'avoir à supporter et à subir la présence du pire des « crustacés supérieurs décapodes » accessoirement **anthropophage** et **écraseur des autres.** Ainsi, un patron borné et hâbleur peut-il posséder moins d'intuition et de psychologie humaines que sa standardiste, de même qu'une employée de

---

13. La science distingue le type « homo » du type « hominien ». Ce dernier serait en quelque sorte l'ancêtre de l'espèce humaine, tandis que l' « homo » appartiendrait déjà à celle-ci.

bureau peut faire preuve d'une crasse injustice ou d'une révoltante bêtise face à ses collègues sur lesquels elle est susceptible d'exercer la pâle supériorité que lui confère la place privilégiée afférant à son poste.

*
* *

La vision du dessus, nous l'avons dit, n'est pas l'apanage de quelques privilégiés nantis d'un certain savoir ou d'une certaine responsabilité ; c'est une façon de voir, mieux, une *façon de vivre* que chacun de nous peut acquérir. Que nous soyons patron ou employé, cadre ou agent d'exécution, contremaître ou ouvrier, il n'appartient qu'à nous et à nous seul de réfléchir en toute connaissance de cause et de décider à quel type d'individu nous souhaitons appartenir. Une telle décision n'est cependant pas sans conséquences. Sachons que du choix de notre mode de vision des choses découleront de nombreuses répercussions qui feront de nous soit une personnalité épanouie, chaleureuse et rayonnante, soit une personnalité tronquée, maussade, frustrée et par là même « névrotique ». **A nous de choisir notre camp.** Ce choix implique cependant la connaissance de quelques rudiments de la psychologie de la relation humaine. C'est sur cette question que nous allons maintenant nous pencher.

CHAPITRE II

Qu'est-ce que la relation humaine ?

1. Qu'est-ce que la relation interhumaine ?

Une cascade d'interrogations...

a) La « nature » relationnelle de l'homme

Avant que de nous engager dans le dédale des multiples situations ressortant du monde du travail, il nous paraît indispensable de fixer quelques préambules et, en particulier, de lever le voile sur certains préjugés et a priori concernant la relation humaine.

La maxime du poète latin Plaute : *« L'homme est un loup pour l'homme* (1) *»* (maxime reprise ensuite, entre autres, par le philosophe anglais Hobbes), nous situe immédiatement au cœur de la question dont nous allons nous préoccuper dans ce livre. En effet, comment pourrions-nous voir clair et œuvrer dans le sens qui convient dans le problème des relations au sein de l'entreprise, si nous négligions d'emblée cette question ? Alors, l'homme est-il véritablement un *« loup pour l'homme » ?*

Concernant la « véritable » nature humaine, les avis, d'ordinaire, se partagent en deux principales tendances :

1. *« Homo homini lupus. »* Plaute a vécu de 254 à 184 av. J.-C.

L'homme est-il véritablement un "loup" pour l'homme ?

— La première rassemble les tenants de la violence (2) sous toutes ses formes, qui perçoivent les humains comme des êtres imprévisibles, hostiles, haineux, destructifs et dangereux; bref, comme des rivaux en qui il ne faut en aucun cas placer sa confiance.

— La seconde, à l'opposé, regroupe les « candides » invétérés qui ne veulent voir dans l'homme qu'une « bonté originelle », en d'autres termes un « amour fondamental ». Partisans sincèrement convaincus de l'adage voltérien selon lequel *« tout va pour le mieux dans le meilleur des mondes »,* ils éludent par leur vision doucereuse et naïve la dimension « ombre » contenue dans chaque individu.

Disons-le d'emblée, ni l'un ni l'autre de ces deux types d'arguments ne semble recouvrir la « nature relationnelle » intrinsèque humaine.

— Le premier car si l'homme avait véritablement et de tout temps été un loup pour l'homme, l'humanité – depuis les premiers primates jusqu'à l'homme d'aujourd'hui – n'aurait jamais pu connaître son extraordinaire évolution technique, scientifique et culturelle. C'est probablement sa faiblesse initiale par rapport aux autres espèces animales qui a conduit l'homme à trouver dans

2. Je renvoie le lecteur à mon ouvrage : *Réussissez votre personnalité,* dans lequel les questions de la violence et de l'agressivité humaines ont largement été abordées.

l'alliance et dans la communauté avec les autres humains un atout supplémentaire et décisif pour la protection et la conservation de sa race.

— Le second type d'arguments ne semble pas davantage recouvrir l'ensemble de la réalité relationnelle humaine. Et en effet, comment pourrait-on sérieusement affirmer que le cœur de l'homme n'est fait que d'élans de communion et de tendre affection tandis que l'ensemble des actes de violence, de cruauté gratuite, d'exploitation de l'homme par l'homme – tels qu'ils apparaissent jour après jour dans notre actualité – sont autant de démonstrations quotidiennes de l'absence, ou à tout le moins, de la « variabilité hasardeuse » d'un tel amour. Dès lors, que peut, au juste, signifier « bonté originelle » ou « amour fondamental » ?

b) Structure sentimentale de la relation interhumaine

Si l'on veut comprendre comment se structure la relation interhumaine – que ce soit au sein du monde professionnel ou dans d'autres domaines vitaux – il faut avant tout comprendre ce qui régit l'inclination ou la non-inclination de l'homme vers les autres ; en d'autres termes, ce qui régit son monde sentimental et affectif.

Dans mon ouvrage *le Couple retrouvé* (3), j'ai relevé cinq formes principales d'amour constituant ce que j'ai appelé notre **« identité amoureuse »,** à savoir : l'*amour affectif,* l'*amour filial, Eros, Philia* et *Agape.* Rappelons-en succinctement le sens.

— L'**amour affectif** est un amour d'attachement premier. Il correspond à l'émotion naissant progressivement de la toute première relation par le bébé à sa mère tout d'abord, puis à son père et à son entourage ensuite. Il est en quelque sorte le prototype, la « rampe de lancement » de la capacité amoureuse que l'enfant (puis l'adulte) développera et épanouira ultérieurement.

— L'**amour filial,** au départ, est sous-tendu par une forme de respect affectueux. En ce sens, il devrait être considéré comme la base de l'amour. Toutefois, au fil des siècles – et particulière-

---

3. Editions Dangles.

ment en Europe occidentale – il s'est trouvé dénaturé et supplanté par une autorité disciplinaire parentale de type patriarcal, de sorte qu'il apparaît surtout aujourd'hui comme un amour de soumission, d'abnégation et d'obligation de l'enfant face à l'autorité parentale et à la famille.

— **Eros** est un amour d'une nature plus particulière; il doit être compris dans le sens de « sexualité » (libido) et dans celui d'un amour de la beauté physique. Les Grecs de la Grèce ancienne partaient du préambule que dans un beau corps, on devait pouvoir trouver une belle âme.

— **Philia** consiste en une attirance, une inclination pour autrui. Il pourrait être rapproché de ce qu'on nomme la xénophilie, c'est-à-dire l'inclination pour l'étranger. Il s'agit d'une sorte de mouvement empathique qui pousse l'homme à aller vers les autres hommes et à essayer de les comprendre et de les connaître.

— **Agape,** enfin, est une forme de « compassion ». C'est cette sorte d'amour humain que l'on retrouve dans la charité chrétienne *(Tout ce qui est à moi est à toi)*. L'amour, dans Agape, réside dans le don : don de soi, de son temps, de sa générosité.

Ces cinq formes d'amour constituent pour l'essentiel, comme il vient d'être dit, notre « identité amoureuse ». Cette identité amoureuse, teintée et reteintée notre vie durant par *Eros* (4), contient donc, répétons-le, des formes d'amour de type infantile *(amour affectif* et *amour filial)* et des formes d'amour de type mature *(Philia* et *Agape)*.

Evidemment, à l'âge adulte, les deux premières devraient normalement se trouver sublimées puisqu'elles sont devenues superflues, et pourtant il n'en est rien. Au contraire et étonnamment, il existe en la plupart d'entre nous une pernicieuse insistance à vouloir vivre – que nous en ayons conscience ou non – sur des modèles quasi exclusifs d'*amour affectif* ou d'*amour filial* au

4. Depuis Freud, on sait qu'Eros est déjà présent dans le développement psychosexuel du petit enfant. Voir, à ce sujet, les différents stades freudiens tels qu'ils ont été étudiés dans mon ouvrage : *Le Couple retrouvé*. Je renvoie par ailleurs le lecteur qui souhaiterait en savoir davantage à l'excellent ouvrage de Laplanche et Pontalis : *Vocabulaire de la psychanalyse* (P.U.F., 1967).

détriment de la triple instance *Eros, Philia* et *Agape* qui devrait normalement résonner en nous.

Cet état de fait a pour conséquence de fausser totalement notre relation aux autres en général et à l'autre en particulier. Ainsi, un individu restant principalement fixé sur la forme d'*amour affectif* cherchera-t-il à adopter des rapports interindividuels de type symbiotique, ou encore, celui tendant à vivre sur des résurgences d'*amour filial,* ne pourra-t-il pas concevoir les relations interpersonnelles en dehors d'un contexte de rapports autoritaires.

Un tel décalage conduit, on l'imagine, à de bien douloureuses méprises dans les domaines sentimental et social, mais il prend une tournure plus dramatique et plus inextricable, voire, frise même le comique le plus absolu lorsqu'il touche notre vie professionnelle. Car s'il est vrai que *« la nature purement intime et "privée" du foyer conjugal et familial permet à tout un chacun de vivre les excès les plus irraisonnables, les plus aberrants et les plus inacceptables, sans que rien ne transpire sur le monde extérieur* (5) *»,* peut-on envisager sérieusement de vivre le même type de relations dans notre cadre professionnel ?

Et pourtant, c'est, hélas ! ce qu'il advient dans la plus grande majorité des cas. Que nous nous en rendions compte ou non, nous venons à notre vie professionnelle avec les mêmes exigences et les mêmes revendications sentimentalo-amoureuses que celles que nous véhiculions, enfant, face à nos parents ! En d'autres termes, que nous soyons dans le rôle du patron, du collègue ou de l'employé, nous cherchons pour l'essentiel à établir avec les autres :

— Soit des rapports de type *amour affectif* avec recherche de symbiose, besoin de protection, d'exclusivité, de privilège et autres.

— Soit des rapports de type *amour filial* avec : démonstration de force, autoritarisme, violence verbale, agressivité, etc. (si on recherche le rôle du « père symbolique »), ou revendication,

---

5. J'extrais cette phrase de mon ouvrage *l'Amour retrouvé.*

plainte, insatisfaction, menaces d'ultimatums intenables (6), etc. (si on recherche le rôle de fils ou de fille symbolique).

Dans le premier cas de figure, on aura affaire à des personnalités à tendance mièvre, pusillanime et revendicative ; dans le second à des personnalités de type autoritaire, agressif et répressif.

En fait, sans aller chercher très loin dans les origines de l'humanité, une justification plausible de la position *loup* ou *agneau* de l'homme, il apparaît à notre sens que l'homme se montre particulièrement *loup* pour l'homme lorsque, pour certaines raisons appartenant à son enfance et à son éducation (milieu social et familial trop exclusif, trop autoritaire...), il ne parvient pas à se dégager de l'étau que constituent pour sa capacité amoureuse adulte l'amour affectif et l'amour filial *(Je veux que le monde tourne ainsi et pas autrement !).*

De même, mais à l'opposé, l'homme apparaît particulièrement *agneau,* c'est-à-dire « **pacifiste** » lorsque, parvenant à se dégager des crinolines sentimentalo-affectives de son enfance, il accède à la forme d'amour adulte que constitue la triple dimension *Eros, Philia* et *Agape.*

Mais, convenons-en, nous n'inventons rien d'extraordinaire avec cette constatation. En effet, la psychologie des profondeurs dispose depuis fort longtemps déjà d'un terme pour qualifier cet état affectif de l'homme face aux autres hommes. Ce terme prend pour nom *« sentiment social ».* C'est sur cette question que nous allons nous pencher dans le paragraphe suivant.

6. J'appelle des « ultimatums intenables » des situations telles que celle affirmant : *« Puisque c'est comme ça, je ne vous demanderai plus rien ! »,* ou : *« Je n'utiliserai plus la photocopieuse ! »,* ou encore : *« Ne venez plus me demander un service ! »,* etc.

2. Un sentiment nommé « social »

Un sentiment qui n'appartient pas qu'à soi.

a) Un tribut

« Sentiment social » : étrange vocable que celui-là qui, pris au pied de la lettre, interpelle notre monde affectif en même temps que notre place dans la société (7). Et en effet, si l'on décompose ce terme, on constate que le sentiment social recouvre tout à la fois :

— L'aspect « **émotionnel** » (sentimental) intrinsèque de l'homme.

— Sa « **position vitale** » (sociale) face aux autres hommes.

— Le « **tribut** » moral et éthique qui lui incombe vis-à-vis de la société au sein de laquelle il trouve naturellement sa place.

Reprenons l'un après l'autre ces trois points.

1. L'**aspect « émotionnel »** intrinsèque de l'homme : il s'agit, bien sûr, du monde sentimental et affectif humain tel qu'il a été abordé plus haut. Nous n'y reviendrons pas.

2. Sa **position « vitale »** face aux autres hommes : face à autrui, l'homme se trouve confronté à un dilemme ; d'un côté il éprouve le besoin de manifester et de maîtriser son individualité (assouvissement de sa volonté de puissance, préservation de la souveraineté de son ipséité (8), compensation à son sentiment d'infériorité intrinsèque, etc.) ; d'un autre, la vie le contraint à l'impératif de rencontrer les autres, tant pour assumer les diverses tâches vitales qu'elle le somme de résoudre (il s'agit de toutes les

---

7. Alfred Adler voyait, dans le sentiment social, une *« tendance de l'être humain, depuis l'âge le plus tendre, à diriger ses inclinations tendres sur autrui »* dans le cadre d'une *« communion interhumaine »*. Il ajoutait que le sentiment social n'était pas *« inné »*, mais constituait plutôt une *« "disposition innée" que l'homme se devait de développer »*. Pour lui, le sentiment de solidarité et de communion était *« implanté de nature dans l'âme enfantine »* et il ne quittait l'individu que *« sous l'action des plus graves déviations maladives de la vie de son âme »*.

8. *Ipséité :* en philosophie, se dit de ce qui fait qu'une personne est elle-même et non une autre.

tâches que chacun d'entre nous doit assumer dans son quotidien), que pour faire face aux événements qui, soit sont produits par eux *(On attend quelque chose de moi...),* soit sont produits par lui-même *(J'attends quelque chose des autres...)* (9).

3. Le « **tribut** » qui nous incombe vis-à-vis de la société et d'autrui. Les deux aspects précédemment évoqués entraînent, de fait, la conséquence de ce troisième, à savoir que la contingence individualité/groupe fait naître un impératif de solidarité tant physique *(L'union fait la force)* que morale *(Nous faisons tous partie du même voyage).*

b) Coopération et productivité

Autour de notre *sentiment social* s'articulent deux qualités humaines d'excellence. Il s'agit de notre *capacité de coopération* avec les autres et, par-delà, de notre *productivité humaine.* Reprenons l'un après l'autre ces deux points :

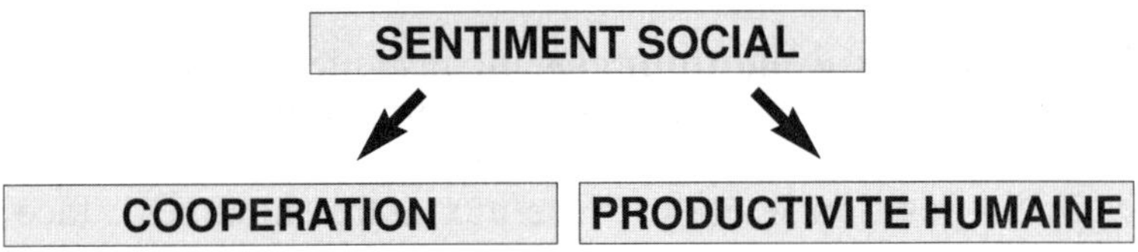

◆ Par **capacité de coopération,** il faut entendre capacité de « faire avec les autres » en même temps que d'« être avec » eux. Cela implique d'accepter de les rencontrer, c'est-à-dire d'avoir une relation avec eux, de même qu'accepter qu'ils aient une relation avec nous. Une telle proposition pourrait sembler tomber sous le sens : *Rien n'est plus simple que de vivre avec les autres, je le fais tous les jours !...* Et pourtant, en sommes-nous certain ?

Lorsque nous regardons autour de nous, en tout cas, force est de constater (surtout dans notre milieu professionnel) que rares sont ceux affichant un sens de la communauté, de l'entregens et

9. J'ai abordé ces questions de façon plus détaillée dans *Vivre mieux : mode d'emploi* (chap. II, p. 26 et suiv. : « Tâches de la vie et événements »). J'engage le lecteur à s'y référer.

de la coopération, digne de ce nom. Alors, d'où vient notre capacité à coopérer avec autrui ?

La tradition psychanalytique nous indique que notre capacité à coopérer commence à se révéler concrètement vers l'âge de deux à trois ans, lorsque vient à l'ordre du jour l'éducation à la propreté du petit enfant. Si celui-ci a vécu en bonne harmonie avec sa mère (ou son père ou ses éducateurs), il ne fera pas trop de complications lorsque ceux-ci l'inviteront à dorénavant faire ses besoins dans le pot et non plus dans ses couches *(Maman a l'air si contente quand je fais comme elle dit que je ne vais pas lui refuser ce plaisir !)*. En revanche, si les premiers mois de la vie de l'enfant ont déjà été ébranlés par toutes sortes de perturbations (nervosité, agressivité, stress, brutalité...) ou d'incidents de parcours (parents névrosés, fréquemment malades, absents, indifférents...), l'enfant, renvoyé pour ainsi dire à lui-même, a alors de nombreuses bonnes raisons de ne pas déclencher la coopération nécessaire à un bon apprentissage à la propreté. Cet apprentissage se basera alors non plus sur un désir de contentement et de coopération avec le parent, mais sur des **rapports de force** dans lesquels le plus têtu et le plus obstiné des deux parties l'emportera *(Je ne vois pas pourquoi je te ferais ce plaisir de faire ce que tu me demandes)*. Par la suite, tout au long de l'enfance puis de la scolarité, l'enfant non coopératif éprouvera des difficultés à *prendre* (l'enseignement dispensé, les conseils donnés...) et à *donner* (son attention, sa participation...) de bonne grâce à ses professeurs lorsque ceux-ci le lui demanderont.

Plus tard, parvenant à l'âge mûr, l'enfant devenu adulte et confronté au monde du travail éprouvera, bien entendu, les pires difficultés à établir un climat de coopération (confiance, écoute, dialogue, échange, partage, solidarité...) avec ses collègues. Lorsqu'il s'agira de s'atteler à une tâche commune, ses mécanismes d'entêtement et de refus constitueront l'essentiel de ses rapports avec autrui.

A l'inverse, l'individu ayant grandi dans un milieu bienveillant, compréhensif, évolutif, ouvert sur le monde, un milieu lui montrant certaines possibilités d'identification au sentiment social et à la coopération, aura pu en d'innombrables occasions vivre la satisfaction de l'échange réciproque fructueux avec autrui. Une telle personne, arrivant à l'âge adulte, ne vivra pas la rencontre avec autrui comme une situation de danger et de rivalité devant obligatoirement tourner à son avantage. Bien au contraire, sa rencontre avec les autres préfigurera l'efficacité mature et l'**attitude « productive »** de l'homme bien implanté dans la société dans laquelle il vit.

◆ **Notre productivité humaine.** Chassons d'emblée le trouble qui pourrait surgir à l'esprit du lecteur à la lecture de ce mot et précisons-en le sens que nous voulons lui conférer ici. Nous n'entendons pas ici « productivité » au sens économique traditionnel de « rentabilité » avec, sous-jacente, l'idée d' « exploitation de l'homme par l'homme », mais au sens inverse, c'est-à-dire dans celui de la participation de l'homme au « devenir d'évolution » des autres hommes, de la société et, au-delà, de l'humanité tout entière. Ce « devenir d'évolution » contient en lui tous les ferments de la marche, du développement, du progrès contenus à l'état potentiel dans chacun d'entre nous. Il s'agit de notre capacité individuelle de contribution effective à l'édification de la « cité », de la société et de l'humanité dans lesquelles nous vivons; il s'agit d'une autodétermination à comprendre la vie dans le sens non seulement de réalisation et d'épanouissement individuel, personnel et existentiel, mais aussi dans celui d'en partager le gain avec la société des hommes pour laquelle nous souhaitons nous sentir redevable (10). Il s'agit donc d'une attitude personnelle et interpersonnelle mature, créative et responsable.

*
* *

Mais la relation humaine n'est pas, loin s'en faut, seulement sentimentale, elle est aussi *intelligente*. Que signifie *intelligence* en matière relationnelle? C'est sur cette question que nous allons nous pencher maintenant.

---

10. C'est tout à fait l'attitude du citoyen dans la « cité » telle qu'elle apparaissait dans la civilisation romaine, bien avant Jésus-Christ déjà. Dans son ouvrage *les Donneurs de sacré,* Daniel Porte écrit : *« Au-dessus des individus qui composent la collectivité, se lève, vit et règne une sorte d'entité divine, que chacun sent extérieure à lui et dont pourtant il participe : la "cité". »*

3. L'intelligence relationnelle

Lire entre les lignes (11).

Ce terme d'*intelligence relationnelle* n'est d'ordinaire pas bien perçue. Cela tient probablement au fait qu'on y associe des comportements humains ressentis comme plutôt négatifs tels que le calcul, la ruse, la sournoiserie, voire même une sorte de « malignité » proche de Satan, Belzébuth, Méphistophélès et consorts. Hors ces préjugés à tendance religieuse, s'il fallait expliquer cette réticence, il nous faudrait certainement aller en chercher la cause dans le sentiment d'infériorité ambiant propre à notre culture et dans notre incapacité concomitante de nous identifier à une image « intelligente » de nous-même. Et en effet, dès qu'il s'agit d'intelligence, une espèce de « pudeur d'être » nous interdit de nous sentir concerné tandis que dans le même temps nous n'hésitons pas à y associer massivement ceux que nous appelons *les autres* (12). Cela apparaît d'autant plus flagrant que le terme « relation » se trouve accolé à celui d' « intelligence ». On pressent, derrière cette « doublitude » (1. intelligence, 2. relationnelle), une personne, mieux, une « instance » plus forte, plus puissante que nous, capable de lire en nous, de nous décoder et, par extension, de nous manipuler et de nous faire plier (13).

Renversons maintenant ces deux termes et parlons, non plus d'*intelligence relationnelle* mais de *relation intelligente* et aussitôt nous voilà rassuré ! Cette expression n'est alors plus perçue comme une attitude machiavélique de l'autre, mais comme un

11. Il s'agit ici d'un clin d'œil au mot « intelligence » qui tire son étymologie du latin *inter* (entre) et *legere* (lire), donc « lire entre les lignes ».

12. Même si, par ailleurs, nous les vivons en notre for intérieur, inférieur à nous.

13. Cela apparaît de manière tout à fait sensible dans le monde du travail. Dans une grande entreprise par exemple, on tendra à conférer au directeur et aux cadres une certaine *intelligence relationnelle,* c'est-à-dire une certaine dextérité à maîtriser les relations et les interrelations, tandis qu'on hésitera à donner le même label à un employé ou à un ouvrier qu'on assimilera plutôt à celui devant la subir. Ainsi, la P.N.L. est-elle, à l'heure actuelle – en tout cas en France – assimilée à un apprentissage d'*intelligence relationnelle* réservé à l'élite dirigeante des entreprises.

loyal et louable effort mis au service de la relation et visant à nous « guider » dans le bon sens. C'est donc comme si le fait de faire passer le « relationnel » en premier plan et de reléguer l' « intelligenciel » au second entraînait, comme par magie, le gommage d'une certaine « hiérarchie d'intelligence ».

Mais laissons maintenant de côté ces préjugés et observons de plus près cette fameuse intelligence relationnelle.

a) Intelligence et inintelligence de la relation

Comme l'affirmerait sans aucun doute M. de La Palice, l'*intelligence relationnelle* implique qu'il peut exister deux types de relations : les unes plutôt inintelligentes, disons « bêtes », les autres plutôt intelligentes, disons « habiles ». A notre sens, il y a lieu de parler d'inintelligence ou de « bêtise » relationnelle lorsque l'intention de la relation se trouve totalement « égo-centrée » sur notre propre personne, c'est-à-dire lorsqu'elle ne débouche sur rien, faute d'écoute de l'autre. A l'opposé, on parlera d'intelligence ou d' « habileté » relationnelle lorsque nous parvenons tout à la fois à « englober » autrui dans notre projet existentiel et à nous abandonner suffisamment dans la relation aux autres pour *« nous laisser porter par eux en même temps que par le monde* (14) *»*.

D'un point de vue psychologique, notre intelligence relationnelle s'articule pour l'essentiel sur deux formes de la relation à autrui. La première que nous pourrions qualifier d'unissante, la seconde de désunissante (15).

◆ **Attitudes à tendance unissante ;** parmi les attitudes vitales de cette première catégorie, on trouve entre autres :

---

14. J'extrais cette expression d'un ouvrage de Josef Rattner : *Psychothérapie et psychohygiène dans l'esprit d'Alfred Adler* (Verlag für Tiefenpsychologie, Berlin, 1990).

15. Reconnaissons-le, nous sommes bien proche ici – bien que dans un autre contexte – de la classification donnée par Alfred Adler dans *Connaissance de l'homme* (Payot, 1972) au sujet des « états affectifs produisant séparation » et des « états affectifs produisant liaison ».

— *Attitudes relatives à soi* (endogènes) : l'introspection, la maîtrise de soi, la perspicacité, le désir de montrer aux autres ce qu'on sait faire, l'humour, la fantaisie, l'aptitude au plaisir, l'optimisme…

— *Attitudes vers autrui* (hexogènes) : la disponibilité, la curiosité relationnelle, l'écoute, le désir de l'étude de l'autre, le respect de son être différent de nous-même, la tolérance, la courtoisie, le désir de transmettre aux autres (pédagogie), la solidarité…

— *Attitudes mixtes* (c'est-à-dire rayonnant tant vers les autres que vers soi) : le désir de transmettre aux autres, la tempérance, le recul, la flexibilité, la transparence de personnalité, l'ouverture d'esprit, la coopération…

— *Attitudes à tendance émotionnelle et sentimentale :* la complicité, l'aide, le partage, la compassion… On rejoint en ce point la structure sentimentale de la relation humaine telle qu'elle a été évoquée dans le chapitre précédent.

◆ **Attitudes à tendance désunissante ;** parmi les attitudes vitales de cette seconde catégorie, on trouve bien évidemment toutes les attitudes dénotant une certaine « primarité » de vie. Il s'agit, pour l'essentiel, des attitudes relationnelles évoquées plus haut sous le titre d'*inintelligence relationnelle* (entre autres, sournoiserie, ruse, calcul, fourberie, roublardise, hypocrisie…).

Notre *intelligence relationnelle* fait paradoxalement appel tout à la fois aux attitudes humaines à tendance unissante et à celles à tendance désunissante. Bien sûr, plus nos relations avec autrui seront orientées vers les attitudes à tendance unissante, plus elles seront riches et épanouissantes ; à l'inverse, plus elles seront orientées vers les attitudes à tendance désunissante, plus elles paraîtront vides, desséchantes et vaines.

*
* *

Toutefois, à la lecture de ce qui précède, le lecteur et la lectrice auront bien senti que, dans la pratique, les choses n'apparaissent pas forcément de manière toujours aussi tranchée. En d'autres termes, il advient qu'une attitude unissante puisse finalement avoir un effet désunissant et qu'à l'inverse, une attitude de type désunissant puisse paradoxalement agir de façon unissante. Ainsi, certaines façons de faire d'une personne – qui pourraient en première analyse sembler ressortir de l'hypocrisie la plus pure – peuvent s'avérer propres à préserver un certain entregens entre elle et les autres (16), de même qu'une transparence de personnalité par trop indifférenciée tourner à l' « incontinence » verbale caractérisée.

Par conséquent, s'il est vrai que nos efforts devraient tendre vers les attitudes à tendance unissante, il serait naïf de vouloir en exclure totalement celles à tendance désunissante. En effet, la vie dans notre société implique que nous puissions, si nécessaire, avoir recours à certaines attitudes de défense lorsque notre rencontre avec autrui se fait « épineuse ». Le calcul, l'intelligence, l'esprit d'à-propos, l'habileté relationnelle doivent alors prendre le relais de la tolérance, de la compréhension et de l'altruisme.

Face à cet impératif relationnel, nous disposons d'une double échelle de comportements plus ou moins marqués que nous nommons communément « diplomatie » et « stratégie ». Arrêtons-nous un instant sur ces deux attitudes vitales, et voyons ce que nous pourrons en tirer pour notre propre gouverne.

b) Diplomatie et stratégie

Dans leur acception ordinaire, la *stratégie* apparaît comme une façon « militaire » de régler les problèmes qui peuvent se poser à un pays ou à un Etat lorsque ses intérêts ou ses ressortissants sont mis en danger par un protagoniste hostile, tandis que la *diplomatie* est l'émanation civile et pacifiste d'un pays ou d'un Etat visant à entretenir avec les autres pays ou les autres Etats des relations destinées à faire fructifier leurs affaires respectives.

---

16. C'est probablement ce qui fit dire à Molière, dans la bouche de Philinte *(le Misanthrope)* :

« Il est bien des endroits où la pleine franchise
Deviendrait ridicule, et serait peu permise ;
Et parfois, n'en déplaise à votre austère honneur,
Il est bon de cacher ce qu'on a dans le cœur. »

L'homme occidental n'étant heureusement pas quotidiennement confronté à une alternative aussi funeste, il convient, touchant à notre propre politique de vie, d'affiner ces deux définitions. En termes de psychologie existentielle, nous différencierions deux formes de diplomatie et deux formes de stratégie :

— La **diplomatie prévenante :** c'est l'art de chercher et d'établir des ponts avec les autres. Cela se traduit dans tous les efforts que nous déployons pour éviter, contourner, aplanir les obstacles et dans tous ceux que nous déployons pour participer à des projets communs. Il s'agit d'une politique de coopération avec autrui.

— La **diplomatie intervenante :** c'est l'art consistant à développer sa propre vie de telle sorte que les autres fassent le moins possible « poids » sur nous.

— La **stratégie prévenante :** c'est l'art de modifier les éléments de vie des autres et de faire en sorte que, s'ils n'en sont pas heureux, ils n'en soient au moins pas malheureux.

— La **stratégie intervenante :** c'est une attitude « opérationnelle » déterminée et organisée, visant à neutraliser les obstacles ou les personnes qui nous mettent en situation d'embarras ou de péril.

*

* *

En fait, il en va ici encore comme en bien des situations humaines, à savoir que les choses n'apparaissent pas de façon aussi tranchée. Ainsi, la diplomatie prend parfois des allures pures et dures de stratégie, de même que cette dernière sait parfois faire patte de velours de façon tout à fait diplomatique.

C'est de notre capacité à évaluer le type de situation diplomatique ou stratégique auquel nous devons recourir, en d'autres termes de la « politique de vie » que nous afficherons dans notre vie quotidienne que dépendra notre degré d'*intelligence relationnelle*. Mais qu'appelle-t-on, au juste une *politique de vie ?* C'est ce que nous allons voir maintenant.

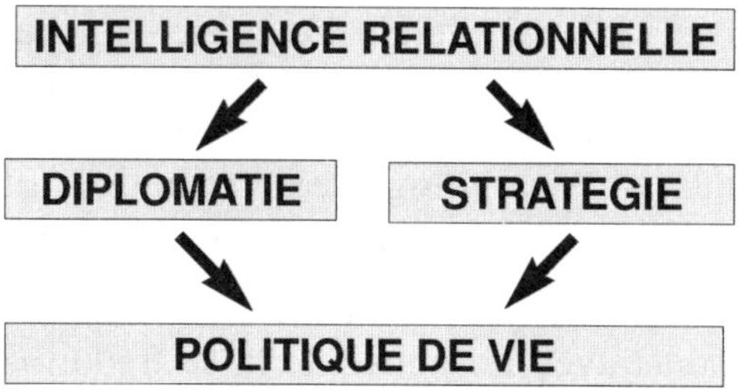

c) Une politique de vie

Ce terme de *politique de vie* n'est généralement pas mieux perçu que celui d'*intelligence relationnelle*. Cela tient probablement au fait qu'il semble traduire, a priori, une conception de la vie – les Allemands appellent cela une *« Weltanschauung »* – purement « raisonnante », désentimentalisée et desséchante. C'est comme s'il impliquait la nécessité amorale (et donc implicitement inacceptable) de faire abstraction du « cœur » de l'homme (17).

Disons-le d'emblée, une politique de vie n'exclut, à notre sens, en aucune manière une « sentimentalité de vie ». Bien au contraire, il nous semble que sans une *politique de vie* claire et cohérente, il est difficile, voire impossible, de se laisser aller à une *sentimentalité de vie*.

*

* *

Fort de ce préambule, tentons de comprendre ce qu'il convient d'entendre par *politique de vie*.

---

17. Etrangement, ce sont presque toujours les victimes masochistes et les « bourreaux du cœur » qui mettent en avant ce type d'argument. C'est comme s'ils ne pouvaient pas envisager qu'une vie puisse se vivre dans un contexte autre que sentimental, multidimensionnel. Lorsqu'on s'attache à une lecture analytique de leur vie, on s'aperçoit cependant que leurs propres préoccupations n'en sont pas moins tournées vers de savants calculs et d'obscures « ruses »... non pas politiques, bien sûr, mais « sentimentales » ! Je laisse à ceux-là le soin d'apprécier ce qui, dans leurs attitudes, ressort du politique et du « vrai » sentiment.

D'un point de vue philosophique, une *politique de vie* est l'« art » (18) de nous inscrire dans la réalité en donnant à notre vie une forme et un sens cohérents, tenant compte de notre personnalité et de notre tempérament.

D'un point de vue psychologique, une *politique de vie* consiste en la capacité de renoncer à la satisfaction immédiate de certains besoins afin de les synthétiser dans un projet de vie plus global.

Notre *politique de vie* implique par conséquent certains choix de vie parmi les « valeurs » humaines qui s'offrent à nous. Certains mettront en avant la réussite financière, d'autres privilégieront une vie toute tournée vers la spiritualité ou vers l'amour, d'autres une discipline ascétique de leur corps, d'autres une vie autosacrificielle, d'autres enfin une vie dangereusement menée, etc. En général, notre choix de vie ne porte bien évidemment pas sur un seul de ces aspects mais sur plusieurs simultanément *(Rien ne m'empêche de vivre un amour fou, de faire des affaires audacieuses qui rapportent beaucoup d'argent, de rendre service quand je peux, de pratiquer le zen, d'avoir une nourriture équilibrée...).*

La politique de vie consiste toutefois à préciser pour soi-même l'élément ou l'ensemble d'éléments qui va prédominer, c'est-à-dire celui qui va imprégner et teinter notre vie en profondeur. A ce stade, on se trouve confronté à l'alternative classique suivante :

— Soit on laissera la vie instaurer elle-même à son gré cette prédominance.

— Soit on cherchera à l'insuffler, à la construire, à la diriger soi-même.

Pour ce faire, nous disposons d'une « autre » intelligence, il s'agit de notre *intelligence du cœur*. C'est sur cette forme d'intelligence que nous allons maintenant nous pencher.

---

18. Le mot « politique » vient du grec *politikê*, de *polis* (la cité) et *têkhne* (art de gérer les affaires de la cité). Ajoutons, pour la « petite histoire », qu'Aristote a pu qualifier l'homme d' « animal politique ».

Il paraît intéressant, dans ce contexte, de noter qu'originellement le mot « art » vient du latin *ars*, désignant une « manière » d'être.

4. L'intelligence du cœur

Un « bain » existentiel.

Ayant abordé tour à tour les dimensions sentimentale, sociale et intellectuelle de la relation humaine, nous avons été conduit à constater qu'aucune ne répondait exclusivement à la question qui nous préoccupait. Et en effet, de même que le « cœur » ne saurait être considéré comme le seul critère d'évaluation de la relation interhumaine, de même la « tête » ne peut, elle non plus, tenir pour unique « référence ». Car au-delà de toutes les formes d'amour et de sentiments qui ont été précédemment évoquées, au-delà de toutes les diplomaties, stratégies et autres politiques de vie envisagées – quels que soient les services qu'elles puissent par ailleurs nous rendre dans la vie – existe un autre « étalon » possible de la relation humaine. Il s'agit de ce que nous avons appelé l'*intelligence du cœur*. Voyons ce que recouvre cette expression.

Pour ce faire, nous tenterons de saisir sa signification tant d'un point de vue philosophique qu'existentiel. Une telle précaution, pour fastidieuse qu'elle puisse paraître, n'en apparaît pas moins nécessaire car l'épanouissement de notre personnalité, au-delà de notre intégration au groupe social qui est le nôtre, doit nous permettre de déboucher sur une compréhension plus large de la relation interhumaine, de notre personne et du monde.

Si ce terme paraît d'emblée si difficile d'accès, c'est qu'il puise au plus profond et au plus « ineffable » de l'âme humaine. En fait, l'intelligence du cœur commence là où les mots n'ont plus cours. Si nous voulions malgré tout en saisir quelques bribes, c'est par conséquent vers son « essence » qu'il nous faudrait aller chercher.

a) Le point de vue philosophique

Il existe en chaque être une sorte d'intuition relationnelle nommée « empathie ». L'empathie est une disposition naturelle de l'homme. Elle se base sur notre capacité d'identification à autrui, c'est-à-dire sur notre capacité à ressentir les choses que l'autre peut ressentir en certaines circonstances. Ainsi, à la vue d'une personne qui vient de perdre son emploi, nous tendrons à réagir par une certaine émotion d'unisson (com-passion).

Lorsque l'empathie converge de façon plus ouverte et plus ciblée vers autrui, on a alors affaire à ce que nous appelons la « sympathie (19) ». La sympathie est la capacité de l'homme à s'inscrire dans le monde de l'humain (en philosophie, cela prend le nom de « Monde existentiel », *Lebenswelt*). Ce « Monde existentiel » est un monde qui **« englobe »** l'autre, c'est-à-dire un monde dans lequel nous trouvons disposé à jeter sur autrui un regard teinté d'un **préjugé positif.** Il ne s'agit donc plus ici d'un *sentiment social* c'est-à-dire d'un sentiment à partager avec nos « con-citoyens » (du latin *civitas :* ensemble des habitants d'une ville), mais d'un *sentiment humain* pour celui qui nous est proche, c'est-à-dire notre « prochain (20) ».

b) Le point de vue existentiel

L'intelligence du cœur se pose, comme nous l'avons vu, sur un plan différent de celui de l'intelligence relationnelle en ce sens qu'elle touche autre chose que le simple « homme de société », à savoir l'humain en nous. Il s'agit, par conséquent, d'une contemplation de l'autre non plus en tant que notre strict « allié » ou notre strict « rival », mais en tant qu'un **« égal »** qui a autant besoin d'attention et de reconnaissance que nous-même. L'intelligence du cœur réside donc dans l'élan attentionné, favorable et « reconnaissant » en direction de l'autre.

Contrairement à l'intelligence relationnelle qui se trouve liée à l'accomplissement de certains « buts », l'intelligence du cœur est, elle, **un « bain ».** Un bain qui nous fait sentir qu'on partage

---

19. Sym-pathie, composé de *sum* (en commun) et de *pathos* (affection, sentiment).

20. Je fais volontairement ce détour explicatif quelque peu alambiqué pour éviter que le lecteur n'associe directement le mot « prochain » à sa seule acception religieuse (« *Tu aimeras ton "prochain" comme toi-même* ») ; j'entends ici par « prochain » simplement le *proximus*.

finalement tous les mêmes préoccupations, en d'autres termes qu'il existe quelque chose qui nous « relie » *(Toi et moi, nous pouvons nous reconnaître comme faisant partie de la même famille des humains puisque nous vivons les mêmes préoccupations...).*

L'intelligence du cœur ne se traduit pas par des objectifs immédiatement préhensibles, elle est un certain état d'esprit, une certaine façon – positivement préjugeante avons-nous dit – de poser le regard sur les gens et sur les choses de la vie. Attitude a priori non payante, on pourrait l'assimiler à **une « générosité d'être ».**

La personne qui fait parler son intelligence du cœur laisse accéder les autres à sa personnalité authentique. Cette authenticité et cette transparence sont si désarmantes qu'elles nous « enchantent » au premier sens du terme. C'est probablement cela qui la rend si insaisissable.

L'intelligence du cœur ressemblerait à une sorte de code secret de la vie non immédiatement déchiffrable (au demeurant, d'aucuns n'y verront qu'une forme raffinée de diplomatie ou de stratégie). Elle est une simple disposition que l'on choisit (ou non) d'éduquer. Elle nécessite, par conséquent **une « éducation ».** Seul celui qui a réfléchi sur ce qu'est le « cœur » peut ressentir une *intelligence du cœur.*

*
* *

Il serait illusoire de ne penser nos relations interhumaines qu'en termes d'intellectualité. Une bonne intelligence de la relation est certes irremplaçable ; ne limitons toutefois pas notre champ relationnel à cette seule intelligence qui, à la longue, apparaîtrait trop raisonnante et rationnelle.

En toute connaissance de cause :

— Efforçons-nous d'abaisser nos systèmes offensifs/défensifs et...

— ... Veillons toujours à conférer à nos relations interhumaines une bonne pincée d'intelligence du cœur. Elle rendra nos velléités relationnelles plus authentiques et donc plus crédibles.

Veillons toujours à conférer à nos relations interhumaines une bonne pincée d'intelligence du cœur.

5. L'intuition de la relation

Elémentaire !...

a) Une pré-connaissance

Dans notre vie quotidienne, nous ne passons bien sûr pas notre temps à décomposer systématiquement, comme nous l'avons fait ici, la situation interrelationnelle que nous vivons. Face à une rencontre donnée, la diversité même des structures interrelationnelles sentimentales, sociales et intellectuelles que nous avons intégrées dans notre enfance au cours de notre éducation – et qui se manifestent à l'âge adulte dans ce que nous appelons indifféremment (et au demeurant le plus souvent à tort) notre *nature,* notre *personnalité,* notre *caractère* ou notre *tempérament* – nous conduisent à privilégier inconsciemment telle ou telle structure au détriment d'une autre. Dans la pratique, ce « choix » inconscient se manifeste dans ce que nous nommons communément notre *intuition.*

Ce mot tendant à diverses interprétations, souvent à connotation pour le moins surréaliste (clairvoyance, divination, pouvoir surnaturel...), il nous semble nécessaire d'en préciser d'emblée le sens que nous souhaitons lui conférer dans le contexte qui est le nôtre. Par « intuition », il convient d'entendre ici non un phénomène spirite ou extralucide, mais une **« connaissance sensible globale »** qui se rapprocherait de ce qu'on nomme, dans l'autre domaine que représente notre sphère affective, le « pressentiment » (pré-sentiment = sentir avant). Il s'agit, en d'autres termes, d'une « pré-connaissance », c'est-à-dire d'une perception anticipée touchant des domaines déjà vécus par nous dans le passé (réminiscences) et donc déjà enregistrés dans les « sillons » de nos trois « mémoires » (affective, sociale et intellectuelle). Il n'y a là, n'en déplaise aux amateurs friands de surnaturel, rien de « mystérieux ». Face à une situation relationnelle donnée, notre appareil neurologique, sensitif et psychique, en quelques fractions de secondes, en intègre les principaux éléments « reconnaissables » et nous dicte la « politique relationnelle » à tenir (21).

Par "intuition", il convient d'entendre non pas un phénomène spirite ou extralucide, mais un "pressentiment" (pré-sentiment = sentir avant).

21. On rencontre ce même type de processus mental dans la conduite automobile. Tout conducteur a déjà vécu ce curieux phénomène qui nous incite à lever le pied de l'accélérateur et à freiner car nous « sentons » que le véhicule de devant va se déporter sur le côté sans le signaler... ce qui est le cas quelques fractions de seconde plus tard. Un tel fait n'a rien à voir avec une perception paranormale, mais relève plus trivialement d'une analyse fine des données de la conduite automobile par notre système neuropsychologique.

b) Action, réaction, abréaction et inaction

Cette politique relationnelle – teintée comme nous le savons des dimensions affective, sociale et intellectuelle inhérentes à notre vie humaine s'étaiera – sur les quatre possibilités majeures humaines que constituent l'*action* (et son paradygme la *non-action*), la *réaction,* l'*abréaction* et l'*inaction.* Précisons succinctement la portée de chacun de ces termes.

◆ L'**action** est le mouvement le plus naturel de l'homme vivant en société en même temps que la manifestation la plus évidente de sa bonne santé psychique et mentale. C'est dans l'action que l'individu puise son sentiment d'existence et, au-delà, son sentiment de liberté (22). On pourrait affirmer sans trop de risques de se tromper : *J'agis (relationnellement), donc je suis.*

En termes relationnels, notre agir se base sur les manifestations « verbale » et « physique » de notre personne. Ainsi, chaque fois que nous cherchons à entrer en discussion avec quelqu'un (échange de propos, de points de vue, de convictions...), nous « agissons » relationnellement verbalement. De même, lorsque nous convions des amis à venir voir à la maison les diapositives que nous avons prises au cours de notre dernier voyage en Bretagne, nous « agissons » relationnellement physiquement.

◆ La **non-action,** dans la mesure où elle est « déterminée (23) », constitue, avons-nous dit, un paradygme (c'est-à-dire un type « exemplaire ») de l'action. En l'occurrence, elle est une décision de ne pas « broncher ». Par exemple, lorsque nous décidons de ne pas répondre à une remarque déplacée, notre attitude est une attitude résolue de non-action.

◆ La **réaction :** hormis dans le cas de certaines maladies mentales (l'autisme par exemple), nos actions s'inscrivent de fait dans un contexte relationnel donné ; elles sont « intentionnées »

---

22. Kafka affirmait que *« l'homme, en fait, ne se libère que par ses liens ».*

23. Nous précisons « déterminée » car il ne faudrait pas confondre le *non-agir* et le *rien faire.* Le *non-agir* est une politique déterminée, en d'autres termes une « intention » bien particulière, alors que le *rien faire* ressort, à l'inverse, d'une absence pure et simple de toute intention ciblée.

vers quelqu'un ou vers quelque chose avec qui ou avec quoi nous sommes en relation.

Bien sûr, idéalement nos actions devraient s'harmoniser synergiquement avec celles des autres. Dans la pratique toutefois, il arrive fréquemment qu'elles interfèrent en un sens plus ou moins opposé ou contraire et qu'elles se « heurtent » les unes aux autres. Les paramètres qui découlent de ce « heurt » nous conduisent alors à non plus agir mais *réagir*. Un tel heurt n'a rien d'anormal, au contraire, il est en soi fécond et constructif (24). Mais il advient aussi souvent, hélas ! que notre *réaction* s'affaiblisse et que, perdant précisément son « pouvoir d'enflammement », elle finisse par nous conduire à nous retrancher dans des positions mièvres et frileuses qui, dès lors, ne laissent plus de faire penser à cette passivité, à cette inertie que nous avons évoquées précédemment.

◆ L'**abréaction :** ce terme, généralement inconnu du grand public, nous vient de la psychanalyse. On entend par « abréaction (25) » la manifestation d'une décharge émotionnelle par laquelle nous nous libérons de quelque chose qui nous traumatise ou qui nous a traumatisé dans un passé plus ou moins récent. L'abréaction constitue donc une sorte de soupape émotionnelle et pourrait être comparée à une catharsis physique (26). Ainsi, pour nous en tenir à un seul exemple, une secrétaire qui s'est puissamment retenue durant des journées entières de dire ce qu'elle pensait à son chef de service de son attitude envers elle (car l'entreprise était en pleine période de bilan) va, quelques jours plus tard, pour un point de détail totalement anodin, sortir complètement « de ses gonds » et déverser toute son amertume sur son chef totalement médusé.

◆ L'**inaction,** enfin, est l'expression apparente de nos inhibitions cachées. Elle constitue, pourrait-on dire, la mise sur la touche de nos attitudes relationnelles constructives habituelles lorsque la *réaction* et l'*abréaction* n'ont pas réussi à susciter la

---

24. Carl Gustav Jung ne disait-il pas que *« c'est du heurt des contraires que jaillira la flamme de la vie » ?*

25. Du latin *agere* (agir) et du préfixe *ab* (marquant l'éloignement).

26. Rappelons que les Grecs anciens appelaient « catharsis » le phénomène de purification de l'âme par la parole.

secousse salvatrice qui nous aurait permis de rebondir dans l'*action.*

*
* *

Dans la pratique concrète de la relation à autrui, il existe une infinité de nuances à tous les degrés de l'action, de la réaction, de l'abréaction et de l'inaction, de même qu'il existe mille et mille possibilités d'interactions entre toutes. On peut tout aussi bien agir en réagissant *(Puisque c'est comme ça, je ne viendrai pas !),* réagir en agissant *(Je ne vois pas pourquoi j'abonderai dans votre sens, débrouillez-vous ; moi je m'en tiens à ma position initiale...),* abréagir au sein d'une réaction donnée *(L'idée de leur annoncer les mesures draconiennes que nous allons prendre suite à la crise actuelle me donne envie de vomir...),* etc.

*
* *

Nous venons de voir comment nous intégrions au sein de notre intuition relationnelle – via une connaissance sensible globale – tous les éléments émotionnels, sociaux et intelligents de notre relation à autrui et comment s'articulaient, face aux autres, nos possibilités d'action, de réaction, d'abréaction et d'inaction.

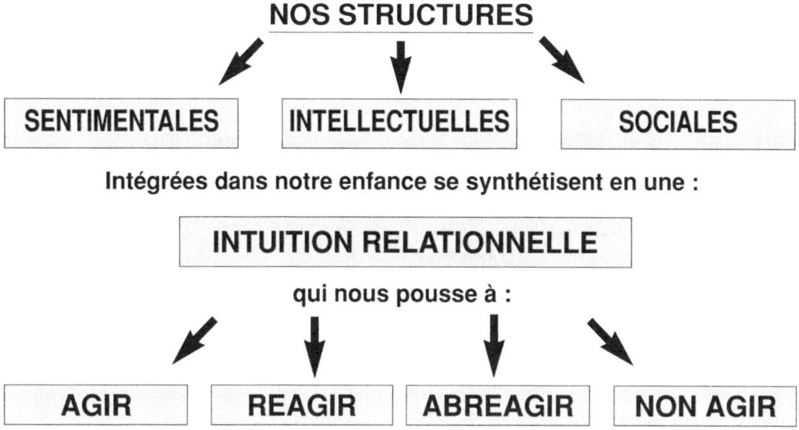

La vie humaine étant sujette à fluctuations, nous sommes tous concernés par ces différentes positions de vie. En clair, il nous arrive à tous de passer par des phases d'activité, de réactivité, d'abréactivité et d'inactivité, et ce dans tous les domaines, que ce soit dans notre vie sentimentale, sociale ou professionnelle. Toutefois, on peut affirmer sans trop de craintes de se tromper que :

— Plus nous tendrons vers une politique d'action, plus fort sera notre sentiment d'être le décisionnaire de ce qui nous arrive.

— Plus nous tendrons vers une politique de réaction, plus nous vivrons à travers le filtre de l'agir des autres.

— Plus nous tendrons vers une politique d'abréaction et plus nous vivrons les relations avec autrui comme des situations-limites suffocantes.

— Plus nous tendrons vers une politique d'inaction, plus nous nous en sentirons l'objet et plus nous serons conduit à la subir.

Car nos actions, nos réactions, nos abréactions et nos inactions, que nous nous en rendions compte ou non, sont bien évidemment toujours intentionnées vers les autres qui, eux-mêmes, agissent, réagissent, abréagissent ou inagissent en fonction de la situation rencontrée et des paramètres relationnels intuitifs qui sont les leurs.

Tendances vitales de la personnalité non problématisée :

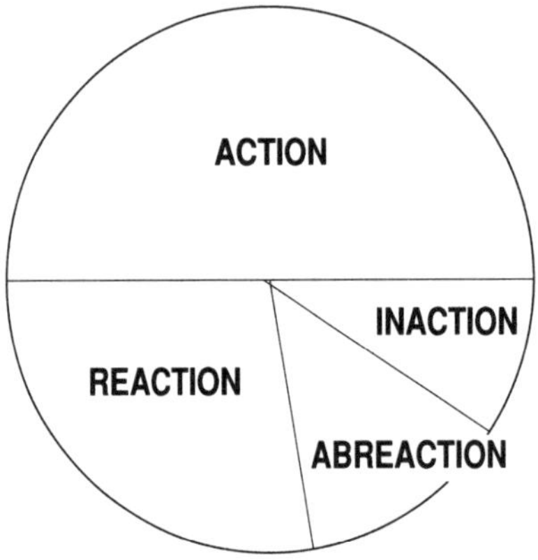

Tendances vitales de la personnalité problématisée :

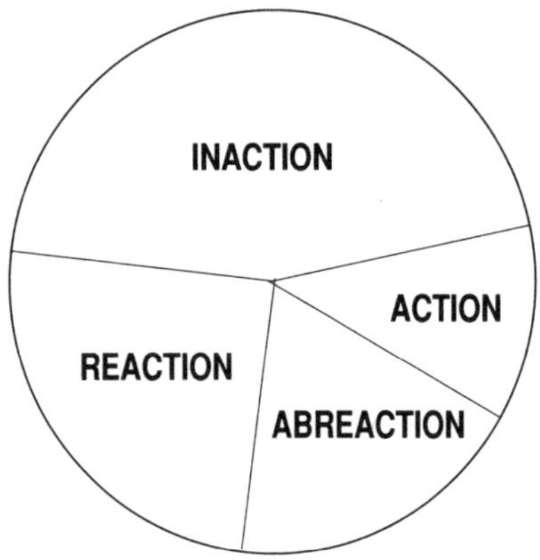

Pour bien mettre en lumière l'articulation pratique des dimensions sentimentale, sociale, intelligente et intuitive de la relation interhumaine qui ont été évoquées jusqu'à présent, il conviendrait maintenant d'avoir recours à un exemple. Pour ce faire, nous allons puiser dans cette merveilleuse source d'enseignement de la connaissance de l'être humain que nous fournit en bien des endroits la mythologie grecque. Faisons un retour en arrière.

6. L'exemple enseigne

Un dieu presque comme les autres.

a) Zeus et consorts

Sur le mont Olympe, nous relate la mythologie grecque, séjournait une multitude de dieux placés sous la houlette de Zeus. Mais cette houlette n'en faisait pas pour autant un dieu intouchable et inattaquable. Bien que reconnu comme le dieu des dieux, il n'en connaissait pas moins d'innombrables démêlés avec ces derniers qui, souvent, conspiraient contre lui, enfreignant ses prérogatives, passant outre ses interdits, contrevenant à ses décisions, etc. Chaque dieu possédait une sphère d'influence ou un don particulier lui permettant de peser sur le cours du monde et des choses. Mais ce pouvoir n'était que parcellaire et se trouvait fréquemment en opposition avec celui d'autres dieux ou de Zeus lui-même. Il fallait donc trouver des arrangements, négocier des alliances, conclure des compromis. Car il n'était pas de tout repos que d'être un dieu : rivalités, luttes d'intérêts, trahisons et « coups bas » faisaient florès à chaque coin et recoin du mont Olympe. Les exemples ne manquent pas. Prenons-en un parmi tant d'autres, celui de Prométhée.

Prométhée était de la race des Titans. Ces divinités primitives, qui furent, dit-on, à l'origine de la première civilisation humaine, avaient gouverné le monde avant d'être défaites par Zeus (aidé de Prométhée) et tous les dieux du mont Olympe. Un jour, Prométhée, au moyen d'une torche, monta dans les régions célestes et déroba au char du soleil le feu sacré afin de le transmettre aux hommes. Le dieu des dieux en fut très courroucé. Mais à ce courroux s'ajoutait une arrière-pensée : en effet, Zeus avait appris qu'il aurait un fils qui, un jour, le détrônerait sans toutefois savoir qui en serait la mère. Seul Prométhée le savait.

Pour punir Prométhée (mais aussi pour tenter de lui arracher son secret), Zeus le fit enchaîner au sommet d'une montagne où un aigle vint lui dévorer le foie qui, sans cesse, repoussait.

Comment se finit l'histoire ? Les légendes en donnent de multiples versions. Parmi celles-ci, il en est une qui dit que Prométhée fut libéré quelques générations plus tard par Héraclès, le propre fils de Zeus, qui le débarrassa de ses chaînes et tua l'aigle sans que son père s'y oppose expressément.

Laissons maintenant Prométhée et revenons au propos qui nous intéresse ici. Que penser d'un tel mythe ? Ne faut-il y voir qu'une histoire épique riche en rebondissements et en faits extraordinaires ? Ou ne convient-il pas de penser que derrière toutes ces aventures et toutes ces péripéties de la vie des dieux se cache quelque leçon pour l'humain que nous sommes ? Tous ces dieux n'ont-ils pas quelques points communs avec les hommes ? Certes, cela saute aux yeux ! Ce qui les rend si proches de nous, c'est qu'ils connaissent les mêmes sentiments, les mêmes élans, les mêmes émois, les mêmes remous du cœur que ceux que nous vivons, tant les négatifs (impatience, susceptibilité, sautes d'humeur, méfiance, rancune, jalousie, trahison, esprit de calcul, de vengeance, agressivité, haine...) que les positifs (amour, compréhension, bonté, reconnaissance, audace, solidarité, habileté...).

b) « Humain, trop humain ! »

L'impression d'ensemble qui se dégage de cette tumultueuse communauté de caractères est que chacun, finalement, y trouve son compte. On serait tenté de s'exclamer, à la manière du philosophe Nietzsche : *« Humain, trop humain ! »* Et, en effet, les dieux de l'Olympe connaissent les joies et les afflictions des hommes, mais aussi leurs humeurs et leurs égarements, leurs victoires et leurs défaites, leur génie et leur impuissance.

La vie humaine est là, bien là, plantée dans tous ces mythes et, au-delà, dans tous ces personnages et tous ces caractères : tous les espoirs en même temps que tous les désespoirs humains s'y trouvent réunis. Lorsque la mythologie grecque nous conte les péripéties et les mésaventures de telle ou telle divinité, c'est de nous dont il s'agit. Lorsqu'elle nous relate les exactions et les forfaits de ses protagonistes, c'est encore de nous dont il s'agit. Et lorsqu'elle montre les efforts et la détermination de tel ou tel héros pour parvenir à ses fins, c'est aussi et encore de nous et de notre condition d'homme dont il est question. C'est Prométhée que nous évoquions précédemment, c'est Sisyphe, condamné après sa mort à rouler éternellement son rocher jusqu'au sommet de la montagne et qui faillit sans cesse juste avant d'y parvenir, c'est Ulysse et les sirènes mal intentionnées, c'est Pénélope (son épouse) qui résiste à la résignation et inlassablement tisse sa toile. Répétons-le une fois encore, c'est de nous dont il s'agit ; **nous sommes dans tout cela.**

Lorsque la mythologie montre les efforts et la détermination de tel ou tel héros pour parvenir à ses fins, c'est aussi et encore de nous dont il est question.

Alors, quelle leçon convient-il de tirer de cette mythologie ?

A bien y regarder, on s'aperçoit que le mont Olympe ressemble à bien des égards à la cité humaine : imprévisible, multiple, paradoxal. Même si une structure sociale pyramidale préexiste (Zeus, dieux, divinités, démiurges, héros, hommes...), celle-ci n'est pas figée : elle est multiple, polyvalente, changeante, diversifiée. Toute décision, tout ordre, tout diktat – légitime ou arbitraire – émanant de Zeus ou d'un autre dieu peut, par certains concours de circonstances, se retourner contre lui ou, en tout cas, se trouver remis en cause à tout moment et en n'importe quel lieu et entraîner les conséquences les plus imprévisibles. Mais, à l'opposé, toute situation apparaissant immuable, irréparable – telle que celle dans laquelle se trouve Prométhée – peut tout aussi bien être sujette à changement et à évolution. Car les intérêts humains sont eux-mêmes changeants. Ainsi, ce qui est considéré comme dérisoire, inutile ou superflu à un moment donné, peut se révéler précieux ou irremplaçable à un autre, de même que ce qui passe pour impensable aujourd'hui peut fort bien se trouver « justifié » demain.

Et c'est bien ainsi qu'apparaît le monde humain : une situation a priori insoluble trouve contre toute attente une solution, un problème réputé insoluble voit soudain se dessiner une issue inespérée.

*
* *

A dire vrai, notre vie professionnelle n'est-elle pas elle-même bien proche des considérations que nous avons évoquées précédemment à propos de Zeus, Prométhée et Héraclès ? Transposé à notre époque, n'a-t-on jamais vu une entreprise, une usine, une administration, un bureau, une école, un orchestre philharmonique, un cabinet médical... que sais-je encore, être le théâtre de semblables conflits d'intérêts ? Et en effet, peut-être davantage que partout ailleurs, notre vie professionnelle se trouve teintée en profondeur des enjeux que nous décrit la mythologie grecque : l'intrigue et l'alliance, la délation et la solidarité, la paresse et le labeur acharné, l'opportunisme et l'ambition humaine et bien d'autres attitudes humaines se côtoient. N'en doutons pas, nous sommes tour à tour Œdipe, Narcisse, Sisyphe, Electre, Antigone et consorts. Et finalement, qu'y a-t-il d'anormal à cela ?

7. Synthèse

Les choses simples ne se passent pas forcément simplement !

Nous avons vu, tout au long de ces pages, comment et sur quels critères s'articulait notre relation à autrui. Pour ce faire, nous sommes tout d'abord parti de la question de savoir si l'homme était un « loup » pour l'homme. Nous avons très vite remarqué ce que cette alternative comportait d'insuffisance et d'arbitraire. Nous avons donc essayé d'approfondir la question et nous nous sommes interrogé sur la dimension « sentimentale » de la relation interhumaine. Nous avons constaté, ce faisant, que si certaines attentes sentimentales pouvaient avoir eu une raison d'être dans notre enfance, elles ne répondaient pas, une fois adulte, aux exigences de maturité affective que pose la vie humaine en sa rencontre avec autrui.

Nous nous sommes ensuite tourné vers la dimension « sociale » de la relation interhumaine et avons mis en avant les deux nécessités existentielles que constituent la « coopération » et la « productivité humaine ».

Dans un troisième temps, nous avons voulu comprendre la fonction « intelligence » de la relation interhumaine et avons dû, pour ce faire, différencier nos attitudes à tendance unissante et désunissante puis, recourant aux deux « outils » relationnels que sont la *diplomatie* et la *stratégie,* nous avons dégagé la notion de *politique de vie*. Toutefois, nous avons noté qu'une politique de vie centrée sur elle-même nous limitait dans notre champ d'action relationnel et que, pour aller plus loin, nous avions besoin d'une intelligence supplémentaire que nous avons appelée *intelligence du cœur.*

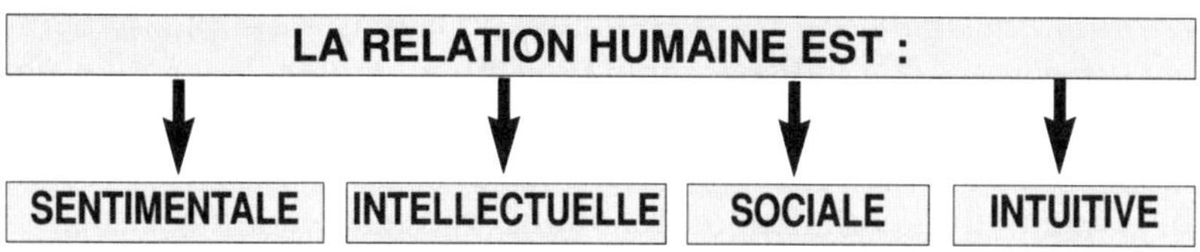

Dans un quatrième temps, nous nous sommes efforcé d'expliquer comment et en fonction de quels critères liés à notre enfance et à notre éducation, nous intégrions « intuitivement » toutes ces dimensions et comment cette « préconnaissance » agissait sur notre capacité d'action. Dans une dernière partie, nous avons pris en exemple quelques conceptions centrales de la mythologie grecque et avons remarqué combien les méandres du polythéisme grec étaient proches des préoccupations de l'humain que nous sommes.

*

* *

Vue sous ces différents aspects, l'alternative « loup/agneau » que nous hypothéquions au départ apparaît maintenant bien terne et bien lointaine des véritables préoccupations humaines. Et en effet, force est de conclure que l'homme n'est ni un *loup* ni un *agneau* pour l'homme : il est, pourrions-nous dire, *loup* lorsqu'il se trouve ou se sent en position d'insécurité, de doute ou d'ignorance, et *agneau* – traduisez « pacifique » – lorsqu'il s'efforce d'appréhender sa vie avec optimisme, confiance et labeur, bref avec humanité.

Répétons-le, la position de l'homme face aux autres hommes ressort d'une position de **choix affectif** d'une politique de vie plus ou moins inconsciemment menée le conduisant à agir par le biais de son *sentiment social* et de son *sentiment humain* sur l'alternative loup/mouton. En d'autres termes, c'est en lui-même et non dans une nature extérieurement subie que se définit le choix volontaire et déterminé **« Loup si je veux », « Agneau si je veux ».**

*

* *

Nous touchons maintenant au terme de notre réflexion sur la *relation interhumaine*. Ce préambule, pour long qu'il puisse avoir été, nous a semblé indispensable pour bien repérer l' « esprit » qui devrait normalement présider à nos relations avec les autres dans notre vie en général et dans notre vie professionnelle en particulier. Et en effet, comment aurions-nous sérieusement pu nous attaquer aux problèmes relationnels spécifiques au monde du travail si nous n'avions pas commencé par tenter de comprendre la finalité générale même des interrelations humaines ?

Le « décor relationnel » étant maintenant bien planté, nous allons, dans ce qui suit, recenser les principales « personnalités » apparaissant de façon presque systématique dans le milieu du travail. Bien sûr, devant la diversité des caractères humains, il était impossible de les faire tous figurer ici. Nous n'avons retenu que les plus caractéristiques. Chacun ne s'y retrouvera donc pas forcément. Gageons, en revanche, qu'au détour d'une page ou d'une autre, chacun de nous découvrira la description des comportements de tel(le) ou tel(le) collègue de travail !

CHAPITRE III

Quelques personnalités marquantes rencontrées en milieu professionnel

1. La personnalité hyperactive

Laborieux, acharné, activiste, forcené, sa volonté est plus forte que sa personnalité.

Parmi les personnalités marquantes rencontrées sur les lieux de travail, il en est une particulièrement intéressante : la personnalité *hyperactive* que nous pourrions tout aussi bien appeler le *fourmiliste* (1). A première vue, ce caractère paraît si bien « trempé » qu'on aurait peine à trouver à y redire. Pourtant, les paradoxes et les contradictions qu'il recèle et son côté résolument obsessionnel génèrent, dans sa vie quotidienne professionnelle, nombre de difficultés, mésententes et désillusions.

Que nous soyons nous-même un tempérament hyperactif ou que nous en fréquentions dans notre entourage professionnel, il ne sera pas mauvais d'en saisir un peu mieux la psychologie. C'est ce à quoi nous allons nous appliquer.

1. Nous l'appelons ainsi en référence à la célèbre fourmi besogneuse de la fable de La Fontaine.

a) Son profil

L'hyperactif – qu'il soit employé, cadre ou patron – est le collaborateur par excellence, la perle rare recherchée par tout responsable désireux de donner une impulsion franche à son activité professionnelle. En effet, la capacité d'abattage de travail d'un hyperactif apparaît phénoménale par rapport à la moyenne du simple quidam.

Ses qualités sont indubitables. Energie, optimisme, esprit d'entreprise, goût de la responsabilité, capacité de décision, volonté de réussir... pour ne citer que quelques-unes d'entre elles, en font un élément apprécié à tous les niveaux. Vis-à-vis de ses collègues il se montre coopératif, attentionné, bienveillant, chaleureux. Toutefois, comme en toute chose humaine, il advient que sa personnalité « dérape » légèrement et que les défauts de ses qualités prennent le pas sur ces dernières, le faisant verser dans un paternalisme un peu étouffant.

A l'image de la célèbre fourmi de Jean de La Fontaine, l'hyperactif – même lorsque sa journée s'est trouvée bien remplie – éprouve le sentiment qu'il aurait encore pu en « abattre » la moitié plus. Sa capacité de travail le conduit à des situations de stress et à des états limites trouvant leur expression dans des leitmotive tels que : *Je suis épuisé(e)... Je suis obligé(e) de tout faire ici... Personne ne se préoccupe de m'aider,* etc. En fait, ce qu'il omet de considérer, c'est que c'est précisément son attitude de prise en charge systématique de tous les problèmes des autres qui conduit ces derniers à démissionner, soit qu'ils pensent que puisqu'il s'occupe de tout il est inutile de s'activer, soit qu'ils présument que quel que soit leur effort le travail accompli ne le satisfera de toute manière pas. Et il est vrai que dans la vie quotidienne, l'hyperactif apparaît comme un éternel insatisfait.

De par son tempérament, les exigences de la personnalité hyperactive vis-à-vis d'elle-même la conduisent à des conceptions plutôt rigoristes de la vie, conceptions qu'elle attend « naturellement » que les autres partagent en retour avec elle.

Convaincue qu'elle en fait beaucoup, elle estime que la moindre des choses est qu'on la reconnaisse et qu'on la privilégie.

A l'image de la célèbre fourmi de Jean de La Fontaine, l'hyperactif, même lorsque sa journée s'est trouvée bien remplie, éprouve le sentiment qu'il aurait encore pu "abattre" la moitié plus.

Elle supporte difficilement le partage de l'« aura » que sa politique de vie lui confère vis-à-vis des autres. Si elle rencontre sur sa route plus malin qu'elle, elle se sent désarmée car, pour elle, l'arme suprême, l'arme noble est le travail et l'effort fourni.

Il va sans dire que dans son domaine professionnel, cette personnalité s'avère très possessive et exclusive au sens premier du terme. Ainsi, lorsque son ascétisme n'est pas partagé, elle tend à se désintéresser de l'autre et à l'abandonner à ce qu'elle croit être son « triste sort ». Cela la conduit à pratiquer la **politique du « kleenex »,** c'est-à-dire à laisser choir l'autre avec autant de détermination qu'elle l'avait soutenu auparavant.

Personnalité orgueilleuse s'il en est, il lui en cuit de ne pas savoir une chose et préférera souvent perdre un temps précieux à chercher par elle-même, plutôt que de solliciter l'aide, l'appui ou l'intervention des autres. Dans les cas extrêmes, une telle attitude peut également se trouver « hystérisée » dans l'attitude inverse de « rétention d'information » *(Ils n'ont qu'à savoir ce qu'ils ont à faire !).*

Une approche plus critique de cette personnalité nous conduirait à poser la question de savoir ce qui la fait courir et pourquoi elle sert si bien les intérêts des autres, souvent au détriment des siens.

b) Tableau psychologique

En première analyse, s'il nous fallait justifier son hyperactivité, nous mettrions d'emblée et sans aucune hésitation en avant son besoin résolument obsessionnel de ne pas décevoir et, par conséquent, d'être reconnue. Décevoir qui ? Etre reconnue de qui ? C'est dans son enfance, et plus particulièrement dans son rapport à ses parents, qu'il convient de chercher la réponse.

Si la personnalité hyperactive éprouve un besoin compulsif d'être aimée, reconnue et appréciée, c'est pour correspondre à une figure parentale (père, mère, éducateur...) à laquelle elle cherche soit à s'*identifier* (cas de parent en vue, connu, reconnu ou occupant de hautes fonctions ou de hautes responsabilités...), soit à se *référer ;* ce besoin compulsif de référence pouvant derechef intervenir dans deux cas de figure :

— Dans le cas d'un parent ayant été fortement présent, que ce soit physiquement, affectivement ou « attentionnellement » dans la vie quotidienne de l'enfant (2).

— Dans le cas d'un parent ayant été fortement présent dans l'imaginaire de l'enfant (cas, par exemple, du mythe colporté par un parent sur le compte de l'autre parent fréquemment absent, séparé ou décédé : *Ton père serait heureux s'il te voyait ainsi, brave et travailleur !... Ta maman serait fière de toi si elle voyait combien tu es courageuse !...).*

Comme le lecteur aura pu le déduire par lui-même, l'hyperactivité, en son besoin compulsif d'*identification* ou de *référence,* correspond donc au désir de faire perdurer une relation « secrète » avec la figure parentale dominante (3) au sein d'un dialogue inté-

2. On pense, par exemple, au père du petit génie Wolfgang Amadeus Mozart.

3. Par « parent de référence fort », nous entendons celui dans lequel l'image œdipienne a pu le mieux s'inscrire. Il s'agit souvent du parent du sexe opposé, mais cela ne constitue pas en soi une règle générale.

rieur constant se résumant à l'interrogation : *Suis-je, en agissant ainsi, assez bien pour toi ?*

*
* *

Si nous étions polémique, nous dirions que l'hyperactif n'a, en fait, pas grand mérite à être ce qu'il est... car il ne peut être autrement. C'est sa tendance obsessionnelle qui le dirige. Celle-ci s'inscrit autour des **trois « axes antidéception »** suivants :

— Travailler beaucoup et développer beaucoup d'effort.
— Gâter les autres afin de rester directeur de la relation.
— Composer toujours avec les autres afin d'être aimé de tous.

On le voit, loin d'être une personnalité affranchie et souveraine, la personnalité hyperactive, objet d'une admiration « captivante » au premier sens du terme (il conviendrait presque de dire « capturante ») pour une image parentale, n'agit pas tant par libre arbitre que par référence à certaines images relationnelles remontant à son enfance. Au total, sous le couvert d'une attitude sociale ouverte, il s'agit d'un caractère très intériorisé, fragilisé et solitaire car son monde se résout à l'équation *moi/papa* ou *moi/maman*.

c) Répercussions sur sa vie professionnelle

L'hyperactif est certainement le plus ouvert et le plus sympathique des caractères posant problème, mais il n'en reste pas moins vrai que son attitude vitale entrave, souvent à son insu, une communication correcte au sein de sa vie professionnelle. Dans sa vie quotidienne professionnelle, malgré tous ses « bons côtés », la personnalité hyperactive pose les problèmes suivants :

— Elle induit chez ses collègues des attitudes d'attente et de gâterie.
— Sans s'en rendre vraiment compte, elle exerce sur son entourage professionnel une pression constante.

— Déterminée dans ses actions, elle attend de ses collègues qu'ils assument leurs responsabilités, estimant que ce n'est pas à elle à donner le ton alors que, dans le même moment, elle se comporte comme un chef d'orchestre.

— Préférant agir à la place des autres plutôt que d'avoir à leur demander et ne sachant pas exprimer ses observations au moment opportun, elle tendra à refouler ses affects et à ne les évacuer que dans les situations limites au travers de coups de colère inattendus ou de décisions intempestives.

— En cas de conflit, une telle politique peut la conduire à édicter secrètement des règles du jeu dont elle seule connaît le mécanisme, partant du principe que finalement, chacun doit savoir ce qu'il a à faire. Dans les cas extrêmes, cela peut la conduire à de véritables attitudes de rétention d'information.

*

* *

Si nous sommes nous-même une personnalité hyperactive, prêtons attention aux conséquences parfois désagréables que nos attitudes extrêmes peuvent avoir pour notre entourage professionnel. L'action est certes une grande loi humaine, mais ne nous faisons pas pour autant le « chancre » d'un hyperactivisme forcené.

2. Le perfectionniste

Le perfectionnisme, c'est la sublimation de la banalité.

Il en va de cette personnalité comme de l'hyperactif, à savoir qu'à côté de ses qualités indéniables il peut advenir, lorsqu'elle cultive son goût de la perfection à outrance, que les défauts de ses qualités se fassent par trop « encombrantes », la rendant ainsi difficile à vivre pour son entourage. Mais ne brûlons pas les étapes et, avant que de jeter un œil critique sur cette personnalité, commençons donc par lui rendre justice.

a) Son profil

Ce qui caractérise avant tout le perfectionniste c'est sa fiabilité. Avec lui, point de déconvenues. Les engagements sont tenus, les prévisions remplies, les échéances respectées. On sait ce qu'on est en droit d'attendre et la parole donnée est une parole tenue. Au demeurant, il serait inutile de tenter de le prendre en défaut, cela se retournerait contre nous. A l'aise dans l'exécution de tous les travaux minutieux, il ordonne, détaille, quantifie, dissèque. L'exactitude est son bastion, la justesse son étalon. Collectionneur par goût, il garde, classe, conserve, préserve tout ce qui peut l'être. A l'instar de l'hyperactif, il donne beaucoup de sa personne. Soucieux du travail bien fait, il n'hésite pas à prendre en charge le travail des autres quand il suspecte quelque difficulté. Dans sa vie professionnelle comme dans sa vie privée il est droit, juste et honnête. Ces multiples qualités lui confèrent un label de sérieux inattaquable et en font la pierre angulaire de tout bureau, de tout service, de tout laboratoire, de tout atelier, dès lors que la minutie et l'exactitude apparaissent déterminantes pour la bonne marche de l'entreprise.

Hélas ! et comme on peut s'en douter, ce label de sérieux le conduit souvent à revendiquer un peu trop haut, un peu trop fort la prééminence de son état et à multiplier les « conflits de principe » *(Vous m'aviez cependant dit que... Je suis pourtant certain d'avoir...),* ce qui le fait apparaître comme un véritable « casse-pieds » aux yeux de ses collaborateurs, de ses collègues ou de ses patrons.

Le principal défaut du perfectionniste consiste dans sa conviction intime de finalement n'en pas avoir. Une telle attitude le conduit à refouler – et donc à méconnaître – toute une série de faiblesses qu'il ressent confusément en lui sans toutefois pouvoir leur donner un nom. Parmi celles-ci, la principale réside dans le fait qu'il est certainement un bon organisateur, mais dépourvu d'esprit d'innovation et d'originalité. Attaché à la réalisation du détail, l'esprit de synthèse lui fait cruellement défaut, de sorte que l'imprévisible lui fait peur.

Le perfectionniste confond « perfection » et « maîtrise ». Comme au fond il n'est pas sûr de lui-même, ni de sa maîtrise

Cette personnalité sert la perfection comme une sentinelle monte la garde. Ses ennemis sont le flou, l'à-peu-près, l'imprévisible.

professionnelle, il tente de s'abriter derrière un système d' « inattaquabilité ». Pétri de retenue, prenant tout au pied de la lettre, il sert la perfection comme une sentinelle monte la garde. Ses ennemis sont le flou, l'à-peu-près, l'imprévisible.

D'un point de vue psychanalytique, le perfectionniste cherche, par son attitude, à correspondre à l'image bien façonnée, bien « propre » que ses parents ou éducateurs ont fait peser sur lui dans sa prime enfance. Dans la classification analytique, il correspond sans aucun doute au caractère de type « anal (4) ». On retrouve ici, en récurrence, une compulsion à la « propreté sous toutes ses formes ». Et en effet, le perfectionniste se veut blanc comme neige – traduisez **irréprochable** sous tous les points de vue. Il éprouve une hantise pour toutes les formes de salissure et ne déteste rien de plus que ceux qui, par leurs attitudes détachées, débonnaires ou flegmatiques, pourraient mettre en péril son système perfectionniste.

Le lecteur l'aura reconnu sans peine, le perfectionniste est un caractère de type obsessionnel. La formule *« Vingt fois sur le métier remettez votre ouvrage : polissez-le sans cesse et le repo-*

4. Rappelons, pour mémoire, que la psychanalyse freudienne distingue quatre caractères principaux : *oral, anal, phallique* et *génital.*

lissez », chère à Nicolas Boileau (5), pourrait-être sa devise. Et en effet, sa compulsion de répétition (comprenez son impossibilité de faire autrement que ce que son système perfectionniste lui dicte) le conduit à adopter des positions systématiques à la limite de la caricature.

*
* *

S'il est vrai que tous les caractères humains contiennent en eux-mêmes les germes d'une obsessionnalité, il n'en reste pas moins vrai que cette dernière peut parfois prendre des tours et des contours pouvant toucher à la névrose la plus complète, voire la plus insensée. C'est sur ces types de complication que nous allons maintenant nous pencher. Pour les besoins de la cause, nous répartirons le perfectionnisme en trois catégories, ou plutôt, en trois couches (6).

b) Les trois couches du perfectionniste

◆ Le **perfectionnisme de la première couche** correspond au *souci du travail bien fait.* Il s'agit ici de la volonté de tout un chacun de réaliser un travail dans les meilleures conditions de propreté et de finition. Ce perfectionnisme est présent en chacun d'entre nous dès lors qu'il s'agit de réaliser une tâche personnelle qui nous tient à cœur. Même le plus incompétent d'entre nous connaît, à l'occasion, ses heures de perfectionnisme. Et en effet, dès lors qu'une « tâche », une « mission » ou une « occupation » est choisie de plein gré, elle semble réquisitionner tout le sérieux du monde (7).

◆ Le **perfectionnisme de la deuxième couche** pourrait être considéré comme une sorte de *maniaquerie* du travail bien fait. La

5. *L'Art poétique,* Chant I (Paris, 1674).

6. J'ai emprunté cette dénomination de « couche » à Sigmund Freud. En effet, dans *Névrose, psychose et perversion* (version française, P.U.F., 1973, p. 271 et suiv.), Freud évoque la *« jalousie des première, deuxième et troisième "couches" ».*

7. Pour s'en convaincre, il suffit d'observer un enfant face à une tâche qu'il se propose de remplir.

personnalité correspondant à ce profil érige le perfectionnisme en un système dont elle se rend ensuite prisonnière. En fait, ce qui l'intéresse, ce n'est pas le « travail bien fait » en tant que tel, mais « le travail du travail ». Spécialiste du spécialisme, le perfectionnisme est pour elle une raison de vivre, mieux, une raison d'être.

Dans le monde du travail, le perfectionniste de la deuxième couche apparaît comme un véritable « casse-pieds » professionnel. Ses attitudes compliquées et autoritaires le contraignent souvent, pour se trouver en conformité avec son système perfectionniste, à s'astreindre (et, pis encore, à astreindre les autres) à des règles de pensée ou de conduite pour le moins alambiquées. Ce n'est pas lui qui impulse ses actions, c'est son système qui les lui dicte. Ainsi, dans une usine par exemple, un contremaître pourra fort bien avoir, à une certaine époque, établi un système de vérification scrupuleux des pièces fabriquées à la main puis faire perdurer un tel système alors que l'usine s'est dotée d'un système de contrôle automatisé. Ou encore, un caissier pourra garder l'habitude de recompter chaque compte alors que la comptabilité est assurée par ordinateur.

On le voit, le perfectionniste est en quelque sorte victime consentante d'un système qu'il a lui-même créé ou contribué à créer.

◆ Avec le **perfectionnisme de la troisième couche,** nous touchons aux états affectifs relevant déjà d'une *pathologie* certaine.

Au départ, le profil de cette personnalité laisse ressortir une tendance obsessionnelle conduisant la personne à placer la barre très haut, tant pour elle-même que pour les autres. Généralement excellente dans sa sphère professionnelle, irréprochable dans ses fonctions, certaine des résultats que génère son attitude face à la vie, sa politique d'efforts constants la conduit à développer une image très sûre d'elle-même et de ses qualités.

La synergie qui se dégage de son action attire généralement autour d'elle des gens de qualité qui contribuent au maintien et au renforcement du « mythe » de cette personnalité. Ainsi, il n'est pas rare que se constitue autour d'elle – tant au sein du travail qu'en dehors dans sa vie privée – une sorte de « cour » de prosélytes plus ou moins admiratifs de ses capacités, plus ou moins inféodés à ses exigences et, comme on s'en doute, plus ou moins envieux ou jaloux de ses succès aussi. Un tel état de choses la conduit à réagir avec une certaine sensibilité – nous dirions même, un certain agacement – à l'intérêt et à l'émoi qu'elle suscite auprès des autres, et à développer certaines attitudes d'hypersensibilité, de méfiance, de suspicion, voire de persécution qui ne laissent pas de faire penser au profil de la personnalité à **tendance paranoïde** (8). En fait, c'est un peu comme si cette personnalité se trouvait sur une arête à partir de laquelle elle pourrait, à tout moment, soit verser dans un professionnalisme génial, soit tomber dans l'aveuglement le plus paranoïaque ou, pour prendre une autre image, c'est comme si deux forces de nature différente tentaient de l'habiter, s'interpénétrant l'une l'autre comme le font les eaux douces et salées d'une rivière et d'un océan.

Tel le dieu grec Janus, le perfectionniste de la troisième couche apparaît donc à double face et il est peu de dire que le suivi relationnel avec lui relève de la géométrie variable. On ne saura jamais dire avec exactitude comment un tel caractère peut tourner :

— Dans la mesure où sa dimension paranoïde supplante nettement sa structure obsessionnelle, il est clair qu'un tel caractère, malgré toute sa brillance et tout son « génie » n'ira pas très loin car, au-delà de l'admiration qu'il suscite, c'est surtout l'inquiétude qu'il provoque dans son environnement professionnel.

— Dans la mesure où il parvient à « brider » sa tendance à la « folie des grandeurs », son commerce, en revanche, peut s'avérer tout à fait enrichissant et dynamisant pour l'ambiance sur le lieu de travail, mais il faut bien convenir qu'une telle personnalité ne laissant personne indifférent, elle est souvent aussi à l'origine de mésententes, de discordes et de divisions entre les « pour » et les « contre » inconditionnels.

---

8. En effet, comme toutes les personnes « en vue » (stars et autres princes de ce monde), elle est fortement entourée et redoute, de ce fait, les intrigues, les coups montés et autres menées secrètes dont elle pourrait être victime à son insu.

Rappelons, pour mémoire, que parmi les symptômes du syndrome paranoïde, on trouve la surestimation de soi, l'orgueil, l'intolérance, le mépris, la susceptibilité, la méfiance, le sentiment de persécution, etc.

Heureusement, tous les perfectionnistes ne sont pas aussi orthodoxes que le perfectionniste de la troisième couche. Généralement, on a plutôt affaire à celui des deux premières.

— Si nous sommes nous-même un caractère perfectionniste, quelle que soit notre position dans notre milieu professionnel (chef, collaborateur, collègue, subalterne, exécutant...), nous aurons intérêt à essayer de percer les mécanismes secondaires se cachant derrière cette attitude vitale et d'en vérifier les possibles répercussions névrotiques que souvent elle abrite.

— Si nous avons affaire, dans notre entourage professionnel, à une telle personnalité, il ne sera pas inintéressant ni inutile d'en reconnaître le profil psychologique ne serait-ce que pour ne pas en faire les frais.

3. La personnalité exubérante

Un « excédant » besoin de l'attention des autres...

Il est intéressant de constater qu'à l'origine le mot latin *exuberare* (de *uber, ris :* abondant, fécond), signifie regorger ou déborder. Et en effet, ce qui frappe d'emblée, à l'observation de ce caractère, ce sont ses emportements « foufous » et ses « débordements de personnalité » propres à la juvénilité de l'enfance plus qu'à l'être adulte.

Certes, cette personnalité n'est vraiment pas méchante ; à l'opposé de nombre d'autres collègues, elle ferait même plutôt figure d'exemple par son côté avenant et primesautier. Toutefois, il existe en elle certains traits qui, sans même qu'elle s'en rende compte, peuvent l'entraver dans ses velléités d'évolution et rendre ses relations à ses autres collègues un peu difficiles et parfois aussi un peu tendues.

Si nous voulons cerner correctement cette personnalité, il nous faut avant tout comprendre que ses comportements peuvent être issus de deux tendances différentes. Ils peuvent provenir, soit

Ce qui frappe, à l'observation de ce caractère, ce sont ses emportements "foufous" et ses "débordements de personnalité".

d'une vision un peu candide de la vie, soit d'un besoin excessif de paraître.

a) Sa vision candide de la vie

Certains d'entre nous apparaissent parfois comme taillés d'une seule pièce. Pleins de fraîcheur, de naïveté et d'innocence, ils « trottinent » dans la vie à la manière d'un petit caniche insouciant, sans se douter que leurs attitudes ou leur propos peuvent se répercuter de façon négative sur leur entourage immédiat. Et de fait, leur manque d'esprit de différenciation pour les diverses situations vitales rencontrées dans leur monde professionnel les conduit souvent à marcher dans les plates-bandes des autres sans se soucier des conséquences pouvant possiblement en résulter.

Il y a un côté provocateur dans leurs façons de se comporter. Réquisitionnant la parole à tout bout de champ, formulant un point de vue sur tout, même sur les sujets qu'ils ne connaissent pas vraiment, prononçant spontanément – et souvent arbitrairement – des jugements à l'emporte-pièce sur toute situation relationnelle ou professionnelle donnée, ils apparaissent de toute évidence comme des personnalités à tendance gâtée, habituées à jouir du regard protecteur et bienveillant de parents trop admiratifs et trop béats de leur progéniture. Et en effet, chaque fois qu'ils le peuvent, ils s'efforcent d'ériger dans leurs relations professionnelles, une microsociété privilégiée, une sorte de « clan » dans lequel ils pourront trottiner et se pavaner à leur aise.

b) Son besoin excessif de paraître

Comme le lecteur peut s'en douter, ce besoin est à mettre en relation directe avec l'enfance et l'éducation de la personne concernée. Il peut provenir :

— Soit d'une éducation dans laquelle les parents, très sensibles à l'extériorité et à l'apparence (snobisme, dandysme, « parisianisme »...), ont privilégié à outrance la vie extérieure de l'enfant en mettant l'accent sur des valeurs de vie factices ou superficielles.

— Soit d'un sentiment d'infériorité s'étant instauré dans le caractère de la personne à la suite d'événements ressentis comme douloureux ou humiliants par le narcissisme de l'enfant (parent décédé, milieu très indigent ou très défavorisé, famille ruinée à la suite d'un mauvais coup du destin, etc.) et que la personne cherche aujourd'hui à compenser.

Dans la vie quotidienne, le besoin excessif de paraître se manifeste par toute une série d'attitudes verbales et gestuelles ne laissant pas de faire penser à un enfant cherchant à se faire remarquer à tout prix, et qui entrerait systématiquement et de façon intempestive dans la relation adulte avec un Moi d'enfant. En dehors de ses excès de parole ou d'action, elle manifeste généralement aussi son besoin névrotique d'être reconnue par la possession d'une quantité impressionnante d'objets qui, véritables *hochets,* sont pour elle un signe extérieur tangible obligé de sa valeur intrinsèque.

c) Sa vie relationnelle et professionnelle

La personnalité exubérante est certainement bonne dans son fond. Elle pourrait toutefois améliorer son « score relationnel » et ses capacités professionnelles si elle parvenait à mieux maîtriser sa fonction interrelationnelle et ses implications face à autrui. Pour cela, nous ne pourrions que trop lui suggérer de faire sienne cette réflexion d'Honoré de Balzac que le lecteur fidèle nous a certainement déjà plusieurs fois vu citer : *« L'élégance, c'est de paraître ce que l'on est. »*

*

* *

Certaines situations relationnelles ou professionnelles sont si intenses qu'il en ressort une véritable exaltation de vie. Il n'y a à cela rien d'anormal, bien au contraire. *« Chacun est, d'une certaine manière, en débordement de lui-même »,* disait le philosophe Heidegger. Et nous, tout pareil. Nous éprouvons le besoin de séduire, de nous mettre en avant, de faire notre cour aux autres. Mais ce besoin, pour légitime qu'il soit, ne devrait pas pour autant nous conduire à négliger leur ressenti.

L'idéal serait de pouvoir disposer à la manière d'un variateur de lumière, d'**un « variateur d'exubérance »** nous permettant à tout moment de conserver notre « juste place ». Une juste place qui nous conduirait tout à la fois à respecter en permanence le « territoire émotionnel » et sensible de nos collègues tout en préservant le nôtre.

Nous disposons tous d'un certain « prestige d'être » personnel. Ce prestige, loin d'être une imposture (9), correspond à la place que nous nous forgeons au sein de notre communauté professionnelle et à l' « impression » qui en ressort face aux autres.

*

* *

Nous avons vu ce que la personnalité exubérante pouvait comporter de positif mais aussi de négatif. Nous avons précisé, ce faisant, que s'il ne convenait pas de mettre sa personnalité en veilleuse, il ne convenait pas non plus de se laisser aller à une exubérance incontrôlée face à une personne moins ouverte que nous.

---

9. Nous nous permettons cette précision car le mot « prestige » tire son étymologie du latin *praestigium,* signifiant précisément imposture.

Il nous faudrait maintenant aborder cette question du « débordement » sous un autre aspect, à savoir comment se communique la personnalité qui dépasse le stade de l'exubérance et qui dérape dans le dénigrement.

En règle générale, face au sentiment d'infériorité inhérent à la vie humaine et à la difficulté de communication avec autrui qui en résulte, nous tendons à recourir à deux tactiques psychologiques :

— La première consiste à mettre en permanence et de façon indifférenciée les autres sur un **piédestal.** C'est ce qu'exprimait fort à propos Kafka à son ami Gustav Janouch lorsqu'il lui confiait : *« Pour pardonner mes faiblesses, je rends mon environnement plus fort qu'il ne l'est en réalité. »*

— La seconde consiste en l'attitude opposée, c'est-à-dire à rabaisser les autres pour nous permettre de nous sentir nous-même plus fort. On pourrait alors affirmer, à la manière du célèbre écrivain praguois : *« Pour pardonner mes faiblesses, je rends mon environnement plus faible (ou plus bête, ou plus laid) qu'il ne l'est en réalité. »*

C'est de ce second type d'attitude dont nous allons parler maintenant.

4. La personnalité dénigrante

Petit jeu, jeu de petit.

a) A boire et à manger (10)

Il serait hypocrite et faux d'affirmer que le travers du dénigrement (et de son paradygme la médisance) se limiterait à certaines personnes, tandis que les autres en seraient généralement

10. Nous avons choisi ce titre car une expression corse dit qu'« on ne mange pas de son sang », en d'autres termes que l'on ne doit jamais dénigrer quelqu'un de sa famille.

dépourvues. Toutefois, s'il est vrai qu'il nous arrive à tous de dénigrer l'une ou l'autre personne de notre entourage (particulièrement lorsque nous nous trouvons en situation de crise), il existe chez certains d'entre nous une propension réellement excessive à dénigrer qui, si elle se transforme en habitude, peut conduire son auteur à bien des difficultés relationnelles, à bien des déboires et, en fin de compte, à une vie professionnelle plutôt ratée. Voyons donc la psychologie de ce type de personnalité.

Si nous devions donner une définition simple du dénigrement, nous dirions qu'il est une tentative de « **noircir** (11) » les autres, de les rabaisser dans le but principal de se faire mieux valoir soi-même. S'il nous fallait en donner une explication plus psychologique, nous ajouterions qu'il est l'expression la plus frappante d'une inhibition face à l'angoisse de la rivalité ou de la gâterie.

Le dénigrement est une tentative de "noircir" les autres…

Pour saisir la psychologie du dénigrement, il faut – comme le lecteur peut s'en douter – se référer à l'enfance et au milieu familial de la personne concernée. En effet, c'est dans ses parents et dans son milieu familial que l'enfant trouve les tout premiers modèles d'identification au dénigrement. Ce dénigrement tendra à viser tout à la fois :

11. Cela semble logique puisque le mot « dénigrer » vient du latin *niger,* noir. En l'occurrence, il s'agit de noircir la réputation des autres.

— Le **monde extérieur :** *Le fils du voisin est un voyou... La cousine de la boulangère est une dévoyée... Le fils du docteur est toujours mal habillé...*

— Le **monde intra-familial,** essentiellement au travers des diverses frustrations résultant d'une vie de couple problématisée, d'une vie de famille contraignante, ou d'un travail insatisfaisant (propos blessants, insultants, injuriants, rancuniers ou haineux du style : *Ta mère est une imbécile, elle ne comprend rien à rien... Ton père vient d'une famille de bons à rien...*).

Abusant de la position de « non-sachant » de sa progéniture, l'instance de domination parenternelle (père ou mère) critique et rabaisse systématiquement les autres en se désignant arbitrairement comme « juge » potentiel de tous les événements susceptibles de se produire.

Le dénigrement – tant extérieur qu'intérieur – est l'expression la plus « criante » d'une névrose familiale ambiante. A notre avis, il convient d'y voir l'une des expressions les plus « brutes » du surmoi.

Sur un plan plus général, la personnalité dénigrante a une mentalité de village ; elle s'occupe des affaires des autres. Elle dénigre de manière indifférenciée tout et tout le monde : ses collègues, son patron, son époux (ou son épouse), ses amis, son travail, sa voiture, sa vie et même, à son insu (12), sa propre personne.

C'est peu dire que la personnalité dénigrante se sent mal dans sa peau. Souffrant d'un sentiment d'infériorité particulièrement « cuisant » qu'elle s'efforce de masquer par une très forte dose d'orgueil, elle cherche par tous les moyens à rehausser sa propre image. Impressionnante – surtout aux yeux des personnes impressionnables – elle juge, tranche, condamne, exécute comme si elle était M. Guillotin en personne. Pour ce faire, elle avalise sa position en se référant à des pseudo-« instances » indiscutables (morale professionnelle, pragmatisme, bon sens prétendu commun, etc.) qu'elle prend pour base de justification de son bon droit à dénigrer.

12. En effet, elle ne s'aperçoit pas que le fait de salir les autres contribue à sa propre salissure. Jean-Paul Sartre, dans *le Diable et le bon Dieu,* exprime cela tout à fait clairement en faisant dire à l'un des personnages : *« Le mal, ça doit faire mal à tout le monde, et d'abord à celui qui le fait. »*

A partir de cette position, elle peut tout à son aise « mitrailler » tous azimuts car, s'abritant derrière lesdites instances, elle n'est jamais concernée dans sa propre personne *(Le fils du docteur Desjardin ne correspond pas à la norme vestimentaire [que je prends pour] juste et correcte, donc il est critiquable et rejetable).*

b) Les formes du dénigrement

Le dénigrement revêt deux formes principales ; nous pourrions les appeler dénigrement *insidieux* et *frontal*.

◆ Le **dénigrement insidieux.** Il n'y a pas grand-chose à dire sur cette forme de dénigrement, si ce n'est qu'elle est la plus couramment répandue et qu'elle est particulièrement détestable et avilissante pour tout le monde. Elle correspond à ce que la *vox populi* nomme avec à-propos la politique de la « langue de vipère ». Il s'agit d'une pseudo-tactique de communication très subtile en ce qu'elle fait d'ordinaire intervenir, voire manipule, une troisième personne en la rendant complice de son système de destruction verbal *(M. Dupont est encore parti en vacances juste au moment où l'on a le plus besoin de lui ; il exagère, vous ne trouvez pas ?).*

◆ Le **dénigrement frontal.** Moins détourné, moins lâche que la forme de dénigrement qui vient d'être évoquée, le dénigrement frontal peut viser aussi bien un individu qu'une collectivité entière. Il trouve son expression dans tous les clichés, les préjugés, les idées toutes faites propres à notre société et se manifeste principalement dans :

◆ Le **dénigrement par exclusion.** On pourrait donner mille exemples de ce genre de dénigrement. Pour n'en citer que deux, lorsqu'un collègue dit : *Toutes les femmes sont vénales,* il exclut les femmes de la catégorie des « gentils » et les range de ce fait dans celle des « méchants ». De même, lorsqu'une collègue s'exclame à l'encontre d'un de ses collaborateurs : *Vous savez aussi bien que moi, M. Dupont, que tous les hommes sont des cochons,* elle dénigre son collègue au travers de la catégorie dans laquelle il se range par la force des choses *(Les hommes sont tous* *des cochons, vous êtes un homme, donc vous êtes aussi un cochon...).*

◆ Le **dénigrement par appropriation.** Il s'agit de la revendication visant à se démarquer face aux autres classes socio-professionnelles. Ainsi, lorsqu'une personne dit : *Nous les cadres, on travaille vraiment !,* elle sous-tend par là même que seuls les cadres ne mesurent pas leur peine tandis que les autres sont des fainéants.

◆ Le **dénigrement culturel.** Nous ne pourrions clore cette question sans évoquer, même de manière très superficielle, le dénigrement culturel que nous pourrions aussi appeler *« bêtise du mieux savoir ».* Il consiste à rabaisser l'autre par rapport à une culture que nous posséderions nous-même mais qui lui ferait personnellement défaut : *Comment, tu n'as pas lu le* Vendredi *de Tournier ?... Tu ne connais pas Pina Bausch ?... Tu ne sais pas qui est l'auteur de* la Peste *?...*

Un tel dénigrement atteint évidemment son paroxysme de vertigineuse absurdité lorsque le dénigreur se fourvoie lui-même dans ses références culturelles et qu'il se trouve pris sur le fait *(La tour Eiffel est l'œuvre de Rodin...).*

Il est bien rare que la personnalité dénigrante se limite à l'un ou l'autre des types de dénigrement qui viennent d'être évoqués. Saupoudrant son regard pessimiste, suspicieux et amer sur toutes les situations vitales rencontrées, elle n'épargne rien ni personne. Son inconscient venin abîme, salit et avilit tous les efforts d'entreprise que peuvent développer ses contemporains.

*
* *

La personnalité dénigrante souffre, à notre avis, d'un manque notoire d'intuition relationnelle. Trop sûre de l'image qu'elle se fait d'elle-même et de ses préjugés, insolente dans son prétendu mieux savoir, tranchante dans ses affirmations subjectives, elle fourvoie son intelligence dans des guerres et des querelles inutiles et fallacieuses et passe sans s'en apercevoir à côté de valeurs de vie autrement plus édifiantes.

Dans nos sociétés occidentales, le dénigrement doit être considéré comme **un phénomène névrotique quasi généralisé.** Tout contribue à ce que nous tendions à y recourir en permanence. Rivalité à outrance, privilèges indus, injustices constantes, mise en concurrence systématique... toutes les névroses et tous les travers humains, au demeurant largement repris et diffusés par les médias (presse à scandale, les séries télévisées américaines et autres...) s'y retrouvent. Toutefois, si nous ne pouvons éviter complètement d'y recourir, nous pouvons du moins en limiter la présence et les effets dans notre propre sphère personnelle et professionnelle.

Nous l'avons dit, le dénigrement salit tout le monde, à commencer par celui qui le pratique. Il nous appartient de savoir quel genre de regard nous souhaitons nous-même porter sur notre propre vie et sur notre monde environnant.

5. La personnalité autoritariste

Moins il y a de savoir, plus il y a d'autoritarisme.

La question de l'autorité et de son paradygme, l'autoritarisme, est une question que nous avons déjà abordée dans de précédents ouvrages (13). Toutefois, elle apparaît si centrale pour la question qui nous préoccupe ici que nous ne pouvons en faire l'économie. Nous allons, dans ce chapitre, nous intéresser uniquement à la personnalité autoritariste, gardant celle que nous nommerons la *personne d'autorité* pour la fin de notre ouvrage.

13. Principalement dans *Réussissez votre personnalité* (p. 66 et suiv., chap. XIV : "Autorité et hiérarchie"), ainsi que dans *Vivre mieux : mode d'emploi* (p. 117 et suiv., chap. XVII : "La peur de l'autorité"). J'invite le lecteur intéressé à s'y référer.

a) La forme de l'autorité

Beaucoup de choses ont déjà été dites sur cette forme d'autorité sans qu'il soit besoin ici d'en faire un développement précis. Nous n'en rappellerons par conséquent que l'essentiel.

Dans la vie professionnelle, il advient que certaines personnes soient conduites à détenir un poste d'autorité sans qu'elles aient véritablement été formées à le tenir. Généralement, une formation « sur le tas » a tôt fait de leur faire prendre la mesure de leur responsabilité, et après quelques « vagues » elles parviennent assez bien à assumer leur tâche d'encadrement.

Mais il en est d'autres qui, en dépit de cette formation sur le tas, n'arrivent pas à prendre suffisamment de distance par rapport à leur propre problématique personnelle. Tant que leur poste les cantonne dans des prises de décisions purement techniques, cela passe (même si ce sont les personnes étrangères au service : clients, fournisseurs, prestataires de services... qui en font épisodiquement les frais). Toutefois, lorsqu'elles se trouvent avoir « charge d'âmes », en d'autres termes lorsqu'elles ont pour fonction de diriger, d'encadrer ou d'accompagner des collaborateurs et des collaboratrices dans leur travail, il advient que ces personnes, confrontées au « pouvoir » que leur confère leur autorité, en viennent à en oublier le préambule d'efficacité et d'excellence que leur charge sous-tend, et qu'elles commettent erreur sur erreur, voire même qu'elles versent dans l'autoritarisme le plus arbitraire et le plus absolu.

Ces **petits chefs,** dictateurs en herbe, sont les plus redoutables car les plus insidieux. Généralement formés à la force de leur poigne au sens propre du terme, plus qu'à celle de leur intelligence, ils tiennent tout à la fois à leur merci :

— Les personnes travaillant sous leur coupe qu'ils inféodent, insécurisent, malmènent, voire torturent moralement par la douche écossaise de leurs humeurs changeantes.

— Leurs propres supérieurs hiérarchiques qui ne peuvent généralement pas faire autrement que de passer par eux et qui, il faut bien en convenir, trouvent souvent dans ce genre de mentor une aubaine inopinée leur permettant de se défausser de leur

Ces “petits chefs”, dictateurs en herbe, tiennent tout à la fois à leur merci les personnes travaillant sous leur coupe et leurs propres supérieurs hiérarchiques.

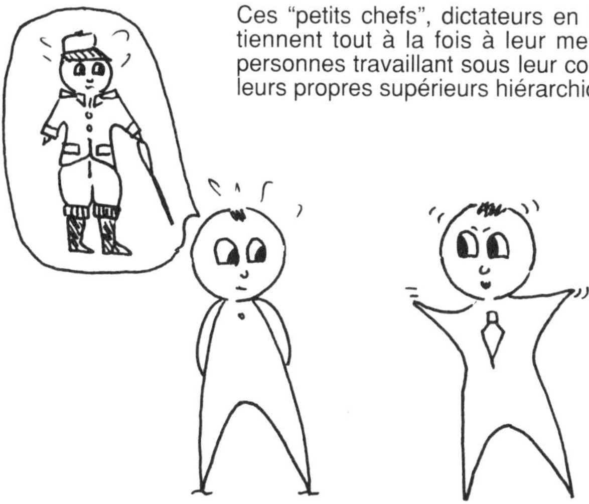

propre autorité et, par conséquent, de garder leur propre image intacte *(Oui, je vous comprends, mais vous savez comment est Mme Dupont ; elle s'emporte facilement ; toutefois, elle n'a pas mauvais fond ; je suis sûr que si vous la connaissiez mieux… Oui, je reconnais que les façons de faire de M. Durand sont un peu grossières, mais vous savez, c'est un grand nerveux, il faut lui pardonner…).*

b) Ses relations sociales

Dans notre société de type patriarcal – et finalement beaucoup plus paternaliste qu'il n'y paraît – nous avons encore trop souvent tendance à penser qu'une autorité pure et dure pourrait être garante de l'ordre professionnel et hiérarchique. Cela est faux ! Nous ne sommes plus au temps de Cosette (14) et les nostalgiques de la *« main de fer dans un gant de la même matière »* vivent dans un siècle qui n'est plus le nôtre.

— Que les supérieurs hiérarchiques qui ont sous leurs ordres de telles personnes (et ils savent très bien lorsque c'est le cas) apprennent à ne plus se défausser de leur responsabilité d'autorité

14. L'un des personnages les plus attachants des *Misérables*, de Victor Hugo.

sur n'importe qui. Qu'ils fassent preuve de **la plus grande vigilance** envers les conditions d'exercice du pouvoir par de tels tiers. Qu'ils règlent de façon tout à fait stricte et précise les limites d'autorité de ces derniers (lorsque des indices manquent, il est bon de savoir qu'un signe avant-coureur de ce genre de problème réside dans l'*absentéisme galopant* du personnel).

— Que les personnes qui subissent l'autoritarisme indifférencié de tels « petits chefs » prennent avant tout conscience qu'on n'est jamais contraint de se laisser faire ou dire n'importe quoi sous prétexte de quelque hiérarchie disciplinaire que ce soit. Qu'ils n'hésitent pas à en référer chaque fois au « vrai » supérieur, quel qu'il soit et quelque intouchable qu'il puisse être.

Notons en outre qu'il est effectivement des petits chefs si mauvais, si méchants, si sadiques – bref, si « teigneux » – qu'il vaut souvent mieux envisager de changer d'entreprise. Ne considérons pas une telle décision comme une défaite personnelle. Ne jouons pas inutilement les héros martyrs. Une situation professionnelle par trop « invivable » nous renvoie une image « minabilisée » de nous-même et peut entraîner des répercussions sur la santé (tristesse chronique, dépression, troubles psychosomatiques en tout genre...) autrement plus graves que la recherche d'un autre emploi.

Sur des bases sordides on ne fera jamais un conte de fées. Laissons les névrosés là où ils sont. Si nos supérieurs hiérarchiques font la sourde oreille à nos plaintes répétées, ne perdons pas de précieuses années à nous enfoncer dans **un enfer sadomasochiste professionnel** dévastateur et dégradant. Si nous vivons un « sale » travail, dans une « sale » atmosphère, avec de « sales » petits personnages, quittons-le sur-le-champ ! A l'aube du deuxième millénaire, notre dignité d'homme ou de femme nous le permet.

En ce qui concerne ceux que nous avons nommés « petits chefs », il paraît si improbable qu'ils puissent avoir compris ce qui vient d'être exprimé, qu'a priori on souhaiterait les laisser à leur triste sort. Si pourtant, par quelque extraordinaire exception, ce n'était pas le cas, qu'ils se souviennent avant tout que **le savoir et la connaissance ne vont jamais de pair avec l'agressivité.** La dureté humaine est un manque de consistance. Qu'ils révisent donc au plus tôt leur politique relationnelle et qu'ils apprennent à faire *« main de fer dans gant de velours »*, mais toujours avec le moins de fer et le plus de velours possible.

*

* *

A la lecture de ce qui précède, certains seraient tentés de crier haro sur l'auteur de ces lignes et de rétorquer – un peu trop rapidement peut-être ? – qu'on a beau jeu de broder sur la question de l'autorité alors que, dans le même temps, celle-ci semble s'effilocher à tous les niveaux de la vie sociale et professionnelle.

Si le lecteur a la patience d'attendre, comme il a été dit, la dernière partie de notre ouvrage, il verra que, loin de faire preuve de mièvrerie ou de tiédeur envers cette question, notre propos dépasse peut-être ses propres convictions.

6. La personnalité de mauvaise foi

On n'a pas forcément envie de servir de nourriture aux problèmes des autres.

Parmi les travers les plus dérangeants et, hélas ! les plus funestes pour l'entretien de bons rapports au sein de la vie professionnelle, il faut mentionner la mauvaise foi. Elle est d'un usage si répandu dans notre vie quotidienne qu'il convient de se demander si elle ne constitue pas la trame même de tous nos échanges avec autrui. Paradoxalement, à l'analyse on s'aperçoit qu'elle n'a souvent **aucune utilité réelle** et immédiate et que, dans la plupart des cas, on pourrait fort bien s'en passer.

Penchons-nous donc sur la psychologie de la mauvaise foi et examinons les conséquences qui en résultent pour nos relations interpersonnelles dans notre vie professionnelle.

a) La politique du parapluie

La mauvaise foi est une attitude quasi naturelle chez l'enfant adolescent en mal d'identité. C'est, pour lui, une manière transitoire de s'affirmer avec les moyens du bord en attendant de pouvoir s'affirmer avec les moyens « hors bord » (mariage, réalisation professionnelle, statut social...). Ce n'est que plus tard, une fois adulte, lorsqu'il aura pris possession de tous ses moyens d'homme, qu'il pourra se défaire de cette façon erronée de s'affirmer.

En revanche, chez l'adulte il y a lieu de considérer la mauvaise foi comme la persistance d'attitudes infantiles le conduisant à éviter (de façon souvent bien peu honorable) les difficultés, les obstacles ou les problèmes au lieu de s'y confronter. En ce sens, la mauvaise foi doit donc être considérée comme une forme de faiblesse existentielle. Généralement plutôt têtue, bornée, retors, agressive, sans scrupule, la personne de mauvaise foi – quelles que soient ses fonctions professionnelles – apparaît comme une personnalité médiocre et sans « classe ».

Le tableau psychologique de la mauvaise foi révèle une personnalité passablement névrotique : Moi faible et infériorisé, tendance exagérée à se faire valoir, besoin excessif de protection, peur de la lutte loyale et de la compétition, peur de l'imperfection, rapport carentiel à l'autorité (correspondant probablement à une réminiscence d'une relation parentale décourageante dans l'enfance), tendance à la gâterie, difficulté à se montrer telle qu'elle est, en sont les principaux modes d'expression.

La mauvaise foi constitue tout à la fois un manque de considération pour soi-même et pour les autres :

— Pour soi-même car elle est si criante qu'elle fait apparaître la personne comme une caricature de ce qu'elle pourrait et devrait être.

— Pour les autres car elle donne à ceux qui en font les frais, soit le sentiment d'être pris pour des « idiots » *(Je vous l'avais dit, vous ne l'avez pas fait, donc vous êtes un(e) minable...),* soit d'être pris pour des « menteurs » *(Je sais très bien ce que j'ai dit, c'est vous qui êtes de mauvaise foi...).*

Dans la vie professionnelle, la mauvaise foi se traduit par ce qu'on appelle communément la **politique du parapluie.** Quelle que soit la situation, la personnalité recourant à ce type de politique de vie donne l'impression que rien n'est jamais de sa faute. Ce sont toujours les autres qui ont mal compris, mal exécuté, mal interprété, mal répercuté ce qui était à faire ou à ne pas faire.

La mauvaise foi, on s'en doute, est un tic de comportement se retrouvant aussi bien au niveau des dirigeants qu'à celui des cadres, des collaborateurs et des exécutants. Elle se révèle particulièrement perverse et pénible à supporter lorsqu'elle émane d'un chef ou d'un supérieur hiérarchique, car elle interdit toute possibilité de réaction de la part de l'interlocuteur concerné (15). Lorsqu'il advient que patron *et* employé recourent ensemble à cette même politique, on assiste à de bien pénibles situations qui ne laissent pas de faire penser aux scènes de ménage conjugales les plus triviales.

Lorsque patron et employé recourent à la politique de la mauvaise foi, de véritables scènes de ménage peuvent se produire.

15. Et, en effet, quel employé risquerait de mettre son emploi en danger pour une simple inélégance ou pour une simple question d'injustice de la part de son supérieur hiérarchique ?

b) Les quatre types de mauvaise foi

◆ La **mauvaise foi consciente.** Il n'y a pas grand-chose à en dire ; elle est la plus couramment répandue et utilisée. Chacun de nous sait de façon tout à fait claire lorsqu'il est de bonne ou de mauvaise foi. Ainsi, si nous avons, par exemple, omis de transmettre une commission ou de déposer un trousseau de clés et que notre collègue nous en fait la remarque, nous pouvons soit reconnaître notre erreur *(Ah ! oui, c'est vrai, excusez-moi...),* soit la nier en toute mauvaise foi *(Vous ne m'avez jamais demandé ça !...).* Cette forme de mauvaise foi est si évidente qu'il est inutile de nous y attarder davantage.

Outre ces cas de figure somme toute assez classiques, il advient que nous recourions à la mauvaise foi en toute bonne conscience lorsque, exaspéré par la propre mauvaise foi de notre interlocuteur, nous décidons d'appliquer la même politique afin de nous préserver de lui. Il va de soi que, dans un tel cas, cette mauvaise foi revêt un caractère spécifique et provisoire et ne saurait nous assimiler à un « menteur professionnel ».

◆ La **mauvaise foi préméditée,** comme le nom que nous lui avons donné l'indique, ressort d'une politique de vie tout à fait consciente et voulue. D'un point de vue psychologique, elle peut s'expliquer par le passé familial de la personne. En effet, lorsque dans son enfance une personne a vécu dans un milieu familial rude, agressif, hypocrite, égoïste, indifférent... bref, un milieu dénué de valeurs morales et éthiques, il n'est pas rare qu'une fois adulte (et ce, quelle que soit la carrière que cette personne ait été amenée à embrasser) elle perpétue ce *« langage » défensif* que constitue la mauvaise foi (16) dans ses relations avec les autres.

On trouve, dans la mauvaise foi préméditée, toutes les formes de tentative de manipulation verbale. Elle vise à exercer

---

16. J'utilise à dessein le terme « langage ». Récemment, l'un de mes analysants, au cours d'une séance de psychothérapie, a commis un lapsus, disant *« mauvaise voix »* au lieu de *« mauvaise foi ».* Ce lapsus n'apparaît pas du tout mal à propos dans la mesure où il s'agit bien d'une mauvaise « voix » (du passé) qui pousse la personne à persister dans une attitude entêtée plutôt que de reconnaître sa méprise ou son erreur.

une pression psychologique sur l'interlocuteur que l'on souhaite inféoder ou mettre en échec.

— Dans le meilleur des cas, elle correspond à la politique de séduction caricaturale du renard face au corbeau dans la fable de Jean de La Fontaine (17).

— Dans le pire des cas, elle correspond aux conspirations, exactions et autres abus de pouvoir ou de confiance que peuvent fomenter dans la vie professionnelle certains patrons « sadiques » ou certain(e)s collègues « fous de pouvoir », capables de compromettre la carrière professionnelle d'une personne par simple intérêt personnel, voire par simple « bêtise ». Ne voulant pas donner d'armes supplémentaires à ce type de personnes, nous n'en dirons pas ici davantage.

◆ La **mauvaise foi par ricochet** se retrouve essentiellement chez les personnes (directeurs, patrons, cadres, chefs grands et petits…) susceptibles de s'abriter derrière l'alibi abstrait et invérifiable que constituent tous les personnels de liaison (standardistes, téléphonistes, personnel d'accueil, secrétaires, bras droits en tout genre…). Ainsi, rien de plus facile pour le chef d'une petite entreprise de toujours imputer toutes les erreurs de commande commises, toutes les factures encore en instance, toutes les réponses non encore rédigées, tous les contrats non encore envoyés à la signature… à sa secrétaire qui, la pauvre, tomberait certainement des nues si elle se doutait un instant de tous les défauts et de toutes les déficiences que son patron lui attribue à son insu (18).

Notons enfin qu'il arrive parfois qu'un patron ne s'embarrasse même pas d'un minimum de discrétion et qu'il contraigne son collaborateur ou sa collaboratrice à mentir pour lui : *Dites que vous ne m'avez pas vu… Répondez que la lettre est déjà partie…* etc.

---

17. Il suffit de remplacer : *« Si votre ramage se rapporte à votre plumage, vous êtes le phénix de l'antre de ces bois »* par : *« Si vous travaillez sans compter votre peine, je vous prévois un bel avenir dans notre société. »*

18. Si nous pouvions recenser et additionner toutes les pseudo-bourdes dont un tel patron peut affubler sa secrétaire pour tirer en toute occasion son épingle du jeu, on obtiendrait sans doute l'image d'une parfaite idiote dont aucun chef un peu sensé ne voudrait !

Le côtoiement ou la fréquentation d'une telle personne – au demeurant aisément détectable – dans le contexte professionnel est très agaçant et a souvent pour effet de produire en retour chez les interlocuteurs concernés une attitude beaucoup plus fermée et beaucoup plus intransigeante que celle qu'ils auraient eue en d'autres circonstances. Ainsi, nombre d'arrangements, de contrats ou d'affaires ne se concrétisent pas ou tombent tout simplement à l'eau, non pas tant par impossibilité matérielle concrète, que par malin désir de la partie adverse de véritablement déplaire à ces personnes.

◆ La **mauvaise foi inconsciente** que nous pourrions tout aussi bien appeler mauvaise foi par « oubli (19) ». Elle est le recours caractéristique des personnalités à tendance problématisée ou dépressive qui se sentent mises en danger par le moindre événement qu'il soit *avantageux* pour elles (proposition heureuse, invitation, service...) ou qu'il constitue un *inconvénient* (on attend leur concours, une aide, un service...).

Mais il ne faudrait pas croire que ce soit l'apanage de ces seules personnes. Nous avons tous à l'occasion, qui que nous soyons, recours à ce type de mauvaise foi. Dans sa structure, elle correspondrait assez bien au type de mauvaise foi recensé par le philosophe Nietzsche lorsqu'il dit : *« Je l'ai fait, dit ma mémoire. Je ne peux l'avoir fait, dit mon amour-propre. Et il n'en démord pas. En fin de compte, c'est la mémoire qui cède. »* Dans le contexte professionnel qui nous occupe ici, nous pourrions transposer ces propos de la manière suivante : *Tu t'es conduit hier de façon abjecte avec Mme Dupond...* me dit ma mémoire. *Je ne puis l'avoir fait...* dit mon amour-propre (car j'ai de moi une bonne image qui m'interdit de penser que je puis me comporter de manière abjecte). En fin de compte, lundi matin, ayant refoulé ma conduite abjecte, je me comporterai comme si de rien n'était.

Nous avons tous, que nous nous en rendions compte ou non, recours de temps à autre à ce type de mauvaise foi. Par elle transparaissent tous nos refoulements relationnels, toutes nos inhibi-

19. Il est intéressant de noter dans ce contexte que la psychanalyse considère l'oubli comme un acte manqué, c'est-à-dire un acte traduisant le désir inconscient de la personne.

tions professionnelles, toutes nos résistances communicationnelles, bref tout ce qui fait l'humain « imparfait » que nous sommes face aux autres humains « imparfaits ».

c) Relations sociales

Il est toujours délicat d'évoquer la mauvaise foi, car le simple fait d'en parler sous-tend de manière implicite que celui qui s'y réfère appartient à l'autre bord, c'est-à-dire la « bonne foi ». Tant pis, nous en avons pris ici notre parti.

Quoi qu'il en soit, que le lecteur sache que la mauvaise foi constante constitue **un véritable poison** pour les relations interhumaines au sein de notre travail, en ce qu'elle entretient un climat général de méfiance et de suspicion. Un seul individu pratiquant la mauvaise foi à outrance peut suffire à semer la zizanie et à déstabiliser tout un service ou tout un atelier. Efforçons-nous de ne pas être celui-là !

Le « nec plus ultra » en matière relationnelle consiste à approcher le plus près possible de la **transparence de personnalité.** Bien sûr, il nous arrivera toujours de devoir faire preuve de diplomatie à l'égard d'une personne – particulièrement lorsqu'il s'agira de la protéger de la morsure cruelle d'une réalité par trop crue ou immédiate (20) –, mais cette facilité se trouvera toujours intentionnée vers l'autre et non vers nous-même.

— Si nous sommes un spécialiste de la mauvaise foi, prenons le plus rapidement possible conscience qu'il s'agit d'une attitude infantile desservant considérablement notre image.

Par ailleurs, retenons que :

— La mauvaise foi est un raccourci de pensée ou d'action. Elle est plus une mauvaise habitude inconsciente qu'une nécessité relationnelle quotidienne. Essayons donc de nous observer et de remplacer, chaque fois que faire se peut, nos tics

20. Une expression qui m'a toujours laissé perplexe est celle consistant à dire qu'une personne a été « mortellement blessée ». A-t-elle été blessée ou est-elle morte ?

de mauvaise foi par une certaine transparence de pensée et d'action.

— Souvenons-nous enfin que la mauvaise foi est une attitude caricaturale grossière qui nous assimile davantage à un comédien qu'à une personne sereine et crédible.

7. La personnalité démunie

Plus qu'une incapacité, une peur de la solitude.

Parmi les caractères humains pour le moins problématiques en matière relationnelle et professionnelle, il convient d'évoquer la *personnalité démunie*.

L'étymologie latine *munire* de ce mot est très révélatrice sur cette personnalité puisqu'elle signifie « travail de fortification d'une position ». Et en effet, nous sommes bien là en face d'une personnalité dont la position de vie s'est trouvée, à un moment donné de sa vie, sérieusement ébranlée.

Etonnamment, on rencontre des personnalités démunies tant parmi les patrons ou les cadres dirigeants que parmi les employés ou les ouvriers. Chez les premiers, une telle attitude leur confère un côté plaintif et victimaire qui dénote singulièrement avec leur position de dirigeant, chez les seconds un côté opportuniste et « tire-au-flanc » souvent mal ressenti par leurs collègues.

Nous allons observer ce caractère et voir l'enseignement que nous pourrons en tirer. Pour ce faire, nous nous pencherons d'abord sur le profil d'ensemble de la personnalité démunie, nous évoquerons ensuite les spécificités psychologiques propres à l'employé démuni, puis nous nous pencherons sur celles du patron ou du cadre. Dans un dernier temps, nous nous interrogerons sur la question de savoir comment on peut se débarrasser de cette pénible image de soi et étaierons notre propos d'un exemple pris sur le vif.

a) Profil d'ensemble

La personnalité démunie est une spécialiste de la rengaine, de la plainte et de la victimisation. Ses leitmotive favoris vont du : *Je ne m'en sortirai jamais tout(e) seul(e) !...* au *Vous verriez si vous étiez à ma place !...* en passant par le sempiternel *Ça n'arrive qu'à moi !...*

Sur le plan psychologique, la personnalité démunie est de toute évidence une personnalité à tendance gâtée (21) qui, faute de référence aux multiples expériences dont l'attention parentale excessive l'a privée, souffre d'une carence d'actions de références entraînant un vif sentiment d'infériorité (22).

Hormis cette recherche de situations de gâterie, on constate, à l'analyse, que la préoccupation centrale de la personnalité démunie n'est pas tant un problème d'incapacité réelle qu'un problème d'angoisse face à la solitude. En ce sens et étonnamment, son « être démuni » doit être considéré comme **une demande de non-abandon** plutôt que comme une demande d'aide effective.

Souffrant intérieurement d'une infériorité – réelle ou imaginaire – ressentie par rapport aux autres, la personnalité démunie cherche à « apprivoiser » affectivement son environnement plus qu'à lutter pour se forger sa juste place. Cela la conduit à surinvestir ses qualités de « cœur » au détriment de son allant professionnel. Un tel décalage, pour agréable qu'il soit dans la vie quotidienne, n'en constitue pas moins un véritable problème dans les échanges professionnels lorsqu'il s'agit de faire preuve d'efficacité, de responsabilité et d'esprit d'entreprise.

*

* *

---

21. Que cette tendance à la gâterie ait été légitime (dans le cas de personnes souffrant d'un handicap physique ou mental), ou qu'elle ne l'ait point été (parents angoissés ayant surprotégé leur ouaille).

22. Nous avons pu dire sensiblement la même chose dans un autre de nos ouvrages, *l'Amour retrouvé,* à propos de la personne timide. Cela n'a rien d'étonnant dans la mesure où l'on retrouve très souvent cette notion de « démunition » dans la timidité.

Comment devient-on une personnalité démunie ? Généralement, la personnalité démunie légitimise son état de faiblesse sur la base de faits concrets ayant eu cours dans le passé, la plupart du temps dans son enfance. Les raisons pouvant conduire une personne à développer une tendance à la démunition sont bien sûr multiples, mais on pourrait en retenir trois principales :

— La première, touchant les femmes, est d'ordre **culturel.** Il s'agit des effets pervers des modes d'éducation de type patriarcal conduisant les petites filles à être élevées dans la croyance qu'elles sont plus faibles que les garçons, qu'elles n'ont pas besoin de faire carrière, que le but de la vie d'une femme est de se marier, d'avoir des enfants et de s'occuper de la maison, etc. On peut s'imaginer ce que de tels concepts d'éducation peuvent, aujourd'hui encore, hélas ! produire dans la vie d'une femme et combien celle-ci doit se révéler « démunie » lorsque, pour une raison ou pour une autre, la vie ne se déroule pas selon les projets parentaux et qu'elle doit prendre place dans une vie active à laquelle rien ne l'a préparée.

— La deuxième raison est d'ordre plus spécifiquement **éducatif.** L'enfant peut avoir été élevé, soit dans la gâterie à outrance (par exemple, un enfant naissant à la suite du décès d'un autre enfant), soit dans l'indifférence achevée (par exemple, un enfant non voulu). Le rapport entre ces deux modes d'éducation, a priori si opposés, réside dans le fait que dans les deux cas, l'enfant placé sur de tels rails, ne peut concevoir le désir de s'élever et de réussir professionnellement. Dans le premier cas car la personne n'a pas appris à faire ses expériences par elle-même, dans le second car, manquant presque totalement d'encouragement, elle n'est pas parvenue à concevoir une certaine estime de sa propre capacité d'action ni donc de son propre travail ; dans l'un et l'autre cas, enfin, car elle n'a pas appris à collaborer, en d'autres termes, à *faire avec* les autres.

— La troisième raison est d'ordre **social.** Il s'agit, pour l'essentiel, des personnes ayant été éduquées dans une crainte générale de la vie (par exemple, durant une période de guerre) ou dans le sentiment qu'elles n'étaient pas acceptées ou tout juste

« tolérées » par leur milieu (étrangers, immigrés...) et qui, de ce fait, n'ont pas pu développer un sentiment suffisant de leur propre valeur.

— La quatrième raison, enfin, est d'ordre **organique.** Sans faire aucunement allusion aux personnes handicapées ou infirmes dont la problématique relève d'une tout autre psychologie, on placera ici, entre autres :

◆ Les personnes ayant souffert dans leur enfance d'une infériorité organique légère. Ainsi, une mauvaise vue, une audition difficile, des problèmes de nature nutritionnelle, une claudication, même infimes, peuvent conduire les parents à *surprotéger* leur enfant, l'empêchant ainsi de se « limer » naturellement aux autres enfants pour s'affirmer et pour trouver sa vraie place.

◆ Les personnes ayant subi dans leur enfance de multiples maladies ou accidents (ou ayant vécu dans une telle atmosphère sans forcément en avoir souffert elles-mêmes) et qui ont, pour ces raisons, été surprotégées par leur milieu familial.

◆ Les personnes ayant vécu de simples différences physiques ressenties subjectivement et arbitrairement par les parents comme des infériorités organiques (parents n'acceptant pas un détail physique de l'enfant par rapport aux autres enfants : par exemple, une taille, un poids excessif ou insuffisant par rapport à la normale, et projetant sur lui la certitude qu'il s'agit d'une infériorité).

*
* *

On le voit, les raisons poussant une personne à développer un sentiment de démunition face à la vie sont très diverses. L'on ne peut bien sûr pas affirmer que tout enfant ayant vécu un tel passé se révélera à coup sûr une personnalité démunie, de même qu'à l'inverse on ne peut affirmer non plus que toute personne ayant évité ces écueils dans son enfance sera sûre de ne pas se révéler « démunie » une fois adulte. C'est selon le cas, selon la personne, selon le milieu. Il n'en reste pas moins que les critères évoqués plus haut peuvent constituer en eux-mêmes des indices très révélateurs d'une possible démunition de la personne face à la vie.

b) Psychologie de l'employé démuni

Le ou la collègue démuni(e) nous guette potentiellement à tous les coins de couloir. Il nous arrive à tous d'avoir affaire dans notre entourage professionnel à ce genre de personne qui tend à nous faire sortir de nos gonds, tant son inaptitude paraît servir les desseins de la facilité. Toute nouveauté au sein du service (par exemple, une modification des horaires de travail) est un coup fatal qui lui est porté, tout changement (modification de la disposition des bureaux ou des machines) une cabale montée contre elle, toute innovation technique (téléphone, ordinateur, outillage...) un danger susceptible de l'anéantir.

Cette personnalité donne toujours l'impression d'être en décalage par rapport aux autres, comme si on l'avait expatriée dans un territoire étranger dont elle ne maîtriserait pas la langue. Inadaptée à la situation de pointe, une connaissance correcte des structures professionnelles dans lesquelles elle évolue lui fait défaut, ce qui la conduit à se cantonner dans les seconds rôles. Son manque d'ambition en fait un élément de base dévoué et finalement assez attachant, bien intégré dans son milieu professionnel où elle fait figure de pilier.

La personnalité démunie souffre d'une conviction névrotique : au jeu de la vie, elle est toujours convaincue d'avoir tiré la « paille » la plus courte, en d'autres termes, d'avoir eu, d'emblée, moins de chances que les autres (23). Elle donne le sentiment d'une personnalité affligée, dépossédée, dépourvue de moyens, comme si le ciel les avait accordés à la terre entière mais les lui avait refusés personnellement. Face à ce qu'elle ressent comme une injustice, elle revendique les circonstances atténuantes « à perpétuité ».

Son manque de confiance en elle et le manque d'initiative qui en résulte en font une personnalité résignée à vivre par ricochet sur les autres; elle ne se révèle qu'à travers eux. Pourtant, mise au pied du mur et confrontée à ses propres capacités, elle

23. Même si cela peut parfois apparaître vrai, il convient tout de même d'indiquer qu'à l'inverse, toutes les personnes ayant mal débuté dans la vie ne deviennent pas forcément des personnalités démunies.

s'en sort généralement très bien. Toutefois, elle reperd instantanément ses moyens d'autonomie et se réinféode dès qu'elle retrouve la présence d'autrui.

Parmi ses collègues, ses comportements sont vécus de manière plutôt agaçante, car si d'un côté elle sait afficher une certaine détresse, d'un autre son « être démuni » lui confère une position privilégiée de moindre sollicitation par rapport à eux. A leurs yeux, elle apparaît donc plutôt égoïste, non solidaire, comme si elle gardait ses forces pour elle-même tandis que, dans le même temps, les autres s'épuisent pour la seconder et la soulager.

Son attitude générale de démunition connaît paradoxalement la « géométrie variable » car si d'un côté elle cherche assistance auprès de protecteurs potentiels, d'un autre elle n'hésite pas à secourir les plus démunis qu'elle et à jouer les « mères poules », reproduisant inconsciemment avec eux le modèle qu'elle voudrait vivre avec les autres.

La personnalité démunie s'y entend pour établir des rapports de type sado-masochiste avec son environnement professionnel. Ses attitudes démunies pouvant aisément passer pour de l'inféodation, elle tend à attirer vers elle les personnes avides d'un pouvoir facile sur autrui. Et, en effet, elle paie ce « pseudo-protectionnisme » par une certaine dureté de ton et d'attitude et par un manque d'égard à peine masqué à son encontre. Cela en fait la victime préférée des « petits chefs » qui trouvent en elle une manière de briller facilement et une proie toute désignée pour assouvir leur besoin de puissance à bon compte.

c) Psychologie du patron démuni

Ce qui a été dit à propos de l'employé démuni pourrait fort bien, dans son ensemble, s'appliquer au patron ou au cadre démuni (24). La différence n'est marquée, l'on s'en doute, que par la disparité des conséquences que cela revêt pour la personne

24. En l'occurrence, un patron – aussi démuni soit-il – reste un fournisseur d'emploi et un prestataire de salaire ; il peut, à ce titre, se permettre un certain nombre de « frasques », tandis qu'un employé est tenu de justifier son activité professionnelle.

concernée. Par rapport au patron démuni, nous nous bornerons à préciser ce qui suit :

— Vu du bon côté, un patron démuni est par bien des aspects une personnalité attachante car, contrairement à l'écrasante majorité de ses condisciples, il n'assied pas son autorité de façon directement ostentatoire et agressive, ce qui le rend très proche de ses employés.

— Pris de son mauvais côté, le patron démuni apparaît comme une personne tendant à alambiquer ses actions, à entortiller sa pensée, à « labyrinthiser » ses émotions, de telle sorte que ses collaborateurs et ses interlocuteurs éprouvent vis-à-vis de lui une certaine compassion et une certaine envie de le prendre sous leur « aile ».

Et il ne s'en prive pas ! Le patron démuni s'y connaît dans l'art subtil de presser ses collaborateurs comme des oranges. Plus ou moins larmoyant, soupirant, toujours – à l'entendre – à deux doigts de la détresse et de la ruine, il sait attirer par son jeu inconscient la commisération de ses interlocuteurs.

Le patron démuni sème une atmosphère très particulière et un peu confuse dans sa sphère professionnelle car, inversant les rôles, il court-circuite les velléités personnelles *(Comment me montrer malheureux si mon patron est encore plus démuni que moi ?).*

Le patron "démuni" s'y connaît dans l'art subtil de presser ses collaborateurs comme des oranges. Larmoyant, soupirant, à deux doigts de la détresse et de la ruine...

En règle générale, la démunition d'un patron est vécue comme une sorte de tricherie par ses collaborateurs (25), ce qui entraîne leur propre envie de tricher pour se mettre à son diapason. Il en résulte, on s'en doute, une dynamique « par le bas » au lieu d'une synergie positive et évolutive.

d) Peut-on se débarrasser de cette pénible image de soi ?

A notre avis, il convient de répondre par l'affirmative. S'il nous fallait indiquer quelques « lignes de réflexion » à la personnalité démunie – qu'elle soit employé ou patron – nous lui suggérerions ceci : bien qu'un travail en profondeur et de longue haleine apparaisse nécessaire pour rectifier le pronostic d'une telle personnalité, elle pourra déjà s'efforcer de jeter sur ses comportements quotidiens un œil vigilant, s'efforçant de détecter et d'éliminer tous les préambules de démunition habituels (soupirs, gémissements, plaintes, exclamations pessimistes...).

Pour améliorer son « score » interrelationnel, nous lui proposerions également de cibler sa réflexion sur trois points.

— Qu'elle comprenne qu'elle serait une personnalité beaucoup plus recherchée par les autres si, au lieu de se figer dans une caricature d'elle-même, elle laissait s'exprimer son autonomie et son être adulte.

— Qu'elle comprenne encore qu'elle n'est pas une personne sur laquelle la fatalité a jeté son dévolu ou sur laquelle les dieux se sont acharnés, mais une personne qui a appris à « fonctionner » de cette manière, c'est-à-dire à réagir par le « dessous » au lieu de réagir par le « dessus » ; une personne ayant petit à petit intégré ces réactions d'infériorité sous forme d'habitudes, qui, progressivement, se sont transformées en de véritables **« tics de comportement ».**

— Qu'elle comprenne enfin que ses attitudes ne sont pas « naturelles », c'est-à-dire qu'elles ne correspondent pas à sa véritable « nature » intrinsèque, mais qu'il s'agit d'attitudes qui

25. En effet, dans le cours normal des choses, les plaintes, jérémiades et autres appels de détresse et de miséricorde apparaissent plutôt l'apanage des employés.

ont été développées au cours de son enfance à la suite de difficultés d'ordre éducatif ou d'incidents de parcours souvent très mineurs et en tout cas sans aucune mesure avec les difficultés qu'elle vit maintenant.

e) Le cas de M. François

Nous voudrions terminer notre réflexion sur la personnalité démunie par un exemple concret pris sur le vif. Il s'agit ici de la retranscription d'éléments d'une consultation d'un directeur d'entreprise – nous l'appellerons M. François – âgé d'une quarantaine d'années, marié, deux enfants. Ce monsieur était venu me consulter il y a quelques années, car les circonstances de la vie l'avaient plongé au cœur de l'entreprise parentale sans qu'il s'y soit préparé. Son problème principal était précisément un problème de démunition et de lenteur.

Ecoutons-le :

« J'ai vécu ce travail analytique comme un pas en avant par rapport à mon sentiment d'incapacité. J'ai pris cela comme une révélation et une explication à quelque chose qui était latent chez moi, que j'arrivais à exprimer mais pas à expliquer. J'ai appris à être plus rapide dans ma façon de travailler. Au téléphone, administrativement, dans les prises de contact, dans mes entretiens, je me sens moins "perdu".

« Ça m'a vraiment marqué. C'est quelque chose d'important. Maintenant, je me dis : "Sur ce point-là, tu peux rectifier et tu te sentiras mieux" En m'affichant moins démuni dans ce que je fais, en étant moins... comment dire... en bout de chaîne, j'ai plus d'entrain, d'imagination. C'est vrai que ça va mieux, j'ai le sentiment de mieux vivre ma vie. Avant, je me sentais comme sous le regard critique de "papa-maman".

« Je vais à mon rythme et non plus au rythme de mon inconscient. Etre démuni, ce n'est pas mon rythme. C'est le rythme de l'angoisse, de la mélancolie, mais ce n'est pas mon rythme.

« Par conséquent, c'était important que je fasse ce travail. J'ai l'impression de mieux vivre le quotidien, de créer moi-même les événements, de ne plus être victime de mes sensations. C'est comme un sentiment de liberté.

« A partir du moment où on peut en parler, il est certain qu'on trouve un équilibre. Les décisions se prennent plus facilement et elles sont aussi plus personnelles.

« Car si on est démuni, c'est forcément les autres qui décident pour nous. Par conséquent, on est beaucoup plus maître de son destin, de sa vie quotidienne. On n'est pas en attente face à l'autre, mais en dynamique face à lui. Il est possible que l'autre ne soit pas d'accord avec vous, qu'il ne soit pas content de ce que vous ferez ou ne ferez pas, mais il faudra bien qu'il accepte.

« A partir du moment où j'adopte une attitude moins démunie, plus dynamique, j'empêche, j'évite ultérieurement d'éventuels conflits. Il y en a un qui est actif, l'autre passif. C'est souvent le problème dans la vie professionnelle lorsqu'on doit travailler à deux ou à plusieurs. On doit aller de pair dans une activité. En tout cas, je peux dire que le fait de bouger, de ne plus être totalement démuni est une libération fantastique. »

*
* *

Bien sûr, il serait erroné de croire que M. François ait pu arriver à un tel résultat en quelques jours seulement. Il lui a fallu de longs mois d'entretiens avant que de pouvoir s'exprimer comme il l'a fait.

Mon intention n'est bien sûr pas de conduire l'ensemble des lecteurs et des lectrices à entrer en psychothérapie analytique. Toutefois, ce qui est intéressant dans le propos de M. François, c'est qu'il reflète parfaitement bien la **« rectification »** que chacun de nous peut opérer dans sa vie dès lors qu'il comprend que ses comportements ne lui sont pas dictés par la situation professionnelle actuelle qu'il est en train de vivre, mais par des réminiscences du regard parental et de la peur de leur abandon *(Avant, je me sentais comme sous le regard critique de « papa-maman »).*

« Etre démuni, ce n'est pas mon rythme », disait encore M. François. Nous pourrions affirmer que ce n'est le rythme intrinsèque de personne. Le vrai rythme de la vie humaine de chacun d'entre nous réside dans l'**action.** Car seule l'action nous « fortifie » dans nos positions de vie, nous « munit » contre l'adversité.

8. L'imperfectionniste

A prendre ou à laisser...

Plus qu'à un caractère spécifique directement opposé à la personnalité perfectionniste étudiée par ailleurs, c'est à **la conception généralement imperfectionniste** face au travail que nous voudrions nous attacher ici. Nous savons, ce faisant, ce que le caractère que nous nous proposons de brosser contient d'excessif et de caricatural (26). Il conviendra à chacun d'entre nous de retrouver le ou les traits de caractère qui l'interpellent plus particulièrement.

L'imperfectionniste est le portrait de ce que nous aimerions tous être à l'occasion, si seulement notre conscience professionnelle nous en donnait loisir. Il est le « Monsieur » ou la « Madame Catastrophe » par excellence. Avec lui, point d'ennui, point de routine. Il additionne les bourdes, les gaffes, les fautes, les erreurs, les faux-pas, les quiproquos, les malentendus, les méprises... bref, on serait presque tenté de dire qu'il a « tout faux » en quasi-permanence.

Face à la vie, il semble disposer de moyens réduits par rapport aux autres. Moins de force, moins de courage, moins de santé. Moins de chance ? Il se comporte en tout cas comme si une injustice divine pesait sur lui et l'autorisait à des comportements systématiquement déviants, contraires ou inadéquats.

L'imperfectionnisme est une attitude de vie, une « philosophie » qui pourrait se défendre si elle ne comportait un certain nombre de « tics » satellitaires de comportements fort embarrassants pour les autres collègues. Mais ne brûlons pas les étapes et, avant de voir quels sont ces fameux « tics de comportement », commençons donc par tracer le tableau psychologique de ce type d'individu.

---

26. Le lecteur de langue française y retrouvera souvent les traits du célèbre *Gaston Lagaffe* de Franquin et Jidéhem.

a) Un vertige existentiel

D'un point de vue psychologique, il est aisé de constater que l'ipséité de l'imperfectionniste est déficiente. Face à sa propre « hauteur », il est saisi d'un vertige. Et en effet, il se sait faible, il se sent faible, **il se veut faible** et, par conséquent, se montre et s'affiche ouvertement faible (27). L'imperfectionniste vit dans son monde intérieur comme dans un refuge. Cette immigration constante vers sa vie intérieure entrave son identification aux autres et aux problèmes qu'ils peuvent rencontrer. Il éprouve les plus vives difficultés à différencier les événements qui se déroulent devant lui et ceux qu'il vit en lui-même. Il tend à les amalgamer, ce qui donne à conclure qu'il ramène tout à lui. Ainsi, si son patron doit partir deux jours en voyage d'affaires par exemple, cet événement sera traduit par lui, non comme une nécessité professionnelle, mais comme un abandon personnel.

L'imperfectionniste souffre d'un manque de perception de la *globalité* des choses. Tandis que le perfectionniste s'attache, comme nous l'avons vu, à un fait, l'imperfectionniste, lui, s'attache à une seule partie de ce fait, ce qui l'empêche d'anticiper correctement l'ensemble de la situation professionnelle donnée. Ainsi, si on demande à un imperfectionniste d'appeler un taxi pour reconduire des conférenciers à l'aéroport, il n'aura pas l'idée d'en demander deux, même s'il sait que les conférenciers sont au nombre de cinq.

Cette personnalité souffre également de difficultés de concentration. Mille pensées traversent sa tête; elle papillonne de l'une à l'autre. Une idée ou une action s'est-elle fait jour dans son esprit et en entreprend-elle la réalisation qu'une autre naît, émerge et remplace la précédente presque aussitôt. Un tel papillonnage, comme on peut s'en douter, la conduit soit à ne pas aller au bout d'une tâche, soit à l'effectuer de travers. C'est le type de personne

---

27. Milan Kundera, dans *l'Art du roman,* évoquant la question du vertige, précise : *« C'est un étourdissant, un insurmontable "désir" de tomber... Avoir le vertige, c'est être ivre de sa propre faiblesse. On a conscience de sa faiblesse et on ne veut pas lui résister, mais s'y abandonner... »* Je renvoie le lecteur à la fin du présent ouvrage pour la citation complète.

Souffrant de difficultés de concentration, l'imperfectionniste papillonne d'une idée à l'autre...

qui s'y reprendra systématiquement à trois fois pour effectuer la moindre démarche (refermer à clé la salle de la photocopieuse, mettre la bonne lettre et le bon chèque dans la bonne enveloppe, etc.).

Dans la classification psychanalytique freudienne, on tendrait à le ranger sans conteste parmi les caractères de type « oral ». Au sein de ce caractère, l'imperfectionniste peut se manifester selon deux tendances :

— Soit il tendra à vivre son monde professionnel de manière béate et indifférenciée, l'assimilant à un énorme biberon auquel on aurait tort de ne pas venir « têter » – un peu à la manière de ce qu'on appelle parfois l'*imbécile heureux.*

— Soit il tendra à le vivre comme un lieu obscur et inquiétant, un monde fait de personnes hostiles et menaçantes parlant un langage presque inconnu de lui. Il prendra alors le rôle d'*exilé,* plus intéressé à sauver sa peau qu'à s'occuper des destinées professionnelles de l'entreprise qui l'emploie.

Dans un cas comme dans l'autre, il est à remarquer que l'imperfectionniste ne s'insère pas dans la trame relationnelle, mais s'en rend spectateur, ce qui l'empêche d'établir une interaction saine entre lui et son environnement professionnel.

*
* *

L'image d'ensemble qui se dégage de l'imperfectionniste est celle d'une triple perturbation constante :

— **Face à la notion espace/temps :** d'une part il tend à confondre les lieux (méprises de calendrier, perte de documents, rendez-vous manqués...), d'autre part il éprouve les plus vives difficultés à séquencer correctement son temps (pertes de temps, délais non respectés, complications de dernières minutes, retards, ajournements...).

— **Face à l'objet,** il tend également à multiplier les actes manqués. Pertes, détérioration, oublis constituent son lot quasi quotidien. Sa relation aux objets paraît « inamicale (28) ». En tout cas, il les traite comme tels. Il heurte, perd, casse, dérègle ce qu'il touche. Doit-il tirer des photocopies qu'il a toutes les chances pour qu'un bourrage en résulte ; doit-il envoyer un fax que l'appareil se dérègle comme si, animée de mauvaises intentions à son égard, cette machine n'avait attendu que ce moment pour tomber en panne.

— **Face aux autres** enfin, sa perturbation se manifeste de deux manières : d'un côté, par toutes les gaffes, les indélicatesses, les faux-pas qu'il commet par irréflexion vis-à-vis de ses collègues sans même s'en rendre compte, d'un autre côté par la difficulté qu'il éprouve à développer un esprit de coopération et de complémentarité correct avec eux. Brillant par son absence aux moments où sa présence serait souhaitée, toujours là où il ne faut pas, il gêne souvent plus qu'il ne rend service.

*
* *

28. Cela renvoie à la réflexion de Jean-Paul Sartre : *« La possession est une amitié entre l'homme et la chose. »*

En décalage systématique par rapport aux autres, incapable de coopérer correctement avec eux, manquant de façon criante d'autonomie, agissant de façon subjective et indifférenciée, prenant toute chose au pied de la lettre, accumulant acte manqué sur acte manqué, l'imperfectionniste est – comme on peut le constater – le caractère réactif et abréactif par excellence.

Voyons maintenant comment s'inscrivent, autour de cette attitude centrale, les principaux *tics de comportements* de l'imperfectionniste.

b) Des « tics » de comportements

Nous appelons *tics de comportements* des habitudes comportementales émanant, non pas tant de la personnalité profonde, que de la politique de vie de l'individu concerné (29). Dans le domaine professionnel, on relèvera pour l'essentiel la carence de conscience professionnelle, l'usage du droit à l'erreur et la tendance chronique au retard et à l'absentéisme.

◆ La **carence de conscience professionnelle.** Comme il a été dit à propos de la mauvaise foi, il est toujours délicat et un peu moralisant d'évoquer des notions telles que celle-ci, car le simple fait d'en parler tend à suggérer qu'on en serait pourvu tandis que les autres en manqueraient. Quoi qu'il en soit, en ce qui concerne l'imperfectionniste il apparaît difficile qu'il puisse développer une quelconque « conscience professionnelle » quand on sait à quelles difficultés déjà, il se trouve confronté pour ordonner sa propre « conscience » de lui-même. A notre avis, tant qu'il n'aura pas appris à différencier ce qui relève de son monde intérieur et ce qui relève du « grand monde », il ne pourra pas disposer d'une

29. Le lecteur pourrait se demander pourquoi nous appelons « tics de comportements » ce que d'aucuns appelleraient sans détours « défauts ». A notre avis, des schémas de comportement comme le manque de conscience professionnelle, le retard, l'absentéisme ne sont pas des traits de caractère profondément ancrés en l'individu, mais plutôt des sortes de « mauvais plis », des « malentendus » provenant de l'enfance et de l'éducation de la personne, et qui agissent de façon récurrente dans le présent.

« liberté d'esprit » minimum pour investir dans une éventuelle conscience professionnelle.

◆ L'**usage du droit à l'erreur.** Avant que de nous occuper du droit à l'erreur de l'imperfectionniste, nous voudrions nous attarder un court instant sur la philosophie qui sous-tend ce prétendu « droit ».

Il nous est à tous arrivé de nous exclamer, à l'occasion d'une erreur commise : *Tout le monde peut se tromper !* Mais est-ce que cela sous-tend pour autant un *droit* à l'erreur ?

A notre avis, le « droit à l'erreur » n'existe pas en tant que tel. Il s'agit là derechef d'une vue de l'esprit. Car en fait, que signifie « droit » à l'erreur ? *« L'erreur est humaine »* dit la célèbre locution latine, mais où stipule-t-elle qu'elle ressortirait d'un quelconque droit ? Dans la vie professionnelle, au nom du « droit à l'erreur » on pourrait, la conscience tranquille, porter tort à n'importe qui, avaliser n'importe quelle action malveillante, colporter n'importe quelle calomnie sur tel ou tel collègue, compromettre par négligence ses chances d'évolution professionnelle, etc. Non, cette conception du droit à l'erreur nous paraît décidément par **trop commode !** Elle est même, disons-le, véritablement inacceptable. Toutefois, renoncer au droit à l'erreur signifierait-il pour autant que l'homme serait condamné à la perfection ?

Pas forcément. Nous pourrions apprendre à remplacer ce pseudo-droit par autre chose, par un certain **courage de l'imperfection** par exemple. Qu'appelons-nous « courage de l'imperfection » ? C'est lorsque, ayant fourni tous les efforts possibles pour se réaliser et se surpasser, l'homme s'aperçoit qu'il n'est qu'un homme et non un demi-dieu et qu'à ce titre, la perfection divine lui fait défaut.

On le voit, même si la différence ne saute pas immédiatement aux yeux, « droit à l'erreur » et « courage de l'imperfection » sont loin de faire figure de bonnet blanc et blanc bonnet : la première notion renvoie aux **limites** de l'homme, tandis que la seconde réfère aux **possibilités** de transcendance et de réalisation de l'action humaine.

Revenons-en maintenant à notre imperfectionniste qui, lui, ne s'embarrasse pas du courage de l'imperfection. Son sacro-saint droit à l'erreur est son « armure », celle qui le préserve de toutes les situations compromettantes, qui le tire de toutes ses étourderies, qui le sauve de toutes ses irréflexions et de toutes ses négligences.

Si l'imperfectionniste candidat à un autre style de vie sollicitait auprès du psychologue que je suis une indication, je lui conseillerais certainement de s'efforcer de changer son angle de vision des choses et d'adopter la vision du « dessus ». En d'autres termes, je lui conseillerais d'abandonner sur-le-champ son droit à l'erreur et de partir à la conquête de son « courage » de l'imperfection.

◆ La **tendance chronique au retard et à l'absentéisme.** Nous avons vu plus haut que l'imperfectionniste éprouvait les plus vives difficultés à séquencer son espace et son temps. Une telle difficulté, loin d'être anodine, est souvent cause de bien des irritations touchant tant l'imperfectionniste que ses collègues qui, par la force des choses, ont à les subir. Face à la tendance chronique au retard et à l'absentéime, on peut adopter deux points de vue :

— Le premier, ne s'embarrassant d'aucune considération psychologique, tendra à condamner irrémédiablement et sans appel les comportements de l'imperfectionniste *(Chacun doit assumer son travail... L'heure, c'est l'heure... S'il n'est pas capable d'organiser sa vie, qu'il aille ailleurs...).*

— Le second point de vue, lui, s'appliquera à comprendre la psychologie dont peuvent bien ressortir de tels comportements. Ainsi, si nous devions expliquer la psychologie du retard et de l'absentéisme, nous tendrions à la rapprocher de celle de l'infidélité. Un tel rapprochement a, a priori, de quoi surprendre. Expliquons-nous :

Dans un précédent ouvrage (30) nous avons pu dire que l'infidélité correspondait à un problème d'appréhension de la globalité du temps. Nous expliquions que la personne infidèle vivait

30. *Le Couple retrouvé* (p. 164 et suiv.).

l' « épiphénomène » en se suspendant en dehors du temps car *« elle redoutait de faire face à son propre temps et à sa propre vie »*. En observant les choses de plus près, on s'aperçoit que la tendance chronique au retard et à l'absentéisme de l'imperfectionniste ressort d'une psychologie similaire ; seulement ici, l'imperfectionniste est lui-même l'objet de sa propre infidélité, en d'autres termes, il est **infidèle à lui-même.** Ainsi, pour reprendre l'image du monde professionnel, nous pourrions affirmer que l'imperfectionniste, incapable de se situer correctement dans l' « espace professionnel » et dans le « temps du travail », se rend **« malade » du temps** qu'il ne maîtrise pas mais qu'il subit. Cette « pathologie » inconsciente, cette « chronopathie (31) » pourrions-nous dire, trouve ensuite sa traduction dans divers troubles physiques (psychosomatisations), sources de son absentéisme.

*

* *

Si donc, ici encore, l'imperfectionniste candidat à un style de vie plus épanouissant venait demander conseil au psychologue, celui-ci s'efforcerait avant tout de lui faire comprendre le lien existant entre la « maîtrise du temps » et une vie saine. Parallèlement, il tenterait de lui faire toucher du doigt la nécessité de retrouver la « globalité de son temps » afin de ne plus être « infi-

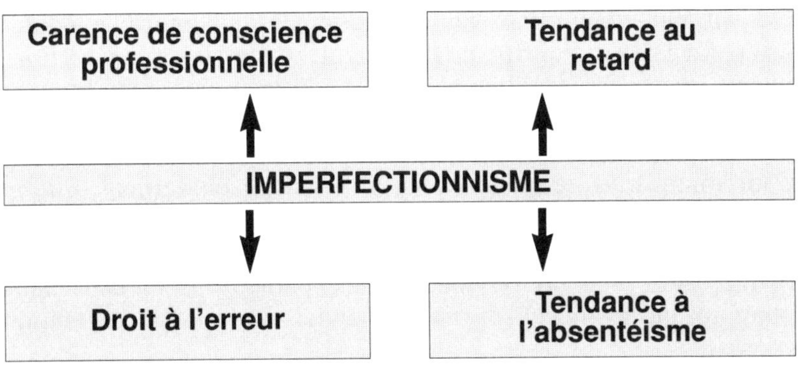

31. La formule se base sur le grec *khronos* (le temps) et *pathê* (la souffrance).

dèle à lui-même ». Mais une telle explication suffirait-elle ? Gageons qu'il faudra à l'imperfectionniste surmonter bien des hésitations et bien des résistances avant que de s'affranchir de sa **pseudo-philosophie de vie** et de découvrir le sens véritable que revêtent l'espace et le temps du travail dans la vie d'un individu.

c) Comment est-il vécu par ses collègues ?

Mais le côté « philosophique » des considérations qui précèdent concernant l'imperfectionniste est cependant fort éloigné des préoccupations immédiates et beaucoup plus prosaïques de ses collègues qui, eux, vivent concrètement les désavantages d'un tel côtoiement. Généralement, face à un « imperfectionniste », les collègues tendront à ressentir un double sentiment :

— De **révolte** car ils doivent, par la force des choses, assumer le travail non effectué par l'imperfectionniste.

— De **rivalité** car, comme nous l'avons souligné en début de chapitre, ils se trouvent tout à la fois agacés et envieux de l'impudence et l'insolence avec lesquelles ce dernier résout ses problèmes, convaincus qu'ils sont que jamais ils ne seraient capables d'un tel manque de conscience professionnelle.

Toutefois, il est rare que ce sentiment se manifeste sous des formes véritablement hostiles à son égard, car il existe toujours un élément modérateur dans son comportement qui contribue à annihiler, face à ses interlocuteurs, les effets de son imperfectionnisme. En psychologie, cet élément modérateur peut prendre pour nom « double lien ». De quoi s'agit-il ?

Sans vouloir en développer ici toute la théorie (32), nous pourrions dire que le *double lien* – appelé également *double contrainte* – est une forme de communication « falsifiée » permettant à une personne d'enfermer un interlocuteur dans un système de messages (verbaux ou non verbaux) paradoxaux ou déroutants pour lui, qui l'empêchent d'appréhender avec clarté la situation

32. Notons que la théorie du double lien a été énoncée en 1956 par Bateson, Haley et Weakland, à propos de la schizophrénie en tant que trouble de la communication ayant la famille pour lieu d'établissement.

relationnelle et qui le conduisent à adopter un comportement n'allant pas dans son intérêt propre. Par exemple, si une maman demande à son enfant qui exprime le souhait de ne pas aller à l'école s'il préfère mettre son bonnet rouge ou son bonnet bleu, elle le met en situation de double lien car :

— S'il répond à la question posée par sa mère, il induit tacitement qu'il est d'accord pour aller à l'école.

— S'il n'y répond pas, il risque de se voir imposer une couleur de bonnet qui ne lui convient pas. Dans les deux cas, l'enfant se trouve bloqué dans son pouvoir décisionnel.

Il en va sensiblement de même pour les interlocuteurs de l'imperfectionniste. Voyons cela de plus près :

Comme nous l'avons vu, l'imperfectionniste produit face à ses collègues, un ensemble de *messages* et de *métamessages* destinés à avaliser une position en fait inacceptable *(Comme je suis plus faible que les autres, j'ai le droit de travailler moins qu'eux...)*. D'ordinaire, dans le monde professionnel, toute situation interrelationelle part du préambule selon lequel chacun doit assumer le travail qui lui incombe. Or, chez l'imperfectionniste, le préambule est différent ; il se base sur :

◆ **Un message :**

— *Vous, vous êtes grand, fort et généreux...*

— *Moi, je suis faible : ne comptez donc pas sur moi ; ne me faites pas confiance...*

— *Toutefois, je vous suis dévoué et j'aimerais tant vous faire plaisir...*

◆ **Un métamessage :**

— *Je suis un imperfectionniste ; il faut me prendre tel que je suis,* donc *Déchargez-moi de ma responsabilité et de mon travail.*

De même que l'enfant se trouvait bloqué dans ses possibilités de réponse face à sa mère, de même, face à ces deux types de messages, l'interlocuteur de l'imperfectionniste se trouve coincé car, d'un côté il se sent légitimement flatté d'être perçu comme quelqu'un d'important et de responsable, mais d'un autre il sait fort bien que l'acceptation de cet état de chose entraîne *de facto* pour lui une surcharge injustifiée de responsabilité et de travail.

Etonnamment, on constate toujours et encore qu'il est largement plus pardonné à un imperfectionniste qu'à tout autre individu. C'est comme si ses interlocuteurs, « bonnes pâtes », éprouvaient en permanence le sentiment de faire œuvre de charité en ne l'envoyant pas définitivement aux « gémonies (33) ». Et il est vrai que son air innocent de pauvre « bougre » venu d'ailleurs l'affranchit de bien des réflexions et de bien des corvées.

*

* *

Mais nous ne voudrions pas avoir insisté sur les modes de fonctionnement erronés ou névrotiques de ce caractère sans avoir tenté d'assouplir notre point de vue (préjugeant, par la force des choses), ni sans en dégager malgré tout quelque qualité. On peut penser que si une telle personne parvient malgré tout à trouver – et surtout à conserver – sa place dans un milieu professionnel donné, c'est qu'elle doit, d'une façon ou d'une autre, remplir une certaine fonction et, par conséquent, correspondre à un certain besoin.

La société des hommes, toute tournée vers le progrès humain, est ainsi faite qu'elle s'efforce d'intégrer toutes les forces, vives et moins vives, dans *le bain du labeur communautaire*. Y ont « droit d'asile » tous les hommes et toutes les femmes, avec toutes leurs qualités professionnelles, mais aussi avec tous leurs défauts. La rigueur professionnelle occidentale connaît parfois des excès et des aberrations et il n'est pas mauvais, à l'occasion, qu'une philosophie de la vie moins rigide ou plus hédoniste vienne un peu « déranger » l'ordre et la morale professionnelle établis.

Bien sûr, l'imperfectionniste est dérangeant. Son à-peu-près déstabilise, son « je-m'en-foutisme » désabuse, son irresponsabilité exaspère. Mais après tout, qu'y a-t-il de tragique à cela ?

Le mal – si mal il y a – c'est surtout à lui-même que l'imperfectionniste l'inflige. Tel l'enfant à l'école qui perturbe la classe

33. Pour la petite histoire, sachons que les « gémonies » (du latin *gemoniae scalae*) étaient une sorte d'escalier situé au flanc nord-ouest du Capitole, à Rome, sur lequel on exposait les corps des suppliciés avant qu'ils ne soient jetés dans le Tibre.

par ses pitreries et ses bizarreries, qui amuse les autres élèves à moindre frais (leur conférant par son impuissance même un sentiment de puissance) et qui, finalement, paie son attitude par un redoublement ou par une exclusion, l'imperfectionniste doit savoir qu'il paie cher son attitude de vie. Il la paie en *non-compréhension* de la vie, en *non-participation* active aux destinées humaines, en *non-maîtrise* de la réalité, en *non-évolution* professionnelle et, hélas ! aussi en *non-fidélité* à lui-même. C'est un choix de vie : **à prendre ou à laisser !**

9. La personnalité revendicative

On n'a pas forcément besoin de forcer pour jouer fort.

Certaines personnes, qu'elles soient « patron » ou « employé », s'y entendent pour créer au travail un climat de tension. Leurs mots apparaissent comme des couperets et leur façon de les « dire » comme une accusation systématique. Elles ne peuvent pas demander un dossier ou un trousseau de clés sans que leur interlocuteur se sente imputé, visé, attaqué, assailli, agressé. Nous appelons un tel comportement, *comportement revendicatif.* Approchons cette curieuse « façon de faire » et voyons ce que nous pourrons en apprendre.

a) Une recherche de « supériorité » ou de « différence »

Ce qui caractérise avant tout la personne revendicative, c'est sa recherche d'une position de « supériorité » ou de « différence » par rapport aux autres. Elle ne souhaite en aucun cas être assimilée à eux. Sa structure de personnalité ne laisse pas de faire penser à l'enfant provoquant, têtu et revêche, en mal d'identité, cherchant à ouvrir le conflit avec ses parents. Et en effet, à l'analyse on s'aperçoit que tous les efforts de la personnalité revendicative sont intentionnés vers la **recherche de relations autoritaires** de type parent/enfant avec les autres. Toutefois, ce qui peut paraître étrange dans son comportement, c'est que tout à la fois elle induit chez ses interlocuteurs des positions parentales en même temps qu'elle les conteste. C'est comme si elle cherchait à construire une autorité devant elle pour mieux pouvoir l'attaquer et l'infirmer ensuite. On trouve par conséquent un paradoxe dans cette personnalité : d'un côté elle éprouve le besoin de reconnaître l'autre en tant qu'autorité, de passer par lui, de se soumettre, tandis que d'un autre elle cherche à l'infirmer et à le remettre en cause. En ce sens, on pourrait donc la qualifier de **personnalité révoltée autocensurée.**

Son comportement peut être soit « incisif », soit effacé, soit les deux à la fois. Incisif lorsqu'elle veut instaurer un climat de supériorité, effacé lorsqu'elle recherche le ton de la « victimisation », les deux lorsqu'elle parvient à faire entrer son interlocuteur dans la peau de l'autorité à honorer mais aussi à détruire (34).

La personnalité revendicative se trouve de toute évidence en nécessité constante d'affirmation d'elle-même. C'est comme si, craignant de ne pas être entendue ou de ne pas pouvoir faire passer le message, elle devait mettre dans la balance tout le poids de sa personne. Et de fait, trop occupée à être entendue, **elle n'écoute pas** les autres, ce qui la conduit à « mésinterpréter » ou à déformer ce qu'ils expriment.

Sa façon de demander les choses s'appuie, non sur une légitimité naturelle de sa personne, mais sur une instance d'autorité extérieure (règle, disposition...). En effet, la personnalité revendicative entretient un rapport très particulier à l'équité et à la justice dont elle se fait volontiers le bras. Quoi qu'on fasse, on a le sentiment qu'elle est maltraitée *(On ne peut pas ME faire ça !).*

Elle a l'art de tout tourner comme s'il s'agissait d'une affaire de bon droit et ne manque pas, chaque fois que l'occasion se présente, de crier au « crime de lèse-majesté ».

---

34. En ce sens, elle fait penser à la recherche de la relation au *totem*. Le *totem*, d'un point de vue ethnologique général, est un animal (comestible ou non) que l'on vénère mais que l'on est aussi amené à sacrifier. Il correspond tout à la fois à l'ancêtre mythique du groupe et à son esprit protecteur.

Le sentiment général qui se dégage de cette personnalité est celui d'une certaine « provocation ». Cela est dû au fait qu'elle tend à prendre un contre-pied presque systématique de l'équilibre relationnel ambiant qu'elle perturbe par son type particulier de demande.

b) Sa relation aux autres

La personnalité revendicative est extrêmement soucieuse de son mieux savoir. Dans sa dimension caricaturale, elle correspondrait somme toute assez bien aux Dupond et Dupont des albums de *Tintin* dessinés par Hergé *(Il fait beau aujourd'hui... Je dirai même plus : il fait beau aujourd'hui !).* Tout ce que vous exprimez sera donc repris par elle et surenchéri, quoique en termes similaires. Ainsi, si vous remarquez par exemple : *« Il n'y a plus de timbres, il faudra aller en chercher à la poste »,* elle s'empressera de récupérer l'information à son profit et surenchérira : *« Il faudra absolument aller chercher des timbres à la poste ; nous n'en avons presque plus. »*

Dans sa dimension caricaturale, la personnalité revendicative correspondrait assez bien aux Dupont et Dupond des albums de *Tintin*...

Recherche compulsive d'une relation de type autoritaire, difficulté d'affirmation de soi, tendance à la provocation, il est évident que le décalage que cette personnalité crée de toute pièce par ses comportements contribue largement à creuser **un fossé** entre elle et les autres, que ce soit avec ses supérieurs hiérarchiques ou avec ses collègues. Il n'en faut pas plus pour qu'émerge un sentiment de persécution couplé de comportements d'hypersusceptibilité préfigurant une structure paranoïde de sa personnalité.

*

* *

La personnalité revendicative ne se doute pas combien ses façons de faire peuvent se répercuter de façon néfaste sur l'ambiance générale entre elle et les autres. Et en effet, l'entretien de bonnes relations avec elle relève de la *haute voltige* car, ses comportements induisant – sinon produisant – une irritation certaine chez ses interlocuteurs, ces derniers ressentent souvent l'envie de répercuter sur elle des attitudes de provocation, d'irritation ou de mise en échec.

Que la personnalité revendicative comprenne que :

— La revendication est légitime lorsqu'il s'agit de défendre notre « minimum personnel garanti ». Dans tous les autres cas, elle ne devrait relever que de l'ordre de l'exceptionnel.

— Avant que d'appuyer sur la « gachette » de la revendication, elle fera bien de vérifier à chaque fois l'enjeu en cours et dans quelle mesure sa place ou sa personne se trouve effectivement mise en danger.

— Qu'elle se souvienne que **son être lui-même la légitimise** à lui tout seul. Il est par conséquent inutile qu'elle surenchérisse. Ce n'est pas parce qu'elle en « remettra » qu'elle passera mieux auprès des autres ou qu'elle sera plus crédible. Au contraire.

— Enfin, peut-être pourra-t-elle faire sienne la devise : *« On n'a pas besoin de forcer pour jouer fort* (35). *»*

---

35. Je tiens cette devise d'un musicien trompettiste de l'orchestre symphonique de l'Opéra de Nice.

Nous l'avions annoncé d'emblée : tous les caractères susceptibles d'être rencontrés en milieu professionnel ne pourraient pas, faute de place, être insérés dans cette partie de notre ouvrage. En revanche, il nous a semblé qu'il pourrait être intéressant pour le lecteur de disposer de certaines autres analyses de caractères qui ont déjà été rédigées dans nos précédentes publications. Nous avons par conséquent cru bon d'en joindre ci-dessous la liste.

10. Autres personnalités

Liste des caractères et des tendances de personnalité qui ont été étudiés dans nos précédents ouvrages :

◆ Dans *Vivre sa vie,* le lecteur trouvera, entre autres :
Caractères à tendance négative :
— La personnalité névrosée.
— La personnalité vivant en dents de scie.
— La personnalité contredisante.
— La personnalité envieuse.
— La personnalité intervenante.
— La personnalité cynique.
— La personnalité sérieuse.
Caractères à tendance positive :
— La personnalité ludique.
— La personnalité décidante.
— La personnalité soi-disant « dérangeante ».
— La personnalité sensible.
— La personnalité spontanée.
— La personnalité intelligente.
— La personnalité qui « ose ».

◆ Dans *Réussissez votre personnalité,* le lecteur trouvera, entre autres :
Caractères à tendance négative :
— Le boudeur.
— Le têtu.

— Le fanatique.
— Le compliqueur.
— Le simplificateur.

Caractères à tendance positive :
— La personne centrée.
— La personnalité curieuse.
— La personnalité autonome.
— La personnalité altruiste.

◆ Dans *Vivre mieux : mode d'emploi,* le lecteur trouvera, entre autres :

Caractères à tendance négative :
— Le stakhanoviste du changement.
— Le partisan de l'immobilisme.
— La personnalité infériorisante.
— La personnalité culpabilisée.
— La personnalité négative.

Caractères à tendance positive :
— La personnalité active.
— La personnalité transparente.
— La personnalité soucieuse d'elle-même.

◆ Dans l'*Amour retrouvé,* le lecteur trouvera, entre autres :

Caractères à tendance négative :
— La personnalité timide.
— La personnalité manquant de confiance en elle.
— La personnalité manquant de volonté.
— La personnalité angoissée.
— La personnalité insécurisée.
— La personnalité solitaire.

Caractère à tendance positive :
— La personnalité attirante.

◆ Dans *le Couple retrouvé,* le lecteur trouvera, entre autres :

Caractères à tendance négative :
— La personnalité concédante.
— La personnalité autosacrificielle.
— La personnalité symbiotique.
— La personnalité maniaque.

— La personnalité désordonnée.
— La personnalité jalouse.
— La personnalité infidèle.
— La personnalité sous-entendante.
— La personnalité reprochante.
— La personnalité autoritariste.
— La personnalité infantiliste.
— La personnalité belliqueuse.
— La personnalité conflictuelle.

Caractères à tendance positive :

— La personnalité constructive.
— La personnalité de « dialogue ».
— La personnalité généreuse.
— La personnalité courtoise.

CHAPITRE IV

La place de la demande dans la vie professionnelle

1. L'effet du mot et la force du dire

Passez-moi l'expression !

L'une des plus grandes sources de conflit et de frustration dans les rapports interpersonnels de notre vie professionnelle réside dans la rencontre de nos mots avec ceux des autres et vice versa. S'il est vrai que cette rencontre trouve parfois l'heureux chemin de l'écoute, du dialogue et de la reconnaissance mutuelle, il faut, hélas ! en concéder malgré tout l'exception. Ainsi, force est d'admettre qu'au travail notre quotidien verbal prend plus souvent la forme de **« pâtures » réciproques** laissant penser à des chiens se montrant plus ou moins sauvagement les dents qu'à des échanges entre individus soucieux de trouver dans leur « être ensemble » matière à compréhension, à complémentarité et à collaboration.

La difficulté à maîtriser l' « effet du mot » et « la force du dire » est une difficulté qui nous concerne tous, et ce à tous les niveaux de la hiérarchie professionnelle, car elle plonge ses racines dans l'inconscient de notre vie passée, et plus particulière-

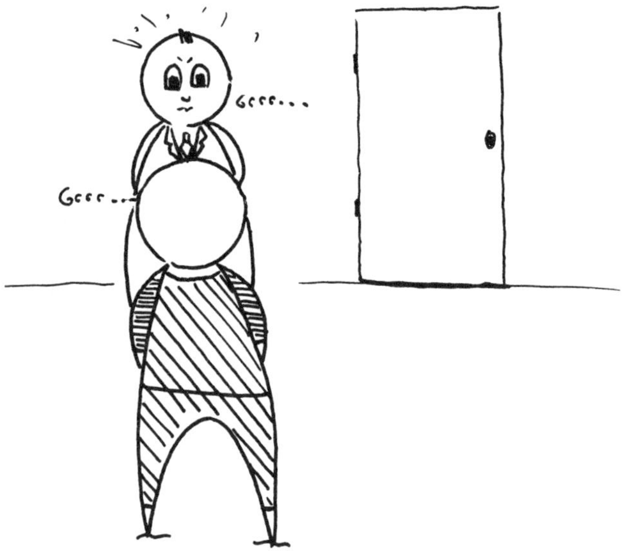

Au travail, notre quotidien verbal prend plus souvent la forme de "pâtures" réciproques, laissant penser à des chiens se montrant les dents.

ment dans le type de rapports qui se sont instaurés durant notre enfance avec nos parents ou nos éducateurs (1).

Une telle difficulté tient au fait qu'en matière professionnelle – comme dans tous les autres domaines au demeurant – notre « dire » s'articule sur un besoin de sécurité et de protection en même temps que sur un besoin d'expansion et de rencontre. Derrière chaque mot prononcé, de même que derrière chaque mot reçu, c'est toute notre personnalité, mieux, **toute notre personne** qui se trouve donc concernée et concernante, révélée et révélante, subjuguée et subjugante, et, hélas ! aussi parfois déroutée et déroutante. Pourtant, à en juger par nos façons de « dire » (et les façons de « faire » qui en résultent), on a peine à croire que nos mots puissent tenir une place aussi cardinale.

1. Pour l'essentiel, ces rapports procèdent d'une psychologie similaire à celle que nous avons évoquée à propos de la mauvaise foi, à savoir d'une persistance à l'âge adulte d'attitudes infantiles conduisant la personne à se comporter face à autrui comme elle se comportait jadis en face de ses parents (attitudes nombrilistes, réclamations, revendications, colères...).

Lorsque j'observe mes contemporains, je suis frappé par l'extraordinaire « aveuglement d'écoute (2) » dont ils sont capables de faire preuve tant vis-à-vis de leurs propres mots que vis-à-vis de ceux des autres. Personne ne semble y échapper. Chacun y va de son affirmation invérifiée, de son assertion arbitraire, de son allégation subjective. Posons la chose ouvertement : combien d'entre nous aujourd'hui se donnent la peine de vérifier « avant coup (3) » la portée que peuvent avoir leurs paroles (ou le ton sur lequel elles sont dites) sur leurs interlocuteurs directs ou indirects (4) ? Qui donc s'interroge pour savoir comment elles seront prises, reçues ou subies ? Concédons-le sans détour, la plupart du temps chacun voit midi à sa porte et fait fi des orages que pourraient déclencher ses propos. Et souvent, en effet, l'orage se prépare, progressivement, imperceptiblement, sous forme d'enfermements, d'incompréhension, de bouderies bref, de **mé-sententes.** Et l'atmosphère au bureau (ou à l'atelier, ou à l'usine…) se fait plus pesante, plus figée, plus rigide. Plus caustique aussi. Car chacun se défend comme il peut. Se défendre ? Mais comment a-t-on bien pu en arriver à vouloir se défendre ? Se défendre de quoi ? Se défendre pourquoi ?

*

* *

C'est à ces questions que nous allons essayer de répondre. Pour ce faire, nous allons, dans ce qui suit, recenser les principales difficultés du *dire* et du *se dire*.

---

2. Normalement, le terme qui conviendrait ici aurait dû être « surdité » ; toutefois, devant le manque de force d'expression de ce mot de nos jours, je préfère avoir recours à une expression plus interpellante. D'une manière plus générale, il est curieux de noter que, contrairement à la cécité qui jouit globalement de la compassion générale, la surdité, quant à elle, n'a jamais eu vraiment « bonne presse ». La *vox populi* n'a pas d'expressions particulières pour décrier celui qui ne voit pas. En revanche, on dira d'une personne qu'elle est « sourde comme un pot », voire on assimilera volontiers son embarras à des pratiques solitaires que la morale réprouve.

3. Je précise « avant coup » car il est aisé de revenir *après coup* sur un « coup de gueule » et de s'excuser de son emportement, de son énervement ou de son stress.

4. J'entends, par interlocuteurs « indirects » ceux qui, bien que pas directement visés, se trouvent malgré tout éclaboussés au passage par de tels propos.

2. A quoi tient la difficulté de la demande

Le risque, c'est ce que nous refuse l'autre.

Il est une chose pour le moins curieuse et qui semble affecter bon nombre d'entre nous dans leur vie quotidienne professionnelle, voire qui leur gache l'essentiel du plaisir qu'ils pourraient prendre à leur travail : il s'agit de leur difficulté à présenter une demande. Tant que ladite demande concerne un tiers, cela ne pose généralement pas trop de problèmes ; toutefois, lorsqu'il s'agit de demander pour soi-même, la question devient beaucoup plus épineuse. A quoi une telle difficulté tient-elle ?

Nous avons vu plus haut qu'en règle générale – et contrairement à ce que beaucoup tendraient à penser – il est plus aisé de donner que de demander. Un tel phénomène s'explique de plusieurs points de vue :

◆ D'un point de vue **symbolique,** et sans vouloir pousser les choses à l'extrême, il est clair que nous tendons tous à identifier le fait de demander à une « mise à nu » de nous-même, de nos possibilités, de nos potentialités et par conséquent de nos forces *(La personne forte ne demande pas ; elle conquiert !...).* Il existe donc en chacun de nous une certaine « pudeur » attachée à la demande.

◆ D'un point de vue **psychologique,** la requête constitue toujours une pierre d'achoppement pour notre orgueil. En effet, dans notre culture occidentale, nous tendons à assimiler la demande ou la requête à un geste infériorisant (selon l'enchaînement : *Si je demande, c'est que j'ai besoin ; si j'ai besoin, c'est que je suis dans le manque ; si je suis dans le manque, c'est que je suis faible*). La demande est, par conséquent, qu'on s'en rende compte ou non, toujours assimilée à un acte d'humilité et, au-delà, à un acte « humiliant » *(Le fort ne compte que sur lui-même. Si e veux être fort, je ne dois compter que sur mes propres ressources.).*

La demande implique un second type de risque susceptible de « chatouiller » notre orgueil : il s'agit de notre crainte du refus.

Plutôt que d'encourir ce risque, la plupart d'entre nous préfèrent limiter leurs demandes aux situations les plus indispensables. Ce motif étant suffisamment parlant par lui-même, nous n'en dirons pas ici davantage.

◆ D'un point de vue **religieux,** le sacrifice de soi, dans notre société judéo-chrétienne, est toujours considéré comme une aspiration humaine allant dans le sens d'une réalisation et d'un épanouissement de l'homme. A l'inverse, il est mal vu de demander pour soi-même, car cela tendrait à entacher notre requête d'une **suspicion d'égoïsme** *(Tu fais passer ta « petite personne » avant tout le reste)* (5).

◆ D'un point de vue **éducatif** enfin, car notre éducation, dans notre culture occidentale en tout cas, tend à assimiler *demander* à *déranger* (6). Et en effet, qui n'a pas entendu dans son enfance des leitmotive tels que : *Moins on dérange les autres, mieux ils se portent et mieux on se porte ?* Combien de fois s'est-on entendu dire à la maison ou à l'école : *Si tu demandes, tu n'auras pas !...*

S'il nous fallait expliquer ce phénomène, ce serait sans doute tout à la fois dans la morale petit-bourgeois et dans les réminiscences vieillottes d'un patriarcat « pur et dur » d'une autre époque qu'il faudrait aller en chercher les raisons.

*
* *

Au-delà du simple *fait interpersonnel,* on s'aperçoit que dans la difficulté de demander, c'est donc tout un milieu, toute une cul-

---

5. Cette quasi-nécessité de sacrifice de soi renvoie aux deux formes d'amour *Philia* (attirance pour le prochain) et *Agape* (charité chrétienne) que nous avons évoquées dans le chapitre II. Toutefois, cette double dimension Philia/Agape se trouve souvent interprétée dans le sens de la nécessité d'une expiation *(« Même si tu ne le sais pas, même si tu ne le sens pas, tu as quelque chose à expier »,* sous-entendu : *« Si tu veux racheter tes péchés et gagner le paradis, vis dans le renoncement »).* Dans un tel contexte, demander équivaudrait à revendiquer « abusivement » un droit, tandis que, dans le même temps, on aurait quelque chose à se faire pardonner (*« Le Christ est mort sur la croix pour racheter tes péchés et toi, tu as le front de quémander quelque chose pour toi-même ? »).*

6. La question « demander égal déranger » a été abordée dans *Vivre sa vie* (chap. XXIII). J'invite le lecteur intéressé à s'y référer.

ture, toute une éducation qui convergent. Ce préambule étant fixé, nous allons maintenant entrer de plain-pied dans la psychologie de la demande.

3. La demande telle qu'elle s'instaure de collègue à collègue

Apprendre à décoder...

Il est vrai que ce n'est jamais vraiment de gaieté de cœur que nous nous mettons en position de demandeur. Nous l'avons vu, l'orgueil de réaliser une action sans passer par les autres, la crainte de nous montrer en position de faiblesse, la peur d'essuyer un refus sont autant d'arguments qui nous font préférer *« tourner sept fois la langue dans notre bouche »* avant que de formuler une demande.

Mais, là encore, il y a façon et façon de tourner sa langue sept fois dans sa bouche. Dans certains cas elle tournera assez rond, c'est-à-dire que la demande passera plutôt bien, tandis que d'autres fois elle ne tournera pas sans certains grincements, c'est-à-dire que la demande ne sera ni exprimée, ni reçue de la bonne façon. Un tel état de choses, on s'en doute, ne va évidemment pas sans poser de sérieux problèmes. Dans le meilleur des cas, il en résultera une ambiance de travail plutôt détestable du style « chacun pour soi », dans le pire des cas on assistera à de véritables situations de rétention d'information qui pourront s'avérer extrêmement dommageables pour l'entreprise dans laquelle nous travaillons comme pour nous-même.

Dans ce qui suit, nous allons examiner deux exemples concrets de demande de collègue à collègue et nous tâcherons d'en tirer quelques conclusions.

◆ **Premier exemple : une infirmière**

Une de mes analysantes, infirmière de son état, se plaignait de ce qu'une de ses collègues, nouvellement arrivée, travaillait à merveille lorsqu'elle se trouvait dans un service extérieur et posait les pires difficultés dans le sien. Au cours d'une séance de psychothérapie qu'elle prit pour évoquer ce problème, je relevai à plusieurs reprises des phrases telles que : *J'ai beau lui répéter… C'est chaque fois la même chose… Elle n'en fait qu'à sa tête…*, de sorte que j'en vins à me demander si ce problème tenait effectivement à l'entêtement de cette nouvelle collègue ou à la façon de mon analysante de demander les choses. Je lui proposai de vérifier si quelque chose, dans son propre comportement, n'induisait pas, sans même qu'elle s'en rende compte, un certain comportement rebelle chez sa collègue. Je lui suggérai de commencer par admettre quatre points :

— Que l'autre puisse se trouver dans un autre état d'esprit que le sien.

— Qu'elle s'efforce de supprimer les expressions – en soi assez agressives et récriminantes – telles que : *Je t'ai déjà dit que… Mais enfin pourquoi tu…* et de les remplacer par des vécus plus implicitement personnels : *Dans ce cas, moi, j'agis plutôt de cette manière…*

— Qu'elle reconnaisse « explicitement » (c'est-à-dire en le formulant nettement et clairement) certaines manières de faire ou certaines manipulations comme meilleures que les siennes.

— Qu'elle s'efforce enfin de chercher en elle-même s'il n'y avait pas une conviction excessive de vouloir avoir raison pour paraître la plus forte. A cela, cette dame reconnut : *En fait, je crois que je pardonne difficilement lorsqu'on ne fait pas comme j'ai dit !*

Je revis mon analysante quelque temps après et elle me confia que sa collègue, comme par « magie », avait changé sa politique relationnelle (et professionnelle) vis-à-vis d'elle et qu'elle commençait véritablement à coopérer dans son service et à devenir aussi efficace que dans les autres.

Si on analyse les raisons pour lesquelles cette jeune femme travaillait mal, on s'aperçoit que, de toute évidence, mon analysante, partant d'une attitude d'autorité, de supériorité et de « savoir-mieux », induisait chez son interlocutrice un sentiment d'irritation et un besoin de mise en échec de sa personne. A partir du moment où elle prit la jeune femme, non plus en tant que « nouvelle » (traduisez *nulle*) mais en tant que collaboratrice et personne à part entière, celle-ci cessa d'adopter à son égard ses attitudes infantiles.

◆ Second exemple : un chauffeur-livreur

Un de mes analysants, chauffeur-livreur de profession (bien qu'ayant poursuivi des études de commerce jusqu'au niveau de la licence), me téléphona un jour pour me demander de décaler son rendez-vous car son véhicule était tombé une nouvelle fois en panne. Lors de sa consultation, il m'expliqua que l'entreprise pour laquelle il travaillait possédait deux véhicules identiques conduits par chacun des deux chauffeurs-livreurs. Mon analysant déplorait la différence de qualité des deux véhicules, l'un (le sien) tombant plus souvent en panne que l'autre. A ma question, il confirma se sentir moins apprécié que son collègue par le garagiste de l'entreprise chargé de l'entretien et des réparations des différents véhicules. Il reconnaissait cela à de minimes différences de traitement (eau du lave-glace, propreté du véhicule...) entre son véhicule et celui de son collègue.

Evidemment, il advient que deux véhicules pourtant identiques puissent montrer des différences de fiabilité notables, mais le psychothérapeute voulut malgré tout contrôler si derrière ce pénible état de chose ne se cachait pas une façon erronée de faire passer la demande de la part de son analysant. J'interrogeai donc celui-ci sur sa manière d'aborder le garagiste. Il me répondit que d'une manière générale, il se méfiait de tous les ressortissants de cette profession qu'il considérait comme des *voleurs* et des *fainéants*. Il ajouta que son épouse lui avait fait remarquer récemment le ton un peu condescendant, un peu cassant avec lequel il s'adressait à lui. Lui-même, toutefois, ne trouvait rien de particulier à redire à son ton.

Je conviai pourtant mon analysant à tenter une approche différente de sa relation avec le garagiste et, pour commencer :

— De renoncer à son préjugé concernant les *voleurs* et les *fainéants*.

— De comprendre le métier de garagiste comme un métier de nature « médicale », nécessitant parfois la répétition de certaines « interventions » avant de pouvoir remédier à la panne.

— De mieux soigner son préambule d'approche relationnelle en s'intéressant plus explicitement à ce métier : comment il avait été amené à choisir la mécanique automobile plutôt qu'une autre ; sur quels types de véhicules il préférait travailler, le ques-

Gageons que le changement de politique relationnelle n'a pas dû être étranger au changement d'attitude de ce “médecin des moteurs”…

tionner sur l'évolution des moteurs… bref, montrer par ses questions qu'il reconnaissait le métier de mécanicien comme une spécialité à part entière et qu'il pouvait être source d'admiration.

Un deuil étant survenu chez un parent proche de mon analysant, nous n'eûmes pas loisir de revenir immédiatement sur son problème relationnel avec son garagiste. Lorsque trois mois plus tard, à l'occasion d'une discussion sur le pas de la porte de mon cabinet je lui demandais où il en était avec son garagiste, il me répondit : *Ah ! oui, mon garagiste !… Ça tient du miracle. C'est comme s'il m'avait pris sous son aile. Il est intervenu récemment auprès de la direction pour me faire avoir un nouveau véhicule. Si vous voyiez comme il le « bichonne » ! Il m'a même proposé de lui amener la voiture de ma femme qui a un problème de tuyau d'échappement !*

Je ne pus me prêter à aucun commentaire, ma consultation suivante étant arrivée. Gageons pourtant que son changement de politique relationnelle n'a pas dû être étranger au changement d'attitude de ce « médecin des moteurs ».

*

*   *

Ces deux exemples n'ont, de toute évidence, pas grand-chose en commun si ce n'est qu'ils cristallisent de façon tout à fait tranchée le type de rapports pouvant exister, soit entre collègues pratiquant la même spécialité, soit entre collègues exerçant deux métiers différents mais liés l'un à l'autre. Nous pourrions (et le psychothérapeute, compte tenu de son « observatoire humain » le peut probablement plus que n'importe qui d'autre), nous pourrions, disais-je, multiplier les exemples à l'infini.

A l'instar des deux cas venant d'être relatés, innombrables sont les situations professionnelles entre collègues dans lesquelles une certaine « façon de faire » peut conduire soit à un blocage de la personne, soit à une collaboration effective et fructueuse. Nous avons vu – et verrons encore tout au long de cet ouvrage – que des questions aussi diverses que celles de la différence d'âge, de compétence, de qualification ou de rivalité entre différents milieux sociaux sont autant de paramètres susceptibles de considérablement compliquer les relations interhumaines entre collègues.

Nous verrons un peu plus loin qu'il existe une certaine façon de **« téléphoner » notre demande** permettant à celle-ci d'être mieux perçue, mieux reçue et mieux renvoyée par notre interlocuteur ou notre interlocutrice. Mais ne brûlons pas les étapes et voyons d'abord comment s'inscrit la demande dans le rapport à l'autorité responsable.

4. La demande telle qu'elle s'inscrit dans le rapport de l'employé à l'autorité responsable

On observe tous les signes, même ceux qui n'en sont pas !

Face à l'autorité responsable, la difficulté de demander s'articule sur deux paramètres, nous pourrions presque dire deux coupe-circuits. Il s'agit, d'une part, de notre attitude générale face à l'autorité proprement dite (l'autorité en face de nous, aussi bien que nous-même en tant que représentant une autorité potentielle) et, d'autre part, de notre manière de nous « vendre ». La question de l'autorité étant abordée dans un autre chapitre, nous n'en traiterons pas ici. En revanche, pour ce qui est notre manière de nous vendre, il y a fort à dire.

« Se vendre » ! Voilà bien qui pose problème. Dès que nous entendons ces deux mots, nous bondissons d'horreur, comme si nous nous trouvions transporté à l'instant même sur le plus horrible des marchés aux esclaves de la Bagdad des contes des *Mille et Une Nuits*. Cependant, pourquoi une telle levée de bouclier ? Est-ce véritablement la suspicion de « prostitution » se rattachant à cette notion de « vente de soi-même » qui nous fait frémir ? Ou ne serait-ce pas plutôt notre crainte de nous voir mis au pied du mur et de démontrer ce que nous valons vraiment *(Je veux être vrai, moi… Je ne vois pas pourquoi je devrais séduire… On doit me prendre tel que je suis !…) ?* Observons de plus près ce soi-disant esclavage et tentons de comprendre comment se structure la mise en œuvre de nos demandes. Car mise en œuvre il y a, toujours, que nous nous en rendions compte ou non. Pour ce faire, nous allons prendre successivement sous notre loupe trois notions essentielles : le moment et le ton de la demande, l'intensité émotionnelle et l'absence du désir de demander.

a) Le moment et le ton de la demande

Ces deux paramètres paraissent si évidents qu'il est presque pénible de les mentionner ici. Toutefois, lorsque j'observe mes contemporains – que ce soit dans le cadre de ma consultation psychothérapique ou dans des situations quotidiennes hors consultation – je suis frappé, sidéré, médusé, oui, littéralement « ébahi » de constater à quel point mes semblables se conduisent de manière kamikaze dans le choix du *moment* et du *ton* pour présenter leur demande.

Posons sincèrement le problème : comment peut-on espérer une lucidité tranquille, une disposition d'esprit claire et une décision sereine d'un patron qui se voit « assailli » systématiquement à la toute dernière minute de demandes particulières ? Comment peut-on espérer qu'une secrétaire se rende « volontiers » disponible pour un travail « urgent » si l'on fait partie de cette race de patrons qui, systématiquement, se découvre un travail « hyper-urgent » à réaliser cinq minutes avant la fin de la journée de travail ? Et de même, comment peut-on espérer qu'une personne – exécutant ou patron – se sente disposer à aller dans le sens d'une demande si, au lieu que celle-ci soit formulée avec naturel, on trouve immédiatement prétexte à hausser le ton ou si l'on monte sur « ses grands chevaux » ?

Comment peut-on espérer qu'une secrétaire se rende volontiers disponible pour un travail "urgent"...

b) L'intensité émotionnelle de notre demande

La deuxième pierre d'achoppement réside dans l'intensité émotionnelle de notre demande. Expliquons-nous :

Il est des situations de demande dont l'historique (c'est-à-dire l'émergence et le cheminement dans notre esprit) est parfois si alambiqué (ou si injustifié), qu'au moment de la présenter notre demande paraît si confuse qu'elle passe totalement à côté du but ou en devient quasiment irrecevable. Par exemple, nous avons, au fil des jours, secrètement construit une situation de remplacement avec notre collègue de travail pour mardi prochain car c'est le jour de la fête de la crèche de notre fils, ou encore nous avons échafaudé dans notre esprit, sans en parler à personne, une stratégie de déroulement pour notre demande de congé si tirée par les cheveux qu'elle éveille chez notre interlocuteur une suspicion d'obscure connivence ou de « piège ».

Dans de telles situations, on veut tellement que les choses se passent comme on voudrait qu'elles se passent qu'on ne parvient pas à rester naturel et à faire passer correctement la demande. Quant à notre interlocuteur, il sent à tel point qu'une situation a été mise en œuvre à son insu, qu'il tend à se sentir blousé et à réagir plutôt par la négative.

c) L'absence du désir de demander

La troisième pierre d'achoppement réside (bêtement ?) dans le fait de savoir si l'on éprouve, sur le moment, le désir ou non de demander. Le non-désir de demande peut être chez nous, soit un problème de forme, soit un problème de fond.

— Le **problème de forme.** Il est certain que si, d'emblée, nous ne sommes pas d'accord avec nous-même sur la légitimité ou le bien-fondé de notre requête *(Je sais fort bien que je suis en train de tricher),* ou si nous ne sommes pas d'humeur à demander quoi que ce soit car nous nous sentons particulièrement irrité(e) (notre ulcère à l'estomac nous donne du fil à retordre, nos règles s'annoncent douloureuses, comme d'habitude…), ou car nous avons été contrarié(e) ou déçu(e) (nous sommes convoqué par le professeur principal de notre fils aîné, notre voiture est encore tombée en panne…), notre demande ne sera pas en résonance avec nous-même et aura toutes les chances de mal passer.

— Le **problème de fond.** En dehors des considérations qui viennent d'être évoquées – et que chacun d'entre nous connaît pour en avoir vécu, sinon d'identiques, du moins de semblables – existe un autre cas de figure qui, souvent, rend la situation de demande à la limite du tolérable : il s'agit de notre **attente silencieuse** de la sollicitation pour les autres. Expliquons-nous :

Face à une situation donnée (par exemple, nous sommes une personne qui ne ménage jamais ses efforts et qui est capable d'absorber deux fois plus de travail que le simple quidam, ou encore nous avons fourni un labeur acharné sur un dossier, nous ne comptabilisons jamais nos demi-heures « supplémentaires », ou encore nous rendons régulièrement des services personnels – eh oui, cela existe dans toutes les entreprises ! – à notre interlocuteur...), face à de telles situations, donc, nous éprouvons le sentiment légitime que ledit interlocuteur devrait reconnaître notre mérite sans qu'il nous soit besoin de lui mettre le doigt dessus et qu'en l'occurrence la demande que nous sommes précisément en train de « suggérer » en filigrane *(Ma voiture est en panne ; mon fils arrive cet après-midi de Paris à l'aéroport...)* devrait naturellement émaner de lui en tant que sollicitations et non de nous.

S'il advient que notre interlocuteur soit fin psychologue, cette attente non verbale est immédiatement exaucée : *Bon, je crois que vous en avez assez fait pour aujourd'hui ; rentrez chez vous, vous l'avez bien mérité... Faites donc la surprise à votre fils, allez le chercher à l'aéroport...* Hélas ! il advient rarement qu'une telle magie relationnelle s'opère dans nos relations professionnelles. Généralement, devant le manque de reconnaissance de nos efforts *(Avec tout le travail que je fournis, la moindre des choses serait qu'il me propose cela sans que j'aie à lui demander...)* nous souhaiterions demander justice mais, en même temps, tout en nous – à commencer par notre orgueil que d'aucuns appellent également dignité – s'y refuse.

Pour illustrer notre propos, nous allons prendre un exemple.

d) Un exemple d'attente de sollicitation

Une de mes analysantes, un cas typique d'attente de sollicitation par l'autre, se plaignait de ce que son patron ne reconnut pas ses mérites et la traita finalement avec beaucoup plus de rudesse que les autres employés, de loin moins vifs qu'elle à la besogne. Et, en effet, ses deux autres collègues – deux « imperfectionnistes » étourdies pratiquant la mauvaise foi à outrance, dénuées de toute conscience professionnelle et atteintes d'absentéisme chronique et de flemmingite galopante – s'en tiraient toujours mieux qu'elle lorsqu'il s'agissait de demander une faveur quelconque.

Mais mon analysante n'en démordait pas. Elle était convaincue qu'une travailleuse de sa trempe, qui ne comptait ni les heures ni les services particuliers rendus, ne devrait logiquement pas avoir à demander et voyait encore moins la nécessité de « faire de belles phrases », de « prendre des gants », de « jouer à l'hypocrite », de « manipuler l'autre » pour demander un service qui lui semblait pour le moins légitime. Elle déplorait profondément ce qu'elle considérait comme une injustice, mais ne parvenait pas à dégager une politique claire et déterminée vis-à-vis de son chef. Elle se sentait mal aimée, mal reconnue, mal traitée.

De son côté, son patron, fort bon psychologue pour lui-même mais extrêmement mauvais pour les autres, ayant fort bien compris cette personnalité, ne faisait rien pour aller dans son sens et la pressait comme une orange.

Cette dame vivait donc un véritable drame chaque fois qu'il lui fallait aller au-devant de son patron pour lui demander une autorisation ou lui présenter une requête quelconque. *« Chaque fois,* me confiait-elle, *au moment de formuler ma demande, j'ai quelque chose en moi qui soudain accuse totalement mon interlocuteur. Dès que je dois lui demander deux heures, je ne suis plus la même personne, je ne me reconnais plus. Ce que je ressens sur le moment est : "Je suis obligée de vous demander, mais c'est un scandale !" J'en suis maintenant arrivée à un point où je me demande s'il ne vaudrait pas mieux chercher un autre travail. »*

*
* *

Le problème soulevé par cette dame n'est pas seulement un problème de demande d'amour ou de reconnaissance. De même, ne pouvons-nous pas non plus le limiter à une simple question d' « amabilité ». Dans ce cas précis, si nous voulons comprendre ce problème, il nous faut élargir la question à l'interaction psychologique s'instaurant non plus dans le sens employé/patron, mais dans le sens inverse, c'est-à-dire patron/employé. C'est ce que nous allons faire maintenant.

5. Les façons dont la demande est reçue et renvoyée par l'autorité responsable

L'agir des uns entraîne le réagir des autres.

a) La raison du sentiment

Lorsqu'on observe les relations interindividuelles et interpersonnelles telles qu'elles se déroulent au sein d'un groupe professionnel donné, on est frappé par l'aspect paradoxal des forces en présence (7). Très schématiquement, on pourrait partager ces forces en trois catégories interactives. D'un côté les *perfectionnistes* (faisant figure de locomotives), de l'autre les *imperfectionnistes* (faisant figure de « lanternes rouges ») et au centre le (ou les) représentant(s) de l'autorité, c'est-à-dire *lé* (ou la) *responsable* ayant pour tâche d'arbitrer, de concilier ou de trancher entre les actions et les interactions des deux autres parties.

Dans la vie quotidienne professionnelle, chacune des deux parties va développer ses activités en fonction de son « esthétique » du travail sous la houlette de l'autorité responsable. Face aux perfectionnistes et aux imperfectionnistes, cette autorité réagira tout à la fois en fonction de son monde intellectuel et émotionnel.

— **Sur le plan intellectuel,** elle s'efforcera de conserver dans le déroulement de la journée de travail le meilleur niveau de « raison » possible, permettant par là même d'harmoniser les tendances et les divergences des deux parties et de préserver une certaine qualité de travail.

— **Sur le plan émotionnel,** elle sera conduite à réagir en fonction de ce que les perfectionnistes et les imperfectionnistes susciteront en elle, c'est-à-dire qu'elle fera intervenir tout à la fois

7. Certains, j'en suis sûr, seraient tentés d'en appeler ici à leur signe astrologique ou à on ne sait trop quel prétexte encore. Je refuse tout de go cet « alibi » car, enfin, la pratique montre que l'on trouve des « râleurs » ou des « opportunistes » dans tous les signes zodiacaux.

ses *sentiments* (toutes les émotions positives telles que la compréhension, la sympathie, la bonté, la confiance, la générosité, etc.) et ses *affects* (toutes les émotions négatives telles que la méfiance, l'indifférence, la jalousie, la rivalité, la rancune, la haine, etc.).

Confronté à la difficile répartition des compétences entre perfectionnistes et imperfectionnistes, un responsable conscient de sa position (à quelque niveau de hiérarchie qu'il se situe) devrait normalement s'appliquer à contenir ses *affects* et à faire parler avant tout sa *raison* et son *sentiment* afin qu'un certain ordre et une certaine équité règne entre tous les employés se trouvant sous ses ordres.

Toutefois, la pression de la vie professionnelle (et celle de la vie privée) pesant sur les épaules de ces responsables est d'ordinaire si forte, si « stressante », que ce sont les *affects* et non les *sentiments* ou la *raison* qui, dans la majorité des cas, régissent les relations interpersonnelles au sein d'une communauté professionnelle. Un tel constat se retrouve dans les plus hautes comme dans les plus basses « sphères » de l'autorité. Car un responsable a beau être revêtu du manteau de l'autorité, il n'en est pas moins homme. Et, en tant que tel, il agit, réagit, sent, éprouve et vit donc comme tout un chacun, des *transferts* et des *contre-transferts* (8).

Dans le monde du travail, ces transferts et contre-transferts seront fonction de la sensibilité personnelle de l'autorité responsable face à la sollicitation dont elle sera l'objet, tant du côté des perfectionnistes indignés à tout bout de champ *(Monsieur le Directeur, vous ne pouvez décemment accepter cela !...)* que de celui des imperfectionnistes partisans « à tout va » d'un « laisser-aller » ambiant *(Inutile de se faire du souci pour rien ; les choses s'arrangent toujours...)*.

---

8. Il m'est arrivé de définir le « transfert » comme le fait d'habiller une personne de vêtements qui ne sont pas les siens. Plus sérieusement, dans *Vivre mieux : mode d'emploi*, je définissais le transfert comme un phénomène psychique consistant en un désir inconscient de revivre aujourd'hui une situation relationnelle ou émotionnelle (avec notre mère, notre père, un membre de notre famille, une personne de notre proche entourage qui nous a particulièrement marqué...) que nous avons déjà vécue en une autre époque de notre vie et qui appartient au passé.

Le « contre-transfert » est le phénomène inverse, c'est-à-dire ce que notre interlocuteur, inconsciemment, projette émotionnellement aujourd'hui sur nous, mais qui appartient à son propre passé.

Mais laissons pour un instant le point de vue de l'autorité responsable, et voyons comment ce problème s'inscrit dans la sensibilité des deux autres parties.

b) La façon dont perfectionnistes et imperfectionnistes sont reçus par l'autorité responsable

Malgré tous ses défauts, l'**imperfectionniste** véhicule un côté émouvant en lui. Il est faible, se sent faible, se sait faible, il se montre faible avons-nous dit par ailleurs. Et c'est précisément cette reconnaissance de sa propre faiblesse qui lui sert d'atout majeur face à l'autorité en présence. Un tel état de choses s'explique par deux raisons :

— D'une part, le sentiment de faiblesse de l'imperfectionniste induit un sentiment de force chez l'autorité : *Ah ! M. Dupuis, vous n'en ratez pas une ! Vous ne changerez jamais !...* Traduisez : *Vous êtes un pauvre bougre et moi, par conséquent, un souverain plein de clémence...*

— D'autre part, la faiblesse reconnue par une personne induit toujours un réflexe inconscient de *désir de tutelle* ou de protection chez ses interlocuteurs (protection de la veuve et de l'orphelin).

Malgré toutes ses qualités, le **perfectionniste** tire souvent derrière lui – telle la traîne des majestés en exil – la lourde revendication silencieuse et admonestante d'un « mieux-savoir » qui, finalement, le dessert au lieu de le servir. Les autorités responsables n'ont, hélas ! pas toujours le temps ni le loisir de « faire dans la dentelle » et se trouvent souvent plus immédiatement irritées par les tracas « justifiés » que pose un perfectionniste que par les catastrophes grandes ou petites que peuvent « inventer » les imperfectionnistes en mal de faiblesse.

On constate, ici encore, que ce n'est pas l'amabilité qui se trouve mise en cause (perfectionnistes, imperfectionnistes comme autorités responsables pouvant se montrer tout aussi bien aimables que non aimables), mais la psychologie particulière afférant à chacun des personnages face à sa conception du travail. Cela nous conduit à formuler le **paradoxe** suivant :

La faiblesse reconnue par une personne induit toujours un réflexe inconscient de désir de tutelle ou de protection chez ses interlocuteurs.

— D'un côté, plus l'**imperfectionniste** affichera ses faiblesses, ses limites, ses inaptitudes, ses carences, moins il sera pris au sérieux, bien sûr, mais moins l'autorité responsable aura tendance à attendre de lui. En d'autres termes – et pour parler clairement – moins il aura de conscience professionnelle et plus il lui sera pardonné, moins sa présence sera jugée indispensable *in situ* et, en toute logique, plus il pourra trouver une oreille clémente pour toutes les sortes de permissions, de privilèges et autres passe-droits.

— D'un autre côté, plus le **perfectionniste** démontrera en permanence l'excellence de sa conscience professionnelle et de son travail, plus l'autorité responsable aura tendance à s'appuyer sur sa fiabilité et sur sa force de travail habituelle, mais moins il lui sera pardonné ses faiblesses et moins elle consentira à transiger avec lui sur les autorisations, petits services et autres dérogations.

En d'autres termes, c'est comme si la demande de l'imperfectionniste induisait un relâchement de la vigilance de l'autorité responsable tandis que la requête du perfectionniste éveillerait en elle le **« fantasme du travail urgent ».**

Evidemment, une telle situation n'est pas pour déplaire à l'imperfectionniste qui se sent intuitivement confirmé dans sa « morale » de travail : *La société est faite pour être pompée : tout le monde n'a qu'à piocher !...* En même temps, elle ne laisse pas de créer les plus vives frustrations chez le perfectionniste qui se sent toutes les raisons de crier à l'injustice et à la trahison : *Le travail n'est jamais bien récompensé ; je dois apprendre à me montrer hypocrite...*

*

* *

En fait, il est bien délicat de conclure sur un tel sujet et gageons que le débat entre perfectionnistes et imperfectionnistes a encore de beaux jours devant lui. Certes, l' *« Homo-tripaliens »* que nous sommes tous en puissance tendrait à conclure : *Celui qui ne cause jamais de problèmes est finalement toujours moins bien traité que celui qui en cause en permanence.* A dire vrai, il nous semble important de placer le débat à un autre niveau, à savoir : le sens de la vie trouve-t-il sa réponse dans l'attitude de ceux tendant à considérer la société comme un énorme biberon auquel il convient de rester accroché le plus longtemps possible (caractère de type « oral » dans la typologie freudienne) ? Ou ne réside-t-il pas plutôt dans l'exigence personnelle de se réaliser et de **s'épanouir le mieux possible dans les trois domaines que sont le travail, les relations sociales et l'amour ?**

D'un point de vue psychologique, il nous semble toutefois important de souligner ce qui suit : dans une communauté professionnelle quelle qu'elle soit (bureau, administration, usine, atelier...), les névroses semblent se heurter dans leur polarité positive/négative et s'intriquer judicieusement les unes dans les autres afin de donner finalement – et, à la limite, contre toute attente – **un « tout » cohérent.** C'est comme si une qualité appelait toujours tout à la fois sa complémentarité, son égal et son contraire, de même qu'un défaut attire toujours, lui aussi, sa complémentarité, son égal et son contraire.

Car au fond, qu'est-ce qui pousse un patron à garder un employé incompétent ou semi-compétent ? Et de même, qu'est-ce qui pousse, en fin de compte, un employé à rester travailler avec un patron incompétent ou semi-compétent ? Comme deux aimants magnétiques que l'on pousserait à se rencontrer, la nature humaine est ainsi faite que les contraires semblent s'attirer parfois et se repousser d'autres fois. C'est selon le cas, selon le temps, selon les circonstances. Et peut-être est-ce bien ainsi.

*
* *

La satisfaction d'une demande, c'est évident, n'a pratiquement rien à voir avec la compétence ou l'incompétence professionnelle de la personne concernée. Pas plus qu'elle n'a, répétons-le une fois encore, à voir avec son amabilité. La demande implique une forme spéciale de « conquête » qui ne va pas sans une certaine habileté relationnelle.

Il appartient à chacun de nous d'apprendre, soit à mieux se résoudre à l'inacceptable constat d'iniquité ambiante propre à toute communauté professionnelle, soit à mieux se situer par rapport à l'autorité et à sa conquête. A notre avis, il serait malheureux et malvenu de se résoudre à la frustration perpétuelle que ne manque pas de causer le sentiment d'iniquité.

Avant que de nous résigner trop vite, nous ferons bien de vérifier si, malgré tout, il n'existerait pas un certain *rituel* facilitant la démarche de la demande. C'est dans ce sens que nous allons réfléchir maintenant.

*
* *

Récapitulons :

— Dans un premier temps, nous avons évoqué les différentes raisons de la difficulté de demander, passant tour à tour en revue les aspects symbolique, religieux, psychologique et éducatif contenus dans cette difficulté.

— Dans un deuxième temps, nous nous sommes interrogé sur la demande telle qu'elle s'instaure de collègue à collègue.

— Dans un troisième temps, nous avons examiné la demande telle qu'elle s'inscrit dans le rapport de l'employé à l'autorité responsable, recensant les inopportunités de ton et de moment et prenant sous notre loupe les problèmes liés à l'intensité émotionnelle que notre demande sous-entend, et ceux, tant de forme que de fond, liés au non-désir de la demande.

— Dans un quatrième temps, nous avons approché les façons dont la demande est reçue et renvoyée par l'autorité responsable face aux perfectionnistes et aux imperfectionnistes.

Comme annoncé plus haut, nous allons maintenant tenter d'établir comment pourrait s'élaborer un « rituel » de la demande qui ne mette en danger ni celui ni celle qui la formule, ni celui ou celle qui la reçoit.

6. Le rituel de la demande

Mon comportement a développé ce qu'il est devenu avec moi.

a) Le rituel de la demande chez l'enfant

Pour comprendre comment s'inscrit le rituel de la demande chez l'adulte, il convient d'observer d'abord comment celui-ci s'instaure chez l'enfant. Dans mon ouvrage *Réussissez votre personnalité,* j'avais décrit (chapitre « Un rite de conduite sociale ») la façon dont un petit enfant s'intègre à un groupe. Reprenons ces quelques lignes :

« Lorsqu'il va vers les autres, l'enfant se présente comme un prêtre se tournant vers ses paroissiens, mains basses et paumes en avant. Il se montre en position d'être sans défense, exposant son corps en entier, les mains en avant, attendant.

« S'il perçoit un regard, un geste d'invite, il vient se joindre au groupe en "tortillant", ne sachant pas encore s'il va être accepté. Mais on sent qu'il se demande si chacun de ses gestes est adéquat. Petit à petit, il s'intègre au groupe avec des gestes "neutres" qui, s'ils sont bien acceptés, vont lui permettre de

prendre place dans la communauté. Progressivement, il essaiera ensuite d'introduire d'autres gestes qui lui seront plus personnels.

« Ce genre de comportement, que l'on retrouve chez la plupart des enfants, est presque celui d'un animal que l'on apprivoiserait et qui arriverait vers nous avec de grands yeux, aux aguets, prêt à partir et prêt à venir. »

Bien sûr, on s'en doute, ces comportements ne constituent pas un rituel absolu de demande. L'aptitude à demander dépend aussi du type d'éducation reçue par l'enfant. Si celui-ci a appris à coopérer avec ses parents, il aura intégré les bases de l'interaction, de la disponibilité, de l'échange, du service réciproque, de la générosité mutuelle, etc. Si ce n'est pas le cas, s'il a vécu dans un milieu agressif ou indifférent, du type « chacun pour soi », il est bien évident qu'il n'aura pas eu l'occasion de s'exercer à la pratique du service rendu et du service demandé.

b) Le rituel de la demande chez l'adulte

Chez l'adulte, un rituel similaire à celui que l'enfant utilise pour aller vers les autres semble faire largement défaut. C'est comme si, sous prétexte qu'on a atteint un âge de raison, on pouvait se passer de telles prémisses ou, en tout cas, se permettre certains « raccourcis » (attitude incisive, autoritaire, agressive...).

Bien sûr, il n'est pas question d'attendre de l'adulte que nous sommes qu'il se présente mains basses, paumes en avant comme un prêtre se tournant vers ses paroissiens ni qu'il s'avance vers les autres en « tortillant » (encore que ce soit assez souvent le cas pour nombre d'entre nous qui ne peuvent faire autrement que de jouer l'enfant lorsqu'ils ont une demande à adresser à un interlocuteur : voix infantile, ton « bébête », tortillement du corps, des mains ou des cheveux, etc.). Toutefois, si nous voulons apprendre à mieux maîtriser notre *art de la demande,* il ne serait pas inutile de nous inspirer du rituel de l'attitude de l'enfant face aux autres enfants et de nous demander en particulier :

Le préambule de ma demande est-il correct, c'est-à-dire :

— Ai-je, en ce moment, le désir de demander ?

— Ma demande est-elle recevable en la forme et suis-je d'accord avec cela ?

— Quelle est l'intensité émotionnelle qui la sous-tend (9) ?

— Quand le moment sera-t-il le plus opportun pour la formuler ?

A un second degré, plus élaboré, on pourra aussi se demander : **« Sur quels critères est-ce que je base mon approche de mon interlocuteur ? »,** c'est-à-dire :

— A quel type de caractère ai-je à faire (autoritaire, non autoritaire...) ?

— Comment l'autre supporte-t-il la proximité en général ? A-t-il tendance à fuir la proximité physique (garder la distance, éluder le regard...) ?

— Comment intègre-t-il les gestes personnels d'autrui (gestes de cordialité : tendre la main, tenir par l'épaule, embrasser...) ?

— Est-ce que je parle le même langage que lui (quelle est sa perception du « devoir », de l'humour, a-t-il un certain sens de l'exception...) ?

En fait, nous pourrions rapprocher un tel rituel de celui auquel nous recourons lorsque nous utilisons **le téléphone** pour parler à un interlocuteur plus ou moins inconnu de nous. Observons-nous, comment pratiquons-nous ?

— Nous choisissons notre moment.

— Nous composons le numéro.

— Si le poste est occupé, nous rappelons jusqu'à ce que nous puissions l'obtenir.

— Lorsque nous avons la personne au bout du fil, nous nous présentons poliment.

— Nous évoquons le contexte de notre appel *(Mme Dupont, que vous connaissez par ailleurs, m'a signalé que...).*

— Nous formulons l'objet de notre appel.

---

9. Comme on peut le constater, les trois premières questions ne concernent pas notre interlocuteur, mais nous-même.

Nous pourrions rapprocher le rituel de la demande de celui du téléphone.

— Nous insistons sur l'importance que recouvre pour nous notre requête.

— Nous remercions la personne avant de raccrocher le combiné.

L'utilisation d'un tel rituel – la plupart du temps beaucoup plus « correct » et beaucoup plus « obligeant » que lorsque nous sommes en situation de face à face – tient au fait qu'il nous manque, lorsque nous sommes en communication téléphonique avec un interlocuteur, un certain nombre de *paramètres « visibles »* (présence physique de la personne, regards, gestes, mimiques, rictus…). Pour compenser ce manque d'informations visibles, nous éprouvons inconsciemment le besoin de prendre un certain recul formel (10).

Bien sûr, en matière de demande, comme en nombreuses autres matières, l' « **art ne vaut que ce que vaut l'artiste** » comme disait Sainte-Beuve. Chacun d'entre nous ne deviendra pas forcément un merveilleux stratège ou un émérite diplomate de la « demande ». Quoi qu'il en soit, nous pouvons tous – qui que

10. En fait, le même recul formel que celui de l'enfant qui va s'intégrer au groupe.

nous soyons – considérablement améliorer notre art de la demande et faire au moins en sorte qu'elle ne constitue plus une douloureuse épine dans nos relations avec nos collègues et l'autorité responsable dont nous dépendons.

— Ayons toujours en mémoire les quelques préambules qui ont été évoqués ci-dessus.

— Si la demande pose un problème central dans notre vie professionnelle quotidienne, commençons déjà par réfléchir sur ce qui a été évoqué plus haut.

— Exerçons-nous à « téléphoner » nos demandes.

— Rappelons-nous toujours que *« le ton fait la chanson ».*

La demande est naturellement inhérente à la vie humaine ; les problèmes qu'elle soulève sont certainement aussi vieux que le monde (11). Elle apparaît comme la plus simple des démarches humaines et comme la plus compliquée et la plus **« compromettante ».** Car derrière notre demande se cache toute notre personne en même temps que tous nos sentiments d'insécurité, d'angoisse, de faiblesse, d'infériorité, de culpabilité.

Ne nous leurrons pas. Le vrai problème dans les relations dans l'entreprise n'est pas un problème de communication global, mais un problème de demande. Et ce, à tous les échelons de la hiérarchie professionnelle : personnel exécutant comme personnel d'encadrement. Ce n'est pas parce que nous serions responsable, chef, directeur ou « grand patron » que nous pourrions faire l'économie de l'art de la demande. **En matière de communication à autrui, il n'existe pas de « raccourcis ».** Il peut être tenu pour certain que si nous réglons notre art de la demande, nous en arriverons à la conclusion que formulait un de mes analysants à propos de son patron, à savoir : *Mon comportement a développé ce qu'il est devenu avec moi !...*

11. Dans *Réussissez votre personnalité* (p. 44 et suiv. : "Personnalité et névrose"), je m'étais amusé à poser la question de savoir quelle avait bien pu être la réaction psychologique du « premier » homme préhistorique (attention ! cela était une boutade) lorsqu'il s'était aperçu qu'il n'était pas seul au monde, mais que d'autres hommes comme lui existaient. Comment les avait-il abordés ?... J'invite le lecteur curieux à s'y référer.

CHAPITRE V

Les problèmes de rivalité au travail

1. La rivalité entre collègues

Une véritable ortie...

Parmi les maux contribuant à envenimer les relations interpersonnelles dans notre milieu professionnel, la rivalité occupe, à n'en pas douter, une place tout à fait centrale. Il suffit d'interroger quelques personnes de notre entourage pour en saisir toute l'ampleur. Ainsi, lors d'une séance de thérapie de groupe, j'évoquais avec quelques analysants mon intention de travailler sur la rivalité dans le milieu professionnel. Certains d'entre eux donnèrent spontanément leur avis sur la question. Mon magnétophone étant fort heureusement branché, je pus réécouter la bande quelque temps plus tard et je fus étonné de constater combien, en quelques mots, ces personnes avaient pu cerner la question. Je décidai donc, avec leur assentiment, d'utiliser les éléments de cette cassette en guise de préambule. Ecoutons-les :

Marie : « Il est clair que ce problème me concerne au premier chef. Ce sont essentiellement mes attitudes infantiles qui provoquent la rivalité. Même si je ne souhaite pas faire passer cela, dès que j'arrive sur mon lieu de travail je sème la rivalité sur

La rivalité : une véritable ortie...

mon passage. C'est chaque fois pareil. Lorsque je commence un nouveau travail, ça se passe très bien au début puis, au bout de trois mois, ce problème recommence. Il y a beaucoup de femmes là où je travaille à l'heure actuelle. Ça tire d'un côté, de l'autre, on ne coopère pas du tout. On joue aux gamines qui s'arrachent les cheveux. Ça met une mauvaise ambiance. Je voudrais bien régler ce problème car il faut bien travailler. D'où cela vient-il ? »

Julien : « Chez moi, la rivalité dénote une carence de mon état d'adulte. Quand je suis pris dans l'étau de la rivalité, c'est que quelque part je me sens découragé face à la vie. »

Brigitte : « Moi, je me rends compte que c'est ma personnalité qui entraîne ces attitudes de rivalité. Peut-être que c'est parce que je suis là, que je fais du bruit, que je suis curieuse, enthousiaste, bref que j'existe. Ça gêne les autres ; ça les énerve. Alors, c'est comme s'ils voulaient compenser cet état de chose en se mettant ostensiblement en avant, même s'il n'y a aucun intérêt visible à cela. »

Pierre : « J'ai travaillé dans beaucoup de salons de coiffure et là, la rivalité est extrêmement forte. Mais je dois dire que le patron prend un malin plaisir à entretenir cette rivalité. Comme s'il voulait faire sienne la maxime : *"Diviser pour mieux régner"*. »

Sylvie : « Je suis négociatrice dans une agence immobilière et le monde de la rivalité est quasi institutionnel. J'ai des problèmes très aigus de rivalité avec un de mes confrères alors que ça se passe très bien avec les femmes. »

Jean-Marc : « Moi je suis professeur de math et j'ai un grave problème de rivalité avec l'un de mes collègues. J'apporte toujours beaucoup de soin à la préparation de mes cours et cela semble l'énerver. Ainsi, j'ai remarqué qu'il investissait toujours la photocopieuse au moment où j'en avais besoin. En fait, ce qu'il cherche à faire, c'est à me priver des moyens de support techniques de mon cours. Il ne veut pas s'investir dans ses cours, mais il ne supporte pas non plus que je le fasse. D'abord je me suis demandé si je n'étais pas un peu "parano", puis j'en ai discuté avec d'autres collègues professeurs qui m'ont rassuré sur mon état de santé mentale. »

Odile : « Moi, je travaille dans un orchestre et j'assiste très souvent à de telles scènes dans les pupitres des musiciens entre le premier et le second violon, ou le premier et le second trompette, etc. : *"Qui joue mieux, moins bien, qui s'est fait désigner par le chef d'orchestre pour être applaudi ?..."*, c'est un problème constant. Que ce soit entre hommes, entre femmes ou entre les deux. »

Laure : « Dans ma branche (je suis infirmière) la rivalité entre collègues est monnaie courante, que ce soit par rapport à l'ancienneté, aux avantages acquis ou aux horaires de travail. »

Michèle : « Je suis fonctionnaire de police. Il n'y a par conséquent pas de rivalité d'argent puisque nous gagnons sensiblement tous la même chose. Toutefois, il existe une rivalité pour être le premier ou la première vis-à-vis du directeur. C'est complètement fou ! Cela peut toucher aussi bien les hommes que les femmes. Il existe un besoin inexorable de se mettre en avant, d'être vu à tout prix. Il faut dire qu'il existe des postes plus ou moins intéressants. Le pire est sans doute de travailler au guichet, car on est sans cesse agressé par la clientèle. »

Béatrice : « Moi, je travaille à la réception d'un grand hôtel et c'est au niveau de l'âge que je rencontre un problème de rivalité. J'ai cinquante-cinq ans, et mes collègues me le font constamment sentir. J'ai l'impression d'être traitée en *"has been"*. »

Martine : « Mon problème diffère légèrement de celui de Béatrice. Je suis la plus ancienne de la maison puisque j'ai vingt-quatre années de présence en tant que préparatrice en pharmacie. Là, à l'heure actuelle, les nouvelles qui arrivent veulent tout commander. En tout cas, elles essaient. »

Roberta : « Pour ma part, je rencontre ce problème en sens inverse. Je suis nouvelle et je sens que j'inquiète les anciennes. Alors elles me le font payer. Par exemple en ne me mettant pas au courant, en me conduisant exprès à faire des erreurs, en se supériorisant par rapport au langage technique que je ne maîtrise pas encore. »

Bernard : « Je ne suis pas encore dans la vie active ; je suis étudiant en psychologie à l'université. Mais c'est étonnant de constater qu'on crée aussi des rivalités entre nous. On a du mal à partager les tâches. Souvent, en tant qu'étudiant, lorsqu'il faut organiser un travail de groupe ou rendre un travail écrit, nous créons des rivalités. Pour ce qui est de la répartition des tâches, chacun veut s'occuper de la même chose que l'autre de peur d'avoir tiré la "courte paille". A mon avis, dans le milieu professionnel, il en va de même : les problèmes de rivalité sont fortement liés aux questions de partage des tâches et des responsabilités. »

Alice : « Je travaille depuis un bon nombre d'années à l'aéroport. Je connais pratiquement tous les services et, franchement, je n'en ai jamais vu un seul où l'égalité règne entre collègues. A mon avis, l'égalité de traitement d'un ou d'une collègue à l'autre est tout à fait illusoire. Elle constitue plutôt une vue de l'esprit qu'une réalité concrètement réalisable. »

Bertrand : « Sans vouloir te contredire, je dois concéder, au risque d'être l'exception qui confirme la règle, que dans mon métier – je travaille dans l'informatique pour la publicité – je ne connais pratiquement pas de problèmes de rivalité. Bien sûr, lorsque nous travaillons sur un projet, la concurrence joue entre nous, mais je trouve qu'elle a un effet d'émulation tout à fait stimulant. »

Thierry : « Moi, j'enrage de constater que dans mon travail, tout le monde n'a pas les mêmes chances. Si une fille *couche* avec le chef de service, elle trouve plus facilement de l'avancement qu'une autre qui reste bien sagement à sa place. Moi, c'est la troisième fois que je me fais coiffer au poteau par des collègues femmes. »

Véronique : « Pour rejoindre ce que vient de dire Thierry, je crois qu'il est clair que le sexisme est l'une des réalités fondamentales dans la rivalité au sein de l'entreprise. C'est écœurant. »

*
* *

Nous allons maintenant reprendre l'un après l'autre les propos qui ont été tenus et y apporter les commentaires qui s'imposent. Pour ne pas déflorer leur spontanéité, nous les avons retranscrits ci-dessus dans l'ordre dans lequel ils furent exprimés. Toutefois, pour que le développement qui nous attend maintenant conserve une certaine unité, nous nous sommes permis, dans ce qui suit, de les appeler au fur et à mesure de nos besoins.

2. La concurrence et la rivalité

Le point de vue de Bertrand...

Bertrand a soulevé la question de la différence de perception entre la rivalité et la concurrence. Bien que cette question ait déjà mille fois été abordée, il semble indispensable d'en rappeler ici les principales caractéristiques psychologiques.

◆ **La concurrence**

Au départ, ce mot tire son étymologie du latin *con/currere* signifiant courir de manière à se rencontrer. Par la suite, il a pris le sens de « réunion » et de « compétition ».

Concurrence vient du latin *con/currere,* signifiant courir de manière à se rencontrer.

Contrairement à la rivalité qui se limite la plupart du temps à une situation « duelle », la concurrence sous-tend d'ordinaire une lutte loyale dans laquelle chacun a des chances d'accéder à sa juste place (1). Elle renvoie à l'image des coureurs sportifs se trouvant sur la ligne de départ, prêts à donner le meilleur d'eux-mêmes pour l'emporter sur les autres. Le concurrent recourt par conséquent à ses propres moyens. La place qu'il occupe est une place méritée et non « usurpée ».

La concurrence apparaît donc comme une « conquête ». Impliquant notre personne dans sa totalité, nous détournant d'un présent par trop restrictif, elle nous permet de nous projeter, étape par étape, vers l'avenir. Stimulante, elle décuple nos possibilités, nous incitant à donner le meilleur de nous-même.

◆ **La rivalité**

Dans sa première étymologie, ce terme nous vient du latin *rivus* signifiant « cours d'eau ». A l'origine, le rival était donc celui qui possédait des droits sur le cours d'eau qui traversait son champ. D'une certaine façon, on en garde la trace dans son acception d'aujourd'hui, puisque la rivalité peut être assimilée au règne du « chacun pour soi ».

La rivalité est une politique agressive visant à éliminer, à évincer, à détrôner l'autre afin d'usurper son pouvoir et de prendre la place qu'il occupe virtuellement.

1. C'est ce que l'on retrouve dans le propos de G. Steiner qui disait : *« Chacun a le droit d'être ce qu'il a la force d'être. »*

Contrairement à la concurrence qui laisse entrevoir un avenir possible, la rivalité attache l'individu au présent dans ce qu'il a de plus quotidien et de plus **statique.** Elle constitue un système défensif (ou offensif) de préservation de ce qui existe ou qu'on croit exister. En ce sens, elle retient, enracine les choses là où elles se trouvent, au lieu de les projeter dans un avenir construit.

La rivalité implique notre personne dans la moins bonne partie d'elle-même. Elle constitue un mécanisme névrotique de conquête dans lequel nous nous projetons inconsciemment et qui nous absorbe en tant que sujet, ne laissant plus percer que notre **position d'objet** (objet épié, convoité, jalousé...).

Le seul but de la rivalité est de nourrir et d'alimenter d'autres sources de rivalité. Elle est un système limitatif qui s'autogénère (2).

*

* *

> La rivalité est un système absurde en ce qu'elle ne constitue véritablement aucun but humain en lui-même. Elle ne rend jamais plus grand ni plus fort ; au contraire, les comparaisons incessantes qu'elle suscite affaiblissent l'individu.

3. Psychologie de la rivalité

Le point de vue de Marie...

Marie a soulevé avec beaucoup de courage son problème de rivalité, mettant particulièrement en relief les attitudes d'infantilisme et de non-coopération qu'il sous-tend.

D'un point de vue psychologique, la rivalité s'explique par le désir inconscient de chacun de nous de revivifier dans le présent

2. En cela, elle est bien proche de ce que disait Shakespeare à propos de la jalousie : *« Ce monstre né de lui-même et qui se nourrit de lui-même. »*

des situations de frustration vécues dans l'enfance, généralement face à la constellation familiale et à la fratrie.

Les problèmes de rivalité reproduisent toujours une certaine situation de **contestation de principe** remontant à l'enfance. On ne veut (ou ne peut) pas accepter l'ordre tel qu'il s'est établi précédemment (soit que nous le trouvions injuste, soit que nous ne souhaitions pas perdre notre position dominante ou privilégiée) ; on ne veut pas céder et, par conséquent, on le combat.

La rivalité correspond à un **dérèglement « narcissique »** de la personnalité. Elle est, en quelque sorte, un trop-plein de confiance en son pseudo-soi et un manque de confiance en son vrai soi, en ses capacités, en son avenir propre. Une peur immédiate de perdre quelque chose. Elle constitue **une tentative névrotique pour se sentir exister.**

La rivalité a pour terre d'élection les champs de bataille secondaires en tout genre, c'est-à-dire tous ceux sur lesquels fleurissent les buts inessentiels ou inintéressants.

Mais comment se fait-il qu'une fois adulte nous répercutions encore de telles récurrences sur notre entourage en général et sur notre milieu professionnel en particulier ? Comment se fait-il que nous ne soyons pas capable de différencier les deux types de situation ? Faut-il en conclure que nous perpétuons, sans même nous en rendre compte, les mêmes contradictions, les mêmes paradoxes, les mêmes anachronismes que ceux appartenant à notre tendre enfance ? Et faut-il en conclure que chacun d'entre nous, du plus petit au plus grand, peut n'avoir pas pris, le moment voulu, suffisamment de distance par rapport à son enfance et qu'il soit passé de l'âge de l'enfance à celui de l'adulte sans pour autant l'être vraiment devenu ? Faut-il envisager que le plus responsable d'entre nous puisse, dans le même temps, se laisser aller aux transferts les plus infantiles et les plus puériles ? A en croire ce qu'a exprimé Julien, il y a tout lieu de penser que c'est en effet le cas.

4. Psychologie de l'« être adulte »

Le point de vue de Julien...

Julien a mis en relief le rapport entre ses sentiments de rivalité et sa carence d'être adulte. Nous allons, dans ce qui suit, tenter d'éclairer le sens qu'il convient de donner à ce terme.

a) Qu'est-ce qu'« être adulte » ?

Lorsqu'on me demande une définition de l'être adulte, j'y réponds généralement de deux façons, l'une plutôt humoristique, l'autre plutôt sérieuse. Dans le premier cas, je dis volontiers que être adulte est la capacité à se passer d'une « maman gâteau » et d'un « papa rival » ou, exprimé autrement, l'aptitude à **devenir soi-même son propre père et sa propre mère** (3), évitant ainsi de transférer ces deux rôles sur nos proches.

Dans le second cas, je réponds qu'être adulte correspond à la prise de conscience de soi en tant qu'*enfant du monde* (4). Cela implique d'une part une prise en charge de soi-même et, d'autre part, une intégration de notre personne dans le « bain social » ambiant.

Devenir adulte ne signifie donc pas apprendre à se passer des autres, mais apprendre à **mieux aller vers eux,** en ne projetant plus systématiquement sur eux des images récurrentes de notre propre passé.

Nous basant sur les deux critères venant d'être énoncés, deux tâches apparaissent ensuite indispensables, à savoir l'établissement de notre compétence et l'affirmation de nous-même.

3. Cela ne signifie pas pour autant qu'il faille rompre avec nos parents, mais simplement que nous devons apprendre à ne plus déléguer sur autrui (parents et autres personnes de référence) la responsabilité de notre vie.

4. Platon se définissait lui-même comme un *« citoyen du monde »*.

b) L'établissement de notre compétence

S'il est vrai qu'au début d'un travail nous faisons peu ou prou figure de novice, il arrive forcément un moment où une compétence pratique vient compléter notre compétence théorique. Nous possédons alors suffisamment notre instrument professionnel et n'avons plus à passer par les conseils d'autrui pour savoir ce que nous avons à faire et à ne pas faire.

Toutefois, certains collègues ne l'entendent pas de cette oreille. Forts de l'ascendant qu'ils ont pris au commencement de notre activité, ils voudraient pouvoir conserver cette « mainmise » sur nous et réagissent souvent de façon rivalisante face à nos attitudes professionnelles et à nos décisions.

Certains collègues, forts de l'ascendant qu'ils ont pris au commencement de notre activité, voudraient pouvoir conserver cette "mainmise" sur nous...

Si nous ne prêtons pas attention à immédiatement « rectifier le tir », nous nous engageons progressivement dans une inféodation de fait et nous retrouvons à notre corps défendant dans une relation professionnelle « haut-bas » nous asservissant à l'appréciation – et plus particulièrement à la « dépréciation » – de l'autre. Il n'en faut pas plus pour que notre soif d'entreprise, de conquête et d'évolution s'éteigne, laissant la place au renoncement et au découragement.

L'établissement de notre compétence passe par la défense de notre savoir. Ainsi, pour prendre l'exemple de notre infirmière (Laure), on peut présumer qu'il existe différentes façons, différentes « techniques » de changer un pansement ou de préparer une perfusion. Face à un interlocuteur à tendance « ascendant », nous devons apprendre à faire valoir en nous-même d'abord, auprès de l'autre ensuite, notre savoir-faire *(Je sais ce que je sais : même si mon geste est différent du sien, il n'en est pas moins légitime…)* et à ne pas nous couper systématiquement l'herbe sous le pied *(S'il veut absolument faire comme cela, ça m'est égal…).*

c) L'affirmation de nous-même

Nous devons ensuite apprendre à nous affirmer dans notre propos. Si nous n'adhérons pas à un certain système, si nous ne sommes pas d'accord avec une action, avec une façon de faire ou avec un projet, il nous faut apprendre à l'exprimer. Pour cela, nous devons nous convaincre que ce n'est pas la personne en face de nous que nous sommes en train d'attaquer mais **l'idée qu'elle exprime** que nous remettons en cause (5). La différence entre les deux est fondamentale car, dans le premier cas nous tendrons à nous identifier à l'image d'un méchant (ou d'une méchante), tandis que dans le second nous nous mettrons au service d'une conviction profonde (6).

*
* *

Tout adulte sait fort bien qu'il n'existe jamais une seule vérité pour une question donnée, mais qu'il en existe plusieurs. De même sait-il qu'aucun système n'est parfait en lui-même. Néanmoins, ce n'est pas parce qu'il n'est pas parfait (ou pas idéal,

---

5. Peut-être la réflexion suivante, prêtée à Voltaire, pourra-t-elle nous être de quelque inspiration : *« Je ne suis pas d'accord avec ce que vous dites, mais je défendrai de ma vie votre droit à le dire. »* Ce qui vaut pour notre interlocuteur vaut évidemment pour nous-même.

6. Nous renvoyons une nouvelle fois le lecteur à la question de l'“Apprentissage du conflit” qui a été abordée dans *Réussissez votre personnalité.*

ou pas accompli) qu'il doit diminuer la qualité de son travail ou sa personne aux yeux des autres.

— Notre retenue doit rester dans certaines limites ; prenons garde à ce qu'elle ne se transforme pas en consentement systématique et abnégatif. Si nous nous sentons acculé par ces limites, n'hésitons pas à les repousser. L'être adulte de chacun doit trouver son espace d'expression, le nôtre, tout pareil.

— Apprenons à reconnaître la valeur des autres en même temps que la nôtre.

— Veillons toutefois à ne pas déprécier notre image en étant trop modeste face à eux ; ils pourraient prendre une telle attitude pour « argent comptant ».

*
* *

Nous allons maintenant voir avec Jean-Marc comment inscrire notre « être adulte » face à l'incitation ambiante à la rivalité.

5. La rivalité contrainte

Le point de vue de Jean-Marc...

S'il est vrai que la rivalité suppose deux « antagonistes », il advient parfois, même si nous sommes le plus pacifique des individus, qu'une situation nous contraigne malgré nous à entrer dans le processus de la rivalité. Ainsi, en ce qui concerne Jean-Marc, au-delà de la frustration personnelle que représente pour lui l'impossibilité de tirer les photocopies pour son cours, c'est de l'altération de son « image » auprès de ses élèves, des parents d'élèves et de son directeur dont il est question. De tels cas sont monnaie courante : telle cette jeune femme, conduite à remplacer une employée se trouvant enceinte et qui redoute de mettre au courant sa remplaçante de peur qu'elle ne soit, plus tard, préférée à elle ; ou encore tel représentant de commerce qui a développé avec beaucoup d'efforts et de privations son activité et qui, au moment d'en retirer les justes fruits, se soit soudain imposer une collègue (en fait, la maîtresse du directeur), ce qui réduit de moitié son « territoire » et par conséquent son bénéfice.

Face à une si inconfortable position, il faut alors être capable d'analyser la situation dans laquelle on se trouve afin de mettre en place une politique de contre-offensive adéquate. Lorsque nous vivons notre vie avec le souci de bien faire nous tâchons de mener nos affaires selon les « valeurs » qui nous semblent les plus correctes. Parmi celles-ci, le désir d'évoluer, la compréhension, le respect d'autrui, la tolérance, la cordialité, etc., font à tout le moins partie des « principes » humanistes de bases de tout un chacun.

Mais il advient parfois que certaines personnes de notre environnement (que ce soit dans la vie à l'extérieur de notre entreprise ou dans la vie professionnelle) tentent de mettre des obstacles en travers de notre route, soit qu'elles ne nous « aiment » pas, soit qu'elles nous jalousent et qu'elles nous cherchent ouvertement querelle.

D'ordinaire, face à une telle situation, notre premier réflexe sera d'essayer de faire preuve de compréhension et de tolérance. Toutefois, il peut arriver aussi que notre interlocuteur ou interlocutrice, prenant notre attitude pour de la faiblesse, renforce sa pression et développe à notre encontre de mauvaises intentions.

Dans de tels cas, la plupart d'entre nous se trouvent fortement démunis, voire se laissent complètement écraser par l'autre, faute d'avoir pu ou su déterminer et développer au moment opportun une politique de réponse adéquate. A quoi un tel état d'incapacité à se défendre tient-il ?

A notre avis, il convient pour l'essentiel d'en chercher la réponse dans une vision mal comprise, mal interprétée et mal digérée des préceptes religieux qui ont accompagné notre enfance et notre éducation (7), ainsi que dans les sentiments d'infériorité et de culpabilité qui les accompagnent.

---

7. Que nous ayons reçu une éducation religieuse ou non.

Certains précepts pédagogiques tendent à faire de nous des brebis trop grasses et trop tentantes pour les dents acérées des loups sans scrupules...

Et il est vrai que des précepts pédagogiques tels que : *Si on te frappe la joue gauche tend la joue droite... Pardonne le mal qu'on te fait... Seul le Seigneur a droit de faire justice...* tendent souvent à faire de nous des brebis par trop grasses et tentantes face aux dents acérées des loups sans scrupules.

*

* *

Nous l'avons dit, il serait vain de croire en une société exempte de toute rivalité et il n'est pas « mal faire » que de se défendre lorsque nos intérêts les plus cruciaux se trouvent attaqués. Il nous faut certes tenter d'éviter à tout prix les conflits de rivalité, mais nous ne devons pas pour autant laisser les « dictateurs en herbe » ruiner nos efforts professionnels par leur seule soif de pouvoir.

Il nous faut donc aussi savoir descendre dans l'arène lorsque les circonstances nous y obligent et fourbir les armes pour assurer notre défense. Pour cela, il nous faut avant toute chose procéder à une triple prise de conscience :

— La première doit nous conduire à dépister le plus tôt possible une telle impasse, afin de ne pas laisser s'instaurer progressivement une situation de fait (il est toujours plus difficile de revenir sur une situation que nous avons tacitement acceptée par notre silence, que de la relever au moment même où elle se produit).

— La deuxième doit nous conduire à reconnaître dans ces faits une véritable situation de « crise », c'est-à-dire une situation impliquant de notre part l'abandon de certains comportements au profit de nouveaux, plus adéquats (8).

— La troisième doit nous conduire à accepter de modifier (provisoirement) notre image de nous-même en temps que personnalité pacifique et débonnaire, en d'autres termes de nous reconnaître le droit de gérer un conflit sans immédiatement nous assimiler à une personne agressive, méchante ou rancunière (9).

De ces trois prises de conscience, la dernière est très certainement la plus délicate à réaliser car l'entrée dans un conflit soulève toujours en nous une foule de questions, de doutes et de craintes quant à la validité même de notre démarche : *Est-ce que je n'exagère pas ?... Ne vaut-il pas mieux « sauver les meubles »... Est-ce que cette affaire vaut réellement la peine de déclencher une telle machine de guerre ?...*

Il est une chose tout à fait étonnante : la dissension la plus insignifiante de notre part nous fait **l'effet d'une bombe atomique,** alors que nous balayons d'un simple revers de main les indélicatesses et les manœuvres les plus crasses que commettent les autres à notre endroit.

*

* *

> Il est des situations professionnelles si polluées, qu'il vaut parfois mieux « se sauver » (dans les deux sens du terme). Toutefois, la vie n'étant pas faite que de joie, de paix et de sérénité, elle exige aussi parfois de notre part que nous prenions position et que nous tranchions en faveur de nos intérêts.

---

8. En exprimant cela, nous pensons à l'excellente définition de la crise du sociologue italien Antonio Gramscy : *« La crise, c'est quand le vieux ne veut pas mourir et que le neuf ne peut pas naître. »*

9. Rappelons que cette question a été étudiée dans notre ouvrage *Réussissez votre personnalité* (p. 97 et suiv., chap. XX : "L'Apprentissage du conflit").

6. L'égalité entre collègues et la répartition des tâches

Les points de vue de Laure, Bernard et Alice...

Laure nous a expliqué que dans son métier d'infirmière la rivalité était monnaie courante et que celle-ci se fixait particulièrement sur les questions d'ancienneté, d'horaires et d'avantages acquis. Cela nous renvoie en même temps à la question soulevée par Alice et par Bernard à propos de l'égalité entre collègues dans notre milieu professionnel.

a) Peut-on parler d'égalité entre collègues ?

« Milieu professionnel » : ce terme prend parfois de bien étranges acceptions. Si dans le meilleur des cas ce milieu apparaît comme un « bain de jouvence » relationnel, existentiel et humain tout à fait salvateur, force est, hélas ! de convenir également qu'il s'assimile souvent aussi aux « milieux » les plus obscurs et les plus fangeux qu'on puisse imaginer. Ainsi, il nous arrive parfois, à notre insu, de nous rendre complice de phénomènes sadomasochistes qui, s'ils nous étaient contés dans un autre contexte, nous laisseraient sans voix. Manœuvres, manigances, stratagèmes, « combines », quand ce ne sont pas machinations et kabbales les plus mafieuses, sont alors le pain quotidien de nombre d'entre nous.

En dehors de ces « cas limites », que penser de l'égalité entre collègues ? Interrogez une personne de votre entourage sur ce qu'elle pense de l'égalité entre collègues et elle vous répondra qu'elle lui semble impérative. Demandez à cette même personne si elle accepterait de se voir traitée *comme* ses collègues, et elle vous répondra qu'on ne peut pas comparer, que son cas est particulier, différent... bref, elle éludera la question. Et en effet, à bien considérer les choses, on s'aperçoit que chaque ouvrier ou ouvrière, chaque employé(e) ou agent, chaque cadre ou chef de service est

Si, dans le meilleur des cas, le milieu professionnel apparaît comme un "bain de jouvence" relationnel, il s'assimile souvent, hélas ! aux milieux les plus obscurs et les plus fangeux...

différent des autres et ne saurait donc être traité(e) sur un pied d'égalité (10).

Mais laissons pour un instant la question de l'égalité et observons comment se structure la hiérarchie au sein du travail.

b) Répartition des tâches et avantages acquis

Il est des domaines professionnels où la hiérarchie se dessine de façon très précise, les tâches de chacun étant clairement définies à l'avance. Dans la tour de contrôle d'un aéroport par exemple, de nombreux agents cohabitent, mais chacun possède un poste et une fonction propre (trafic en approche pour l'un, trafic au sol pour l'autre, météo pour le troisième, contrôle radar pour le quatrième, etc.).

Dans d'autres corps de métier, la hiérarchie apparaît moins tranchée. Ainsi, l'on peut imaginer que dans une clinique, une infirmière doit pouvoir suppléer à n'importe quel moment une de ses consœurs. Mais si rien ne ressemble plus à une infirmière qu'une autre infirmière, ces dernières vivent malgré tout une foule de différences de traitement les unes par rapport aux autres. Ainsi,

10. Il est à noter, dans ce contexte, la formule malicieuse d'André Glucksmann selon laquelle *« chacun est l'égal de l'autre à condition que personne ne s'égale à l'égalisateur »*.

une telle jouira d'un horaire de travail « sur mesure », telle autre ne sera jamais envoyée dans les étages réputés désagréables, telle autre encore jouira de privilèges liés à son ancienneté, etc.

Dans d'autres professions encore, le flou le plus vague et le plus obscur règne sur l'ensemble des personnels. On ne sait absolument pas qui commande qui, qui gagne quoi et pourquoi, qui est compétent de quoi. Un tel état de chose, on s'en doute, produit alors des rivalités sans nom au sein du milieu professionnel.

Quel que soit le milieu professionnel auquel on a affaire – que celui-ci soit très clairement hiérarchisé comme celui des contrôleurs aériens, qu'il le soit moins comme dans le cas des infirmières ou, comme nous venons de le voir, qu'il tienne peu ou prou de la « cour des miracles » – il est un point commun qu'il convient de reconnaître entre les trois, à savoir qu'une égalité de traitement entre collègues paraît quasiment impossible. Nous disons impossible car chacun d'entre nous évolue dans son contexte professionnel en fonction de son propre parcours, de sa propre histoire, de sa propre personnalité, de ses propres limites et de sa propre ambition. S'il est vrai, comme le dit la formule qu' *« il n'y en a qu'un(e) comme moi, c'est moi ! »,* alors, il serait vain de penser que nous puissions être assimilé à l'un ou l'une quelconque de nos collègues.

Toutefois, un tel constat ne doit pas nous conduire à avaliser aveuglément une politique du « chacun pour soi ». Il existe une différence entre refuser l' « assimilation », rester soi-même et chercher à être plus égal(e) que les autres. Car il existe des manières d'être qui, même si elles nous distinguent des autres, ne nous permettent pas moins de nous en sentir proche et de le leur faire sentir.

*
* *

L'égalité trouve toujours une hiérarchie sur son passage. Les rivalités qui en résultent sont parfois générées par des différends intersexes, d'autres fois c'est l'autorité dirigeante qui s'en trouve à l'origine. Telles sont les questions que nous allons examiner maintenant.

7. Problèmes d'intégration

Les points de vue de Martine, Michèle, Béatrice et Roberta...

a) Les nouveaux venus

Parmi les « ségrégations » les plus manifestes produisant rivalité, il en est une que nous ne saurions passer sous silence : il s'agit des rapports s'instaurant entre les collègues ayant déjà derrière eux plusieurs années de « maison » et ceux nouvellement arrivés, qu'ils soient simplement promus à un nouveau poste, qu'ils aient été parachutés dans un autre lieu géographique (nouveaux quartier, localité ou région) ou qu'ils soient tout à fait nouveaux et donc « profanes ». Reprenons ces trois possibilités dans le détail.

◆ **Ceux promus à un nouveau poste**

De telles promotions ne posent généralement pas trop de problèmes. D'ordinaire, le nouvel arrivant n'étant en réalité pas tout à fait nouveau, après quelque temps d'adaptation et éventuellement quelques frictions, il parvient à affirmer sa place. Mais il advient qu'un nouveau poste soit créé, non pas tant pour renforcer les effectifs du service concerné que pour le « désembourber » et lui conférer une nouvelle dynamique. On imagine alors la méfiance avec laquelle une nouvelle personne est reçue et par combien de méandres il lui faudra passer avant que de se trouver acceptée et intégrée dans ledit service.

En règle générale, une nouvelle promotion nécessite un certain temps d'adaptation car elle redistribue forcément les rôles, tant par rapport aux anciens collègues que par rapport aux nouveaux avec lesquels nous allons maintenant être conduit à travailler.

— **Face aux anciens** d'une part, parce qu'il est toujours délicat de prendre le commandement de compagnons de route avec lesquels on partageait auparavant les mêmes préoccupations, les mêmes frustrations et les mêmes espoirs, et d'autre part parce qu'on se sent toujours un peu coupable d'avoir évolué par rapport aux autres (11).

— **Face aux nouveaux,** car ceux-ci représentent un « univers étranger » avec ses règles, ses rites (ses privilèges aussi) auquel on ne se sent pas encore vraiment le droit d'appartenir.

Cet état d' « entre-deux-chaises » se trouve davantage encore renforcé par le « déficit affectif » qu'engendre une telle promotion. En effet, le nouvellement promu est (ou se sent) désinvesti de l'amitié, de l'intimité et de la confiance de ses anciens collègues qui tendent maintenant à l'identifier à l'autorité en place.

◆ Les « parachutés » dans un autre lieu géographique

Il faut ici distinguer avant tout ce qu'on appelle nouveau lieu géographique. En effet, il existe une différence notable entre changer de quartier au sein d'une même ville et déménager pour une tout autre région.

— Dans le premier cas, l'accueil réservé aux nouveaux venus sera, la plupart du temps, fonction du prestige généralement conféré au bureau (atelier, service...) dont ils sont issus (on n'est pas regardé avec le même œil selon que l'on vient d'un petit bureau périphérique ou que l'on « émane » de la maison mère).

— Dans le second, les problèmes de rivalité que rencontre le nouveau venu sont fonction de davantage de paramètres. En effet, si dans le cas précédemment évoqué la personne – malgré de menus changements – reste dans un contexte géographique, social, voire même familial relativement bien connu d'elle, il est loin d'en aller de même lorsqu'elle change de région car elle doit alors faire face à une tout autre adaptation. Cette adaptation relèvera d'éléments tels que la mentalité (communauté ouverte ou plus ou moins repliée sur elle-même), les pratiques professionnelles (privilèges, népotisme), les us et coutumes (parole tenue ou absence de parole), le climat (il n'est pas forcément évident de

11. Un tel sentiment de culpabilité ou de traîtrise se trouve souvent renforcé par le fait qu'il n'est pas rare que les supérieurs souhaitent une certaine coopération allant au détriment de nos anciens collègues. Ainsi, l'une de mes analysantes – nouvellement promue au standard téléphonique de sa société – me confiait que son directeur lui avait glissé à l'oreille qu'il souhaiterait être tenu informé du nombre des appels téléphoniques privés de chacune de ses (anciennes) collègues.

Il existe une différence de traitement selon que l'on "émane" du "saint siège" (surtout si celui-ci a pignon sur rue dans la capitale)...

supporter les chaleurs torrides propres au Sud méditerranéen, par exemple), etc.

En dehors de ces problèmes personnels d'adaptation, comment une telle personne est-elle vécue et surtout « reçue » par ceux et celles qui « préexistent » sur le lieu professionnel ? Quels conflits de rivalité sa venue engendre-t-elle ?

Là encore, sa « réception » dépend généralement de sa provenance. Il existe, qu'on le reconnaisse ou non, une différence de traitement, selon que l'on « émane » du « saint » siège social (surtout si celui-ci a pignon sur rue dans la capitale) ou que l'on « débarque » d'une province reculée. La capitale inspire un respect mêlé de crainte et d'envie *(Il vient de Paris, donc il (elle) doit être fort(e) !...),* tandis qu'on ne dispose pas de la même considération (même si l'on est issu d'une grande école nationale) lorsqu'on vient de Talmond-Saint-Hilaire ou de Crêche-sur-Saône.

◆ **Les nouveaux « nouveaux » (profanes)**

D'ordinaire un nouveau ou une nouvelle venu(e), nous l'avons dit en début d'ouvrage, constitue un souffle d'air frais salutaire contribuant à nous « désengluer » de notre quotidien professionnel. Cette personne nous vient d'un monde « étranger », elle est « neuve », courtoise, animée des meilleures intentions à l'égard de tous.

Mais les choses ne sont pas toujours vues ni vécues avec autant d'ouverture. Nous avons aussi souligné par ailleurs combien un « milieu » professionnel pouvait véhiculer d'esprit mesquin, revanchard ou « mafieux ». Lorsque des habitudes professionnelles se sont incrustées dans la mentalité des gens, il advient souvent que ceux-ci vivent toute nouvelle arrivée comme un élément d'inquiétude abstrait et dangereux dont il faut à tout prix se tenir éloigné. Ces nouveaux sont alors marginalisés et traités en véritables « profanes ». **Qu'est-ce qu'un profane ?**

On appelle communément « profanes » ceux auxquels fait défaut une certaine connaissance, soit qu'ils soient encore trop jeunes pour l'acquérir, soit qu'ils n'en soient pas (encore) jugés dignes par le milieu chargé de les recevoir. Si, dans les milieux spirituels ou religieux, cette discrimination peut éventuellement se concevoir, une telle conception des relations a de quoi surprendre dès lors qu'il s'agit de notre milieu professionnel.

Cela étant admis, force est de constater malgré tout qu'en certains lieux de travail, l'apparition d'un nouveau ou d'une nouvelle venue est assimilée à une véritable « profanation ». Un tel « crime » se paie alors par l'exclusion, la mesquinerie, le harcèlement, les sévices moraux, etc. Il faut au nouveau venu passer par un véritable « chemin initiatique » souvent long et douloureux avant que sa présence finisse par être acceptée. Un tel état de disgrâce peut perdurer de longs mois, voire même de longues années. C'est généralement à la suite d'une désaffection d'un collègue ou d'une modification subite de la structure du service ou du bureau concerné que, son alliance devenant nécessaire à la sauvegarde des avantages ou privilèges acquis, il trouvera enfin sa place.

b) Les ségrégations du milieu professionnel

Quelle que soit notre situation de départ en tant que « nouveau », que l'on provienne d'une région prestigieuse ou non, il est certains problèmes auxquels on ne peut tout simplement pas échapper, surtout si les mentalités régnantes se sont trouvées

« pétrifiées » par les habitudes. Nombreuses sont alors les ségrégations de rivalité que pourra subir le nouveau venu. Quelles sont ces ségrégations ? Ce sont pour l'essentiel :

◆ **La ségrégation de provenance et de race.** Aussi incroyable que cela puisse paraître, il peut suffire que l'insupportable belle-mère d'un des « mandarins » du bureau, de l'atelier ou du service soit bretonne, corse ou pied-noir pour que vous soyez estampillé d'horrible empêcheur de tourner en rond si, par hasard, vous relevez de la même origine.

◆ **La ségrégation du milieu social.** Dans la vie privée, on choisit ses amis et ses fréquentations en fonction de son milieu social. La vie professionnelle, elle, ne connaît pas la même hiérarchisation. On est donc souvent conduit, par la force des choses, à fréquenter des personnes étrangères à notre propre milieu. Ainsi, il se peut fort bien qu'un fils ou une fille d'un humble ouvrier ait suivi de brillantes études et se retrouve à la tête d'une administration ou d'une entreprise importante. A l'inverse, un fils ou une fille de la haute ou de la moyenne bourgeoisie peut fort bien avoir échoué dans ses études et se trouver relégué(e) à une place de simple exécutant (e).

Tant que les fonctions se trouvent relativement compartimentées, cela ne pose généralement pas trop de problème. La plupart du temps le « heurt des milieux » se limite à quelques remarques acerbes et à quelques calomnies en coulisses. Toutefois, dès lors que l'un ou l'autre type de personne se trouve impliqué dans une relation hiérarchique contraignante, les problèmes de rivalité les plus épineux ne manquent pas de se poser tant d'un côté que de l'autre. Dépassant le cadre d'un simple désaccord individuel, il n'est pas rare qu'on assiste alors à de véritables guerres de clans entre « Capulets » et « Montaigus » (12).

◆ **La ségrégation du statut social.** Cette ségrégation se manifeste autour de ceux susceptibles de s'identifier les uns les autres du fait d'un statut social tangiblement reconnaissable (par exemple, les possesseurs d'une maison de campagne, ou encore

12. Les Capulets et les Montaigus sont les deux familles rivales dans *Roméo et Juliette* de Shakespeare.

ceux jouissant d'un pied à terre dans une station de sports d'hiver). Une telle possession constitue alors à leurs yeux un véritable passeport leur conférant un sentiment d'appartenance à un monde meilleur que ceux qui en sont dépourvus.

◆ **La ségrégation de l'âge.** Cette ségrégation (soulevée en particulier par Béatrice) est ressentie comme très désagréable par la personne qui la subit, car elle renvoie celle-ci à des arguments contre lesquels elle n'a aucun poids. Elle touche aussi bien ceux d'entre nous vécus comme trop jeunes *(On ne peut pas encore vous faire pleinement confiance... Vérifiez bien ce que vous faites !...)*, que ceux vécus comme trop vieux *(Vos réflexes risquent de n'être plus assez bons !... Vous ne tiendrez pas le coup !...)*.

◆ **La ségrégation du langage.** Cette ségrégation est l'une des plus pénibles à supporter, car elle renvoie le nouveau venu à une image abêtissante de lui-même. En fait, il s'agit ici de tous les jargons et expressions absconses propres à chaque corps de métier, à chaque service, à chaque bureau (13). Quand on sait combien chaque domaine professionnel tend à se spécialiser, on a tôt fait de mesurer le « travail de décodage » auquel tout « profane » doit se livrer avant que d'entrer dans le cercle des initiés (14).

◆ **La ségrégation du silence.** Nous appelons « ségrégation du silence » celle dont font preuve les anciens collègues à l'égard des nouveaux venus par rapport à certains postes particulièrement exténuants ou stressants. Ainsi, dans de nombreux domaines professionnels (assurances, commissariats de police, administrations en tout genre...), les travaux au guichet sont réputés *intra muros* être particulièrement désagréables. Cela tient au fait que les personnes se présentant à un guichet tendent à projeter inconsciemment sur l'employé qui les reçoit leur mauvaise humeur, leurs angoisses, leurs craintes ou leur vindicte. Le nouveau venu n'étant

---

13. Ainsi, dans le domaine des assurances, par exemple, le client n'est pas, comme on pourrait le penser, un « assuré » ; on l'appelle un « sociétaire ». Le futur sociétaire a besoin d'une « P.A. » (c'est-à-dire d'une proposition d'adhésion) devant être tirée en trois « ex. » (exemplaires) sur une « bécane » (ordinateur), et ainsi de suite.

14. Toutefois, gageons qu'il appliquera le même traitement aux prochains nouveaux qui feront leur entrée dans l'entreprise ou dans le bureau.

pas au courant des contingences liées à ce genre de postes ne peut que l'accepter (surtout si on lui fait – faussement – miroiter la haute responsabilité qu'on n'hésite pas à lui confier dès le départ).

◆ **La ségrégation du (de la) célibataire.** Nous cherchons, chaque fois que faire se peut, à établir une certaine communauté d'intérêt entre nous et ceux vivant le même « lot ». Ainsi, il est indéniable que les personnes mariées et ayant des enfants sont reconnues d'emblée comme moins « taillables » et « corvéables » que celles n'en ayant pas. Ce *« deux poids, deux mesures »,* au demeurant infondé en soi (15), peut provoquer des situations de rivalités très injustes. Ainsi, il est de règle que les célibataires se voient presque systématiquement imposer leurs créneaux de vacances afin de permettre aux « parents d'enfants » de choisir les leurs sans même vérifier si eux n'ont pas, de leur côté, d'autres contingences tout aussi légitimes.

*
* *

Une promotion apparaît toujours comme une arme à double tranchant. Si d'un côté elle fait manifestement plaisir (reconnaissance sociale accrue, salaire augmenté...), d'un autre, toutefois, elle nous oblige à certains changements et nous déstabilise de façon plus désagréable qu'on ne pourrait le penser. **Promotion ne rime pas toujours avec acceptation :** il faut savoir parfois louvoyer, parfois se taire, parfois « se battre » pour s'imposer dans un nouveau cadre professionnel.

Nous ne pouvons, bien sûr, pas empêcher les autres de pratiquer à notre encontre les diverses ségrégations que nous venons d'évoquer. En revanche, nous pourrons – par notre compréhension de ces situations et par une certaine générosité intrinsèque – faire au moins en sorte que les nouveaux collègues entrant dans notre service (ou dans notre atelier, ou dans notre bureau) ne rencontrent pas ce genre de problèmes avec nous.

---

15. A bien y réfléchir, à quel titre une personne devrait-elle subir un préjudice par le fait qu'elle a opté pour un style de vie (célibataire ou sans enfant) au lieu d'un autre ? (Non, l'auteur de ces lignes n'est pas célibataire ; oui, il a un enfant !)

8. La rivalité entre hommes et femmes

Les points de vue de Marie, Sylvie, Pierre et Odile…

Marie et Sylvie ont donné leur point de vue sur la rivalité entre femmes et entre femmes et hommes, la première soulignant la tension générée par les relations entre femmes exclusivement, la seconde mettant l'accent sur la rivalité inter-sexes telle qu'elle la vivait dans son milieu professionnel. Que penser de cela ?

Un préjugé trop souvent répandu tend effectivement à affirmer qu'il existerait une rivalité plus exacerbée entre femmes qu'entre femmes et hommes ou entre hommes seulement. Disons-le tout de suite, aucune étude sociologique sérieuse ne permet d'asseoir une telle assertion. Dans ce domaine encore, tout dépend du contexte professionnel, du genre d'entreprise, de la philosophie du travail de ses dirigeants, etc. En fait, la rivalité au sein d'un groupe social donné – que celui-ci concerne des femmes uniquement ou des femmes et des hommes – loin de concerner des querelles fratricides de nature intra-sexe, est fonction de deux paramètres majeurs : le type de milieu professionnel envisagé et le genre d'impulsion donnée par le patron ou le dirigeant. Attardons-nous sur ces deux questions.

a) Le type de milieu professionnel

Certains milieux professionnels emploient principalement, voire exclusivement, des personnels masculins (par exemple, les entreprises de déménagement), d'autres des personnels plutôt féminins (par exemple les laboratoires médicaux). Selon les métiers envisagés, certains apparaissent de nature purement « physique » (milieux du bâtiment, dockers, services d'entretien des autoroutes…), d'autres plus « bureaucratique » (administrations, compagnies aériennes, personnels des cabinets du « libéral »…), d'autres encore plus « intellectuelle » (éducation nationale, centres de recherche, techniques de pointe…). En règle générale, plus un milieu sera « physique », plus la rivalité s'affichera de manière directe et « crue ». A l'inverse, plus il sera bureaucratique ou intellectuel, plus elle se trouvera « larvée ». Toutefois, ce n'est pas parce que la rivalité s'affiche de manière moins ouverte dans certains milieux professionnels que dans d'autres qu'il faudrait en déduire qu'elle y ferait moins de ravages. En fait, le milieu professionnel ne constitue que le terrain sur lequel **l' « ortie » de la rivalité** va se développer. C'est le type d'impulsion donnée par le patron (ou par le directeur ou par le personnel d'encadrement) qui va, tel un humus, s'avérer déterminant pour la prolifération ou la non-prolifération de celle-ci.

b) L'impulsion donnée par le patron

Ce second facteur joue un rôle prépondérant dans le degré de rivalité pouvant s'instaurer au sein d'un groupe professionnel donné. Ainsi, dans l'exemple fourni par Pierre, nous constatons que le patron du salon de coiffure fait tout pour que les relations entre coiffeurs s'enveniment comme s'il voulait faire sienne la devise *« Diviser pour régner ! »* (pense-t-il que si ses employés s'entendent mal, ils fourniront davantage de rendement ?). Dans l'exemple donné par Sylvie, on peut présumer que son directeur cherche à créer des rivalités entre agents afin de les « stimuler » et d'en faire des « requins » plus aptes à « croquer » les clients.

Dans celui mentionné par Odile enfin, il faut savoir qu'au sein d'un orchestre il existe toujours une « rivalité de virtuosité »

Entre hommes et femmes...
la place du patron dans ces problèmes.

(et de salaire aussi) entre un *premier* et un *second* de chaque instrument (violon, trompette, hautbois...). Cette rivalité se trouvera bien sûr d'autant plus paroxysée que le chef d'orchestre saura aiguiser l'appétit de célébrité de chacun des musiciens.

*

* *

Mais outre ces types de rivalité, de nature somme toute plutôt « politicienne », tels qu'ils viennent d'être évoqués, il est une question que nous avons volontairement omis d'intégrer jusqu'à présent dans les réflexions qui ont accompagné Sylvie, Pierre et Odile, à savoir : *Quelle place la « chose sexuelle » occupe-t-elle dans les conflits de rivalité qu'ils ont signalés ?* Ainsi, en dehors des particularités relevant de la politique professionnelle de chacun, ne conviendrait-il pas d'imaginer aussi que le patron du salon de coiffure de Pierre, la directrice de l'agence immobilière de Sylvie, le chef de l'orchestre pour lequel Odile travaille, puissent être influencés par des considérations d'ordre « sexuel » ou sexiste (16) ? C'est la question à laquelle nous allons maintenant tenter de répondre.

9. Peut-on parler d'une « sexualité » dans le milieu professionnel ?

Le point de vue de Thierry...

a) Etat des lieux

Il ne se passe pas une année sans qu'un grand magazine ou un grand quotidien fasse au moins une fois sa couverture sur « le

16. A ce propos, le lecteur se souviendra certainement du conflit qui avait secoué en son temps l'orchestre philharmonique de Berlin, lorsque celui-ci, composé exclusivement d'hommes, s'était vu imposer une soliste par Herbert von Karajan. On se souvient également que celle-ci démissionna quelque temps plus tard.

sexe dans l'entreprise ». Lorsqu'on pose la question autour de soi, on constate que c'est une idée qui dérange ; cela fait « désordre ». On est là pour travailler et non pour « autre chose ». Toutefois, si les personnes interrogées en nient l'idée, elles n'en reconnaissent pas moins l'existence. Car comment expliquerait-on alors que tant de rencontres dans le cadre professionnel débouchent sur une relation amoureuse ou sur un mariage ?

Quand on réfléchit d'une manière très générale à la question de la rencontre amoureuse, force est de constater que les opportunités ne sont pas pléthore. Lorsque, pour une raison ou une autre, une personne n'a pas fait connaissance de l' « âme sœur » au cours de ses études ou de sa formation, elle accède à la vie professionnelle sans avoir réalisé ce domaine vital. Si cette personne est malgré tout ouverte sur la vie extérieure (sportive, culturelle, caritative...), elle a de fortes chances de réaliser ses aspirations sentimentales et de combler ce manque. Si, en revanche, elle n'est pas très extravertie, le domaine professionnel devient alors l'une des rares (sinon la seule) possibilités de rencontre qui lui soient offertes (17).

Il est un deuxième cas de figure se présentant aussi souvent dans le milieu professionnel : il s'agit de toutes les personnes qui, pour une raison ou pour une autre, vivent mal leur vie conjugale et familiale et qui transfèrent sur leur entourage ce mal-être, cherchant à compléter à l'intérieur du cadre professionnel une vie intime qu'elles ressentent par trop carentielle ou par trop limitative.

Un troisième cas de figure concerne toutes les personnes qui, sans trop réfléchir à leurs conditions d'existence matrimoniales, cherchent à conjuguer à la première personne du pluriel un sentiment de vide et de désarroi face à l'existence et qui tendent à situer les rapports humains au-dessous de la ceinture.

Enfin, un dernier cas de figure rassemble toutes les autres personnes, à savoir tous ceux et celles d'entre nous qui vivent une

---

17. Nous pourrions comparer cela à la situation de repêchage du candidat malheureux qui n'a pu réussir son examen de passage au moment où il le fallait.

Certaines personnes, vivant mal leur vie conjugale et familiale, cherchent à compléter à l'intérieur du cadre professionnel une vie intime qu'elles ressentent comme trop carentielle et limitative.

vie privée qu'on pourrait qualifier de « normale » et qui réagissent face à leurs collègues ou à leurs supérieurs en fonction de leur aptitude relationnelle, de leur entregent, de leur sensibilité et de leur « charme » naturel.

Toute personne travaillant dans un milieu professionnel donné se voit forcément confrontée à l'un ou l'autre de ces cas de figure et va, par conséquent, être conduite à réagir en fonction de ce qu'elle-même vit dans sa vie privée.

b) L'envie de plaire et l'envie de conquérir

Dans un de ses ouvrages (18), Sigmund Freud écrit : *« Les usages sociaux ont tenu compte de cet état de chose d'une manière avisée en permettant un certain jeu à l'envie de plaire de la femme mariée et à l'envie de conquérir de l'époux dans l'espoir de drainer ainsi l'inexorable penchant à l'infidélité et à le rendre inoffensif »*, et

18. *Névrose, psychose et perversion* (P.U.F., 1973, p. 272).

de conclure : *« Le "flirt mondain" (constitue) une assurance contre une infidélité réelle. »* A en croire le célèbre psychanalyste viennois, il convient par conséquent de penser que tout homme, toute femme vivant en société (et a fortiori en milieu professionnel), est conduit à exercer sur autrui une certaine « influence » relationnelle dépassant de loin le simple ordre de convivialité, de sympathie ou d'attachement.

Il est hors de doute que **la question sexuelle** (qu'on la nomme proximité, complicité ou sensualité, ou qu'on la nomme érotisme, libido ou sexualité) **est présente** sur le lieu du travail comme partout ailleurs. Elle est présente car, comme partout ailleurs, nous ne pouvons tout simplement pas la dissocier des types de problèmes éventuels que nous vivons ou rencontrons en dehors de l'entreprise dans notre vie privée amoureuse et conjugale. Que nous nous en rendions compte ou non, nous amenons toujours à l'intérieur de l'entreprise une figuration quelconque de ce que nous vivons (ou ne vivons pas) dans notre vie privée, et ce, sur les trois plans amoureux que nous avons évoqués en début d'ouvrage (19).

Face à cette envie de plaire et à cette envie de conquérir, la plupart d'entre nous savent faire la part des choses et s'arrangent pour laisser s'établir un « charme relationnel » de bon aloi. Mais il en est d'autres qui ne peuvent justement pas s'en « arranger » et qui se sentent contraints d'aller au-delà.

— Si leurs tentatives trouvent un écho **peu favorable** dans l'autre, le rapport de séduction-conquête se verra bloqué et la relation duelle, pour éviter les conflits de rivalité sous-jacents, tendra à quitter le terrain érotique et à se muer progressivement en un rapport de type mère/enfant ou père/enfant.

— Si leurs tentatives trouvent un écho **plus favorable,** ils s'installeront dans le « flirt mondain », sans débordements dans un quelconque passage à l'acte.

---

19. Rappelons, une nouvelle fois, leur signification : *Eros* est l'amour de la beauté physique, *Philia* l'attirance ressentie pour l'étranger, *Agape* cette sorte d'amour tel qu'il est ressenti dans la charité chrétienne.

— Si enfin ils trouvent un écho **très favorable,** la relation duelle dépassera les limites du flirt mondain pour revêtir une expression sexuelle caractérisée (20).

Loin de nous l'idée de vouloir faire accroire au lecteur et à la lectrice que les pratiques sexuelles dans le milieu professionnel relèveraient de la normalité. Toutefois, il faut bien convenir que les médias entretiennent à ce sujet de tels clichés que nombre d'entre nous élaborent (presque à leur « corps défendant », serions-nous tenté de dire) des attitudes sexuelles fantasmatiques hors de proportion avec la réalité (21).

*

* *

A la question *Peut-on parler d'un « sexuel » dans le milieu du travail,* force est donc de répondre par l'affirmative. Que celle-ci apparaisse sur un plan essentiellement « sexuel » (voir les notes de bas de page n°s 20 et 21) dans le comportement des individus, ou qu'elle apparaisse de façon plus « libidineuse » dans les rapports inter-humains (voir le point de vue de Freud évoqué plus haut).

Bien que la question ne concerne pas le présent propos, ajoutons pour finir que certains psychanalystes seraient tentés de voir dans le travail une *sexualité sublimée.* Sans vouloir ouvrir ici le débat, nous nous contenterons de répondre que ce point de vue nous semble exagéré. A notre avis, il convient plutôt de voir dans le travail une *fin d'autoconservation* (22).

---

20. L'une de mes analysantes, professeur de son état, l'exprima ainsi : *« Avec mes collègues femmes, je suis en rivalité constante et ce, à deux niveaux : au niveau travail et au niveau de ma représentation féminine face aux collègues hommes. J'essaie de me projeter dans le fantasme, en tant que virtuelle "élue" de tel ou tel collègue* ("Lui plairais-je ? Unetelle ou Unetelle lui plaît-elle davantage ?"). *Pour m'en assurer, je suis prête à aller aussi loin qu'il le faut ! »*

21. A titre d'exemple, l'un de mes analysants me rapportait récemment que les trois secrétaires de son bureau se posaient, en riant, la question de savoir laquelle d'entre elles passerait la première « dans le lit » du nouveau patron !

Dans un autre ordre d'idées, une dame, au cours d'une discussion sur le sexisme, fit un lapsus (révélateur ?) en exprimant « harassement sexuel » au lieu de « harcèlement sexuel » !

22. Je rejoins ici une conception développée par Herbert Marcuse (voir "Références" en fin d'ouvrage) lorsqu'il cite Barbara Lantos : *« Travailler est l'effort actif du moi... pour tirer du monde extérieur tout ce qui est nécessaire à l'autoconservation. »*

10. Le sexisme en milieu professionnel

Le point de vue de Véronique...

a) Le sexisme chez l'homme et chez la femme

Le sexisme dans le milieu professionnel existe depuis des temps fort anciens, mais ce sont surtout les Américains qui, à partir des années 80, ont le plus explicitement soulevé cette question. De notre côté, vu du continent européen, nous portons en règle générale un regard mi-amusé, mi-interrogatif sur la question, nous demandant si l'oncle Sam ne perd pas un peu la tête, omettant toutefois de nous interroger sur les faiblesses et les aberrations des systèmes patriarcaux et paternalistes qui régissent nos propres habitudes professionnelles.

A en croire certains dictionnaires, le sexisme serait une attitude discriminatoire à l'égard des femmes. A notre avis, il faudrait aujourd'hui élargir le sens de ce terme et, en particulier, le détacher de la sempiternelle opposition homme/femme. En fait, il convient d'assimiler au sexisme toutes les formes de ségrégation (23) intervenant en milieu professionnel.

◆ **Le sexisme ciblant la femme.** On dispose aujourd'hui d'une si ample littérature sur ce sujet, qu'il serait inutile de nous y attarder trop longuement. Ce sexisme apparaît (hélas !) de loin le plus couramment répandu. On est même en droit de se demander s'il existe véritablement un seul milieu professionnel qui en soit exempt.

Le sexisme visant la femme s'explique, pour l'essentiel, par le côté « ambigu » de dépendance de l'employée face au patron *(Je vous donne du travail, donc je suis votre « sauveur », donc vous devez m'en être gré...).* Ce sexisme va des propos ou des

---

23. Cela intéressera peut-être le lecteur de savoir que le mot « ségrégation » se construit sur le préfixe *sé*, signifiant « à part » et sur *gregis* signifiant « troupeau » en latin. La ségrégation constitue donc une mise à part du troupeau.

Le mot "ségrégation" se construit sur le préfixe *sé* (à part) et sur *gregis* signifiant en latin "troupeau".

gestes simplement suggestifs aux « histoires » et aux ostentations les plus embarrassantes (24). De telles situations sont monnaie courante, inévitables au dire des intéressées. Il arrive même fréquemment que devant une telle débauche de « paillardises » les femmes surenchérissent elles-mêmes dans le genre.

◆ **Le sexisme ciblant l'homme.** Loin de ne concerner que le monde féminin, le sexisme, on l'a vu, touche aussi les hommes. On ne dispose que de très peu de renseignements sur ce sujet car son orgueil viril conduit généralement l'homme à passer sous silence cette question.

24. A titre d'exemple, une secrétaire ayant du mal à enfiler une lettre dans une enveloppe pourra s'entendre dire : « *Vous voyez, Mme Durand, la vie n'est finalement qu'une question d'enfilade !* »

Ce sexisme émane généralement de femmes se situant plus haut dans la hiérarchie et qui ont désinvesti leur vie de famille au profit de leur sphère professionnelle. Il peut, par exemple, se manifester par des ordres de nature dégradante pour sa dignité d'homme ou le mettant en porte à faux par rapport à sa vie familiale. Il semblerait que ce problème se rencontre surtout dans les milieux dirigeants et dans celui du « libéral » dans lesquels la personne dépend souvent matériellement et « physiquement » de ses donneurs d'ordres (par exemple, obligation faite de dîner au restaurant un soir par mois « sans épouse »).

b) Les instruments du sexisme

Parmi les principaux « instruments » du sexisme, on relèvera bien évidemment :

◆ **L'apparence.** Le premier instrument du sexisme, et probablement le plus injuste, réside dans la discrimination d'une personne par rapport à une autre du fait de son apparence. Intrinsèquement, le problème sera le même qu'elle soit particulièrement laide ou belle. Dans le premier cas, la personne concernée aura le sentiment que son physique disgracieux l'empêche de s'élever dans la hiérarchie professionnelle ; dans le second, son physique étant l'objet de toutes les convoitises, et son anatomie celui de tous les propos déplacés, elle sentira constamment peser sur elle la nécessité d'un « donnant-donnant » dépassant largement le cadre de la compétence professionnelle.

Dans le même ordre d'idée, on peut parler d'un sexisme de l'âge lorsque, par exemple, une jeune femme se trouve choisie pour un poste, non en raison de ses compétences mais en raison de son jeune âge.

Il est bien connu que ces formes de sexisme interviennent de façon tout à fait déterminante dans les situations d'embauche.

◆ **Les mots.** Un deuxième instrument du sexisme réside dans les mots. Ainsi, même s'il ne pense pas à « mal », lorsqu'un patron demande à sa secrétaire : *Ma petite Martine, pourriez-vous m'apporter le dossier X.Y.*, il induit un certain sexisme, *« Ma petite Martine »* indiquant en l'occurrence qu'il base sa relation à elle sur un plan relationnel privé (on pourrait, au demeurant, se demander quelle tête ferait le mari de ladite Martine s'il entendait de tels propos).

◆ **La fonction.** Le troisième instrument du sexisme réside dans la fonction. Il existe certaines façons de faire avec les « subalternes » qu'on ne retrouve pas, loin s'en faut, avec des collègues ayant davantage de responsabilités. Un tel sexisme concerne aussi bien les femmes que les hommes. En règle générale, on peut considérer que plus la différence hiérarchique est grande, plus apparaissent précisément les attitudes sexistes. Dans le meilleur des cas, cela pourra se manifester par des gestes physiques « cordiaux » ou « amicaux » (prendre la personne par l'épaule, par la hanche, par le cou sous les cheveux...). Dans le pire des cas, cela pourra se manifester par des caresses ostentatoires sur des « endroits anatomiques » plus précis.

Certains milieux rencontrent plus concrètement ce problème que d'autres. Les milieux artistiques remportent certainement à ce sujet la palme d'or. On sait aussi, par exemple, que les milieux hospitaliers sont ouvertement sexistes et que les us et coutumes y sont grivois, voire carrément paillards.

◆ **Le pouvoir.** Le quatrième instrument du sexisme réside dans le pouvoir décisionnaire des supérieurs hiérarchiques. Nous avons vu, dans les propos tenus précédemment par Thierry, qu'un sexisme peut s'instaurer, par ricochet, à partir d'attitudes sexuelles développées dans le milieu professionnel. Ainsi, Thierry se plaint de ne pouvoir avancer dans son travail car les postes à pourvoir sont toujours concédés de manière préférentielle aux « maîtresses » des chefs de service. Il est indéniable qu'un tel sexisme existe (surtout dans les grandes entreprises privées). On s'imagine, ici encore, combien de sentiments de rivalité et de sentiments d'injustice peuvent naître de telles situations professionnelles.

Mais il ne faudrait pas non plus nous rendre nous-même inconsciemment coupable de sexisme en portant un jugement trop extérieur et trop hâtif sur les personnes donnant l'impression de céder « plus ou moins » aux avances de leurs supérieurs hiérarchiques. En la matière, plus peut-être qu'en n'importe quelle autre, **l'habit peut ne pas faire le moine.** En d'autres termes, nous ne devons pas nous cantonner uniquement à ce que nous « imaginons » dans notre fantaisie rivalisante, et omettre de considérer les difficultés que peuvent rencontrer dans de nombreux cas les personnes victimes du harcèlement sexuel de leurs supérieurs hiérarchiques.

*
* *

Il paraît bien difficile d'apporter une conclusion sur la question tant il est vrai que le fait de « dénoncer » toutes ces formes de sexisme ne règle pas le problème pour autant. Toutefois, si nous n'y pouvons rien changer, qu'il nous soit au moins permis d'espérer qu'une prise de conscience en la matière venant de ceux et surtout de celles qui en sont l'objet, leur permettra de gérer ce problème au mieux de leur intérêt.

Quelle que puisse être la banalité de notre propos, nous pensons, quant à nous, que le sexisme tend toujours à s'immiscer dans la place lorsque la personne qui s'y trouve exposée laisse, par **une non-occupation de tout le terrain relationnel,** une porte ouverte à un certain ascendant sur elle de la part de son interlocuteur sexiste (ce qui conduit certains à conclure faussement qu'elle s'en trouverait complice).

Il nous semble donc que c'est en travaillant au renforcement de **« toute » sa personnalité** que la personne subissant les effets du sexisme deviendra capable d'anticiper et de désamorcer les multiples tentatives désobligeantes et humiliantes qui s'y rattachent.

11. Psychologie de la non-rivalité

Le point de vue de Brigitte...

Brigitte a évoqué les problèmes de rivalité et de rejet qu'entraîne une personnalité ouverte, dynamique et enthousiaste. Cela nous conduit à poser deux questions : *Faut-il faire abnégation de sa personnalité lorsqu'on se trouve en milieu professionnel ?*

et *Comment, dès lors, face aux contingences de la rivalité, concevoir nos ambitions professionnelles et, au-delà, toute velléité d'évolution ?*

a) Faut-il faire abnégation de sa personnalité ?

Comme le lecteur peut s'en douter, nous ne pouvons répondre, ici encore, que par la négative. Comment, en effet, pourrions-nous envisager une vie professionnelle épanouissante s'il nous fallait à tout moment mettre un frein à notre personnalité ?

Mais nous voudrions ici différencier notre propos. Comme nous l'avons vu dans une autre partie de cet ouvrage avec la personnalité exubérante, certaines personnes à tendance « extravertie » tendent parfois à afficher de façon visiblement très ostentatoire leur personnalité sans trop faire cas de ceux se trouvant dans le même périmètre qu'eux. Des comportements aussi turbulents tendent à exaspérer leurs collègues et les conduisent à réagir de manière négative face à ce qu'ils vivent comme une « caricature » de personnalité. En toute chose un juste équilibre est nécessaire. Une personnalité ouverte, enthousiaste et chaleureuse ne passe pas forcément par une personnalité égocentrique, bruyante et excessive.

Loin de nous l'idée de vouloir conduire le lecteur à « oblitérer » sa personnalité. Toutefois, l'intérêt de notre rencontre avec les autres réside non pas dans le heurt des spécificités personnelles à chacun, mais dans les possibilités de **complémentarité** et de **coopération** pouvant résulter de cette rencontre. En d'autres termes, il ne serait pas inopportun, parfois, de savoir mettre sa personnalité provisoirement en « sourdine » afin d'anticiper et de désamorcer les sentiments de rivalité ne demandant qu'à éclore en nos interlocuteurs. Cela nous conduit à notre deuxième question.

b) Comment concevoir nos ambitions professionnelles ?

Devant les dégâts engendrés par la rivalité – que ce soit dans notre vie privée ou dans notre vie professionnelle – la seule alternative que la psychologie puisse opposer est de proposer de l'envisager autrement.

Nous avons pu constater, tout au long de ces pages, combien la rivalité nous infirmait dans notre libre action et nous « désidentifiait » dans notre personnalité, nous contraignant à n'évoluer que sur des champs de bataille secondaires, inutiles et superflus. Toutefois, au lieu de projeter systématiquement et en vain nos velléités rivalisantes sur les autres – nous disons en vain car nous trouverons toujours « mieux » que nous – ne pourrions-nous pas tenter d'inverser les données, d'une part en nous inscrivant dans un rapport de *rivalité constructive* avec nous-même et, d'autre part, en prenant les autres non comme des rivaux, mais comme des *modèles d'identification* possibles ?

◆ La rivalité constructive avec soi-même

Talleyrand aurait confessé un jour : *« Quand je me compare, je me rassure, quand je m'examine, je m'inquiète »,* voulant signifier par ces mots qu'il n'était ni très intéressant ni très évolutif de se comparer aux autres et qu'à tout prendre, et au risque d'y perdre quelques illusions, il valait mieux regarder à l'intérieur de soi.

Et pourtant, lorsque nous observons nos propres comportements, force est de constater que nous tendons habituellement à l'attitude opposée, à savoir que d'un côté nous nous « inquiétons » de savoir ce que les autres font (ou ne font pas, ou font mieux), tandis que d'un autre nous cherchons à nous « rassurer » dans une souvent trop facile et trop hâtive acceptation de nos « limites ». En d'autres termes, le cœur léger et la conscience tranquille, nous éludons la véritable origine de nos problèmes d'évolution en transférant sur les autres une image forte et dominante et en nous cantonnant nous-même dans une doucereuse acceptation de nos propres limites : *Je fais ce que je peux... A l'impossible nul n'est tenu...*

Cela étant posé, que signifie au juste *« entrer en rivalité avec soi-même » ?* Entrer en rivalité avec soi-même signifie ne pas se contenter de ce qui apparaît possible mais, précisément, nous efforcer d'aller au-delà de nos possibilités, **à la recherche de « l'impossible potentiellement réalisable ».** L'auto-acceptation de nos limites est une « vue » restrictive de l'esprit masquant, la plupart du temps, une certaine fainéantise de soi. Elle constitue un alibi par trop facile destiné à avaliser une image timorée et fragile de nous-même.

Un moyen de nous dégager de cette contingence réside dans la possibilité de nous envisager non plus par le *dessous (Je fais ce que je peux !...),* mais par le *dessus,* en tant que personne développant le maximum d'effort mais en même temps, capable de reconnaître avec courage l'imperfection humaine et donc la sienne.

*
* *

La meilleure manière de désamorcer la rivalité des autres est de ne pas entrer dedans ! Pour cela, chaque fois que nous serions tenté d'entrer en rivalité, retournons cette velléité vers nous-même et voyons en quoi nous pourrions devenir notre propre rival *(Suis-je à la hauteur de ce que la vie exige de moi ?... Puis-je me dépasser dans un domaine plus épanouissant pour moi et pour mes proches ?... Puis-je travailler de façon plus efficace ?...).* Plus nous nous investirons dans le dépassement de nous-même, moins nous aurons de temps et de force pour nous investir dans une frustrante et vaine rivalité avec les autres.

◆ **Les modèles d'identification.** La rivalité avec soi-même ne peut pas naître de rien, elle nécessite un humus sur lequel elle pourra naître et se développer. Cet humus, c'est dans les modèles d'identification que nous devons aller le trouver.

Que le lecteur se rassure, nous n'entendons pas lui proposer ici de verser dans la vénération aveugle de quelque « idole ». Quand nous disons *modèles d'identification,* nous entendons la sélection personnelle de certaines personnes susceptibles de servir de référence, de « prototypes » provisoires à partir desquels nous pourrons forger notre propre ambition de vie.

Il est vrai que nous sommes bien proche ici d'une réflexion de Serge Christophe Kolm (25) : *« L'homme ne peut avancer assez loin dans la Voie sans les conseils d'un plus savant, qui indique les stratégies opportunes et, pour commencer, communique les concepts*

25. *Le Bonheur-liberté* (P.U.F., 1982), réflexion que nous avions déjà livrée dans *Réussissez votre personnalité.*

Le pluriel nous semble de rigueur, nous ne saurions nous contenter d'un seul et unique modèle d'identification.

mêmes des phénomènes psychiques, qui permettent de percevoir et de comprendre ces derniers, de les influencer et même de les créer. » Toutefois, le pluriel nous semble ici de rigueur. Nous ne saurions en effet nous contenter d'un seul et unique modèle d'identification.

Cette double position d'ambition de soi face à soi-même et d'humilité face à mieux avisé que soi constitue, à n'en pas douter, le meilleur antidote contre l'inexorable tendance à la rivalité résidant en chacun de nous.

*
* *

Avant de fermer ce chapitre, ajoutons un dernier mot. Dans certains milieux professionnels, la règle du « chacun pour soi » empêche parfois toute possibilité d'évolution. Toute personne normalement « heureuse de vivre », tout collègue normalement ambitieux est considéré à la limite, comme « anormal ». Une telle **médiocrité ambiante** n'est bien sûr pas faite pour nous conférer une image courageuse de nous-même et les modèles d'identification qu'on y trouve ne valent souvent pas grand-chose. Sachons que, parfois, les hasards de la vie nous ont conduit à nous arrêter dans un certain « lieu » professionnel, sans que ce lieu constitue pour autant *notre* « milieu ». C'est un peu comme si nous nous trouvions là *par « erreur »*. Vérifions donc si notre lieu professionnel constitue véritablement le milieu dans lequel nous souhaitons évoluer. Si ce n'est pas le cas, quittons-le dès qu'une meilleure opportunité se présentera pour nous.

12. Synthèse

L'espace de chacun.

Nous touchons au terme de notre réflexion sur les attitudes rivalisantes telles qu'elles s'instaurent dans le milieu professionnel. Nous avons essayé d'en comprendre la structure psychologique et les répercussions qu'elle peut avoir sur notre vie professionnelle, sur notre psychisme et sur notre moral. Nous avons constaté que cet épineux problème relevait tout autant de paramètres *objectifs* (différence entre les sexes, ancienneté, répartition et attributions des tâches, sexisme, etc.), que de paramètres *subjectifs* (jalousies personnelles, opportunismes, besoin névrotique de reconnaissance, lutte pour le pouvoir, etc.). Il nous reste maintenant à conclure.

Avec la *gâterie,* la *rivalité* est l'un des deux plus grands **fléaux de l'équilibre psychique humain.** Si l' « homme » était capable de se passer de ces deux antagonistes, on peut penser que la paix régnerait sur la terre. Hélas ! nous en sommes loin. A notre avis, la rivalité, conséquence logique d'un sentiment d'infériorité humain général (26), doit être considérée (au même titre que la gâterie) comme une partie intégrante de notre système psychique (27). Toutefois, cela ne justifie pas pour autant les débordements aberrants auxquels on assiste parfois.

26. Alfred Adler a pu dire : *« Etre homme, c'est se sentir inférieur. »*

27. Comme Freud a pu l'écrire à propos de la jalousie *(op. cit.),* nous serions tenté d'affirmer que *« lorsqu'elle semble manquer dans le caractère d'un individu, c'est qu'elle a succombé à un puissant refoulement et qu'elle joue, par conséquent, dans la vie inconsciente de la personne un rôle d'autant plus grand ».*

En l'état de notre société, il convient de considérer que la rivalité est une **réalité incontournable.** Toutefois, bien qu'incontournable, elle connaît elle aussi la géométrie variable. Cela signifie que nous pouvons, dans une large mesure, en orienter les modalités et les rendre suffisamment flexibles pour ne plus avoir à les subir.

En ce qui concerne les attitudes rivalisantes générées par nos collègues :

— Ayons conscience de ce que nous ne pouvons pas les empêcher de chercher à rivaliser avec nous, ni de tenter de nous entraîner dans leur système névrotique. Apprenons donc à supporter leurs attitudes rivalisantes sans pour autant entrer dans leur jeu.

— S'il y a rivalité, c'est qu'il y a « faiblesse » du Moi. En opposant pour notre part un Moi fort et une position ferme à une situation de rivalité donnée, en insufflant nous-même dans la relation à l'autre un sentiment de reconnaissance, de complémentarité et de coopération, nous parviendrons dans une large mesure à infléchir et à désamorcer progressivement ses attitudes rivalisantes vis-à-vis de nous.

En ce qui concerne nos propres attitudes rivalisantes, rappelons-nous que :

— La rivalité produite par nous est un système duel, dans lequel nous nous emprisonnons.

— Elle est une erreur d'aiguillage de notre conscience de soi, une faiblesse du Moi.

— Elle constitue, comme nous l'avons dit, une fixation sur le présent immédiat barrant toute possibilité d'avenir propre.

— Elle rétrécit considérablement notre monde cognitif et émotionnel et aliène fortement notre personnalité.

Si la rivalité avec autrui est pour nous une préoccupation majeure, apprenons à la dépister et à la désamorcer chaque fois qu'elle semble surgir au détour de conflits relationnels avec nos collègues. En la réorientant vers nous-même, au lieu de nous épuiser en de vaines luttes *contre* les autres, nous nous battrons

pour une meilleure compréhension des choses, **pour** une meilleure intégration dans notre monde professionnel, **pour** une meilleure évolution de carrière nous conduisant à des responsabilités plus passionnantes et plus intéressantes.

Au lieu de nous épuiser en de vaines luttes *contre* les autres, battons-nous *pour* une meilleure compréhension des choses, *pour* une meilleure intégration... *pour... pour... pour...*

CHAPITRE VI

Les prémices d'autre chose

1. Peut-on changer ?

Une politique a priori difficilement avouable...

Si l'on demandait à brûle-pourpoint à une personne ce qui la pousse à acheter un livre de vulgarisation tel que le présent ouvrage, elle expliquerait sans aucun doute que c'est pour elle un moyen d'aborder un domaine de connaissance particulier dans lequel elle éprouve quelques lacunes. Ce serait donc la dimension essentiellement intellectuelle de renseignement, de documentation, bref d'« information » qu'elle mettrait en avant. En revanche, si nous lui demandions si elle attend quelque « changement » dans sa vie après la lecture d'un livre de vulgarisation, nul doute qu'elle répondrait plutôt par la négative. Se cultiver certes, se remettre en cause, en un mot **changer,** voilà bien une autre affaire ! Pourtant, à bien y regarder, le désir d'acquisition d'un tel ouvrage – comme de tous les ouvrages de l'esprit au demeurant – tient tout autant du besoin d'un complément d'information sur une question donnée que de la recherche d'une incitation extérieure à changer notre vision et, au-delà, notre ressenti de la vie.

Est-ce donc si difficile pour nous de concéder que notre vie n'est pas parfaite et qu'il conviendrait peut-être d'en « changer » certains aspects, voire de se faire aider (en l'occurrence, au moyen d'un livre) ? Oui, convenons-en ; c'est difficile. Pourquoi ? Parce que au travers de cette question, c'est finalement toute la question de la **détermination de soi** et surtout de l'**orgueil humain** qui se trouve posée.

Si le lecteur ou la lectrice souhaite que le présent ouvrage lui soit d'un apport réellement efficace, il ne peut faire l'économie de cette question. Au risque de lui déplaire un peu, nous allons donc tenter de cerner à nouveau (1) cette notion.

*

* *

Il est une chose qui ne laisse pas de m'étonner. Durant les trois dernières années, chaque fois que j'ai parlé autour de moi de mon projet d'écriture d'un ouvrage traitant des « problèmes relationnels dans le travail », le leitmotiv qui, invariablement, est revenu – comme si tous s'étaient donné le mot – a été : *« Eh bien, il faudra l'offrir à mon patron ! »* C'est comme si mes interlocuteurs ne se sentaient pas eux-mêmes partie prenante des difficultés relationnelles qu'ils rencontraient *(Moi, personnellement, ça va ; si j'ai des problèmes dans mon travail, c'est la faute de mon chef de service (ou de mon directeur, ou de mon contremaître...).* A quoi tient donc une telle « pudeur (2) » ? Cette question recouvre trois aspects :

— Le premier réside dans l'**acception** même de ce terme. Paradoxalement, alors qu'il est en lui-même plutôt synonyme d'ouverture et d'évolution, le terme de « changement » se trouve généralement identifié à un sens négatif d'*usure (Tu as beaucoup changé = Tu me déçois).*

---

1. Nous disons « à nouveau » car cette question a déjà été abordée, bien que sous un autre angle, dans mon ouvrage *le Couple retrouvé* (p. 304).

2. Le mot « pudeur » n'est pas trop fort car, en effet, le changement implique une situation de déséquilibre faisant étrangement penser à une « mise à nu », à un déshabillage de nos systèmes de défense habituels engendrés par la routine.

— Le deuxième réside dans la question de l'**image de soi.** En effet, convenir soi-même qu'on veut changer, c'est reconnaître implicitement qu'il nous manque précisément ce que nous nous proposons de modifier, c'est confesser qu'en un certain point de notre personnalité nous sommes encore « petit » (ou pas adulte, ou imparfait, ou problématisé...). Et en effet, l'idée de changement contient en elle-même une connotation « scolaire » faisant davantage penser à un élève qui « pourrait mieux faire » qu'à un adulte responsable. Concéder la nécessité d'un changement est donc un *processus narcissiquement éprouvant* en ce qu'il s'accompagne forcément d'une contingence d'humilité *(Je reconnais que je peux améliorer quelque chose).* On tendra, par conséquent, à l'écarter pour être pris au sérieux.

— Le troisième réside enfin dans **le regard des autres.** Lorsqu'on souhaite amorcer une politique de changement, on redoute de devenir la cible du regard – traduisez de la critique – des autres, soit parce que nous sous-estimons notre intention *(Qu'est-ce qu'on va penser de moi !),* soit parce que eux-mêmes la surestiment et craignent de ne plus nous reconnaître (déception).

*

* *

On le voit, la question du changement est une question à double tranchant. D'un côté, on refuse d'être considéré comme une personne « handicapée », d'un autre, notre conviction d'insuffisance en notre for intérieur nous intime de changer les choses de notre vie pour aller de l'avant.

Toutefois, s'il est vrai que nombre d'entre nous ne parviennent pas à se dégager de l'emprise de leurs certitudes intrinsèques *(Moi, c'est moi !),* nombreux sont malgré tout ceux qui, faisant provisoirement abstraction de leur orgueil, parviennent à s'inscrire dans un cadre de **changement** et, au-delà, de **réussite.** Comment s'y prennent-ils, par quelles étapes de maturation passent-ils ? C'est ce que nous allons nous efforcer de comprendre maintenant.

2. L'imperceptibilité du changement

Une homéopathie de l'agir.

a) Objectivité et subjectivité

Lorsque, au hasard d'une promenade ou d'une course en ville, nous rencontrons un ami qui nous a perdu de vue depuis plusieurs années, celui-ci peut exprimer sa surprise de deux manières ; ou il s'exclamera : *Tu n'as vraiment pas changé* (3) *!* ou il concédera : *Tu as tellement changé que je ne t'avais pas reconnu !* Toutefois, sur quels critères une telle évaluation de notre « changement » se base-t-elle ? Tout dépend du point de vue duquel on se place et du genre de regard que l'on porte. En effet, le « changement » est tout à la fois affaire de subjectivité et d'objectivité.

— D'**objectivité** dans la mesure où nous donnons à voir à autrui (en l'occurrence à notre ami) des critères d'appréciation différents de ceux auxquels il a été habitué dans le passé (aspect physique, personnalité, style de vie...).

— De **subjectivité** dans la mesure où c'est avec sa propre personnalité, et donc avec ses propres critères d'appréciation (propres limites, propres craintes, propres angoisses par rapport au changement...) que l'autre évaluera notre changement.

Dans l'exemple que nous venons d'évoquer, le temps manifestement assez long (plusieurs années) durant lequel notre ami nous a perdu de vue « légitimise » d'une certaine manière notre changement *(Puisque je ne t'ai pas vu depuis longtemps, je peux me risquer à porter un jugement sur toi...).*

Il en va toutefois bien différemment lorsqu'il ne s'agit plus d'un ami perdu de vue mais de la relation que nous établissons

---

3. On ne sait, au demeurant, jamais trop comment il convient de prendre une telle assertion. S'agit-il d'un compliment ? Ne faudrait-il pas la prendre comme une offense ? Celui qui l'exprime le fait de toute évidence dans un but de se rassurer lui-même. Personnellement, je trouverais plutôt vexant de ne pas avoir changé à cinq ans d'intervalle. Et vous ?

avec les autres dans le cadre quotidien de notre travail. Quel « changement » un(e) collègue travaillant avec nous à longueur de journées pourrait-il (elle) percevoir de nous ? Et nous-même, face à la quotidienneté de notre propre vie, sur quels critères d'évaluation pourrions-nous nous baser pour le vérifier ?

Cela nous conduit à poser concrètement les cinq autres questions suivantes : Comment se manifeste-t-il ? Qu'est-ce qui m'attend si je change ? Vais-je me reconnaître moi-même ? Comment serai-je reçu(e) par les autres ? Et enfin : Pourquoi le processus de changement apparaît-il si long ? Reprenons l'une après l'autre ces cinq questions.

b) Comment le changement se manifeste-t-il ?

Pour répondre à cette première question, je voudrais évoquer l'anecdote suivante :

Un de mes amis dentiste me racontait qu'avant qu'une personne se décide à aller consulter, elle tendait souvent à retarder le plus possible la visite. Pour ce faire, elle n'hésitait pas à recourir aux plus étranges « gymnastiques » masticatoires pour éviter de « réveiller » telle canine cariée (ou telle couronne descellée, ou tel abcès sous la première prémolaire…) tout en tentant d'évacuer les différents bourrages alimentaires résultant de sa négligence d'hygiène buccale. Ce n'est que lorsque plus aucune issue ne se révélait négociable qu'elle décrochait le téléphone. Venaient alors les soins. La plupart du temps longs. Progressivement, le spécialiste soignait les dents abimées et solutionnait les problèmes. Tout aussi progressivement, la personne pouvait de semaine en semaine – la plupart du temps sans même s'en rendre compte – réappuyer sur telle dent, remastiquer sur telle autre, ou encore ne plus user des heures entières du bout de sa langue comme d'un cure-dent. Toutefois, de tels retours à la normale se faisaient de façon si lente, si progressive, si imperceptible que le patient ne s'en rendait pratiquement pas compte. Pourtant, si on avait pu filmé ce patient au cours d'un repas *avant* son traitement, il aurait été médusé de constater combien d'hésitations, de détours, de tortillements, bref de grimaces plutôt défigurantes avaient accompagné son repas avant les soins.

Il en est de même dans de nombreux domaines et il en va tout pareil dans nos velléités personnelles de changement. Il est bien rare que nos attitudes de vie changent de manière totalement tranchée et immédiatement visible. La plupart du temps, ce sont d'imperceptibles modifications de comportement (façon de présenter les choses, coup d'œil, remarques, allure physique...) qui révéleront sinon un changement direct, du moins un « on ne sait trop quoi » qui fait qu'on est encore le même et qu'on est pourtant déjà un(e) « autre ».

De même que le patient du dentiste ne s'aperçoit pas lui-même de l'absence de toutes les grimaces et des gymnastiques masticatoires qu'il donnait auparavant à voir aux autres, de même, l'absence de nos **« grimaces de personnalité »** ne se manifeste pas de façon si ostentatoire que nous puissions en prendre conscience avec éclat. C'est lentement, progressivement, imperceptiblement que notre changement se manifeste ; jamais dans des actions grandioses, mais dans des détails généralement tout à fait minimes et ténus qui, mis bout à bout, petit à petit dessinent et préfigurent potentiellement un autre nous-même que celui ou celle que nous sommes habitué à voir.

c) Qu'est-ce qui m'attend si je change ?

La deuxième question à laquelle il nous faut répondre est de savoir quelles conséquences notre « changement » pourrait avoir pour notre vie. Cette question soulève deux types de réflexions :

— La première est qu'en règle générale, nous sommes tellement habitué à véhiculer de nous-même une image « infériorisée », que nous craignons que « quelque chose » ne nous « arrive » si nous nous mettions soudain à revendiquer un statut de « grande personne » *(Est-ce que des ailes de géant ne m'empêcheraient pas de marcher* (4) *?).* En fait, il s'agit là, que nous nous en

4. Le lecteur aura reconnu le passage du poème de Charles Baudelaire intitulé *l'Albatros :*

« Le poète est semblable au prince des nuées
Qui hante la tempête et se rit de l'archer
Exilé sur le sol au milieu des huées
Ses ailes de géant l'empêchent de marcher. »

rendions compte ou non, d'une question d'ordre philosophique plus fondamental, à savoir : *Dois-je provoquer le « risque » que quelque chose (en l'occurrence de positif) n'arrive ou dois-je rester dans l'attente* (5) *?*

— La seconde concerne l'image de nous-même à laquelle nous sommes disposé à nous identifier. C'est ce que j'appelle le **« syndrome de la seconde classe ».** Expliquons-nous :

Lorsque nous devons prendre le train pour un trajet donné, le préposé au guichet nous demande de préciser la classe (première ou seconde) dans laquelle nous souhaitons voyager. Posons franchement la question : Qu'est-ce qui motive à ce moment précis notre décision ? L'argument financier tendrait à nous faire opter pour la seconde classe *(J'ai mieux à faire de mon argent ; il serait ridicule de payer plus cher un ticket de train pour un même parcours donné...).* N'en disconvenons pas, dans bien des cas cet argument est tout à fait fondé, le budget de certaines familles se comptant au franc près. Pourtant, en dehors de ces contingences précises de budget, ne nous sommes-nous jamais trouvé dans une situation où nous aurions pu effectivement opter pour la première classe (les secondes étaient trop encombrées, nous avions un travail urgent à relire, nous étions harassé de fatigue...) et où, cependant, nous n'en avons rien fait ? Qu'est-ce qui peut bien motiver notre position dans un tel cas ? Sommes-nous bien certain qu'il ne s'agit que d'une question d'argent ou ne s'agit-il pas plutôt d'une question de difficulté d'identification de nous-même à un voyageur de première classe (première classe = première catégorie = homme ou femme de première qualité = *Ce n'est pas pour moi !*) ?

d) Vais-je me reconnaître moi-même ?

Directement liée à la réflexion précédente, la notion de la *reconnaissance de soi-même* est tout à fait éloquente à cet égard. La question de la *première classe* est en effet une question de reconnaissance de soi-même : *Suis-je, serai-je encore moi, si je*

5. Cette question est admirablement reprise par Carl Jaspers lorsqu'il parle de *« l'exigence de la réalité qui s'adresse obscurément à moi pour m'inciter au risque et à voir ce qui s'ensuit ».* Je renvoie le lecteur à la fin de cet ouvrage pour la citation complète.

voyage en première classe ?... Et si je rencontre un ami ou une connaissance, que va-t-il penser de moi ?... En fait, nous sommes tellement habitué à vivre dans une certaine « idée » de nous-même que nous éprouvons les plus vives difficultés à nous imaginer « autre ». C'est comme s'il nous fallait instaurer en nous une double identité du type « Docteur Jekyll et Mister Hyde ». Ce que, sur le moment, nous ne percevons pas, c'est que notre changement n'impliquerait en aucun cas que nous devenions une personne étrangère à nous-même (ce qui, au demeurant, serait impossible), mais tout au contraire que nous devenions **celui ou celle que nous sommes vraiment** (6).

Personne ne nous affranchira de cette censure limitative que nous faisons peser arbitrairement sur notre propre vie. Il appartient à nous et à nous seul de nous en défaire. Ne limitons pas notre personnalité à une seule et unique image de « deuxième classe ». Exerçons-nous, chaque fois que nous le pouvons, au « risque » de rencontrer un autre nous-même que celui que nous sommes habitué à voir.

e) Comment serai-je reçu(e) par les autres ?

Parmi les soi-disant « dangers » que nous redoutons, celui-ci n'est pas des moindres. En changeant, nous craignons en effet que les autres se montrent différents à notre égard (traduisez, moins conciliants, moins gentils, moins « coulants »).

D'un point de vue psychologique, un tel argument s'appuie sur la conviction – aberrante en soi – que tant qu'on se montre petit on a des chances de passer inaperçu. C'est comme si le fait de se montrer mature, responsable, en un mot « adulte », allait avoir pour conséquence de nous priver des soi-disant privilèges afférants au monde des petits *(Dorénavant, on ne va plus me faire de cadeaux !)*.

Répétons-le, il s'agit d'une conviction erronée. En prenant un minimum de distance par rapport à notre situation personnelle,

6. Le philosophe Nietzsche a dit cela mieux que moi : *« Deviens ce que tu es ! »*

nous aurons tôt fait de constater que la place du « petit » constitue **un manteau certes chaud** *(On n'exige rien de moi...)* **mais étroit,** car elle recouvre nombre d'inconvénients relationnels majeurs (négligences de la part des autres en notre endroit, absence de marques de respect ou de sympathie, absence de prise en compte de notre avis...).

f) Pourquoi le processus de changement apparaît-il si long ?

Chacun de nous a déjà constaté combien il était difficile d'inscrire dans la réalité concrète et quotidienne nos velléités de changement. On a, par exemple, déjà cent fois vu le piège de telle ou telle situation se dessiner à l'horizon ; on en a déjà cent fois supporté les conséquences ; on s'est déjà cent fois promis de la désamorcer dorénavant avant qu'elle n'empire, et pourtant, à l'heure X, une fois de plus, nous nous avérons incapable d'en déjouer les effets pervers. Dans de tels cas on se traite volontiers de tous les noms d'oiseaux et l'on en vient même à se demander si l'on ne souffre pas d'un certain « crétinisme caractérisé ». Ainsi, on a beau savoir qu'il ne sert à rien de discuter avec tel ou tel collègue, esprit borné et autoritaire, mais nous ne pouvons pas nous empêcher, le moment venu, de tomber inéluctablement dans le piège de la palabre improductive.

Ce qu'il faut savoir c'est que, face à la nécessité d'un changement donné, il est bien rare que nous soyons capable d'en intégrer immédiatement et naturellement toutes les nouvelles données comportementales. Cela tient au fait que l'acquisition de nouveaux modes de comportements passe par le double filtre de notre *compréhension intellectuelle* et de notre *compréhension émotionnelle* avant de trouver un débouché « naturel » dans notre vie quotidienne.

D'ordinaire, la première ne nous cause pas trop de tracas. Face à un problème donné, doté(e) d'une intelligence moyenne, nous avons tôt fait d'en analyser la teneur et d'en tirer les conclusions et les conséquences qui s'imposent.

Toutefois, il en va bien différemment de notre compréhension « émotionnelle » qui, elle, passe par des systèmes extrêmement sensibles de blocages et d'inhibitions ancrés en nous depuis si longtemps (en fait, depuis notre plus tendre enfance) qu'ils font figure de véritable rempart à toute politique effective de changement. Ainsi, face au changement, il nous faudra la plupart du temps réitérer un grand nombre de fois un même résultat d'échec avant que de devenir capable d'en intégrer naturellement les nouvelles données.

*
* *

Souvenons-nous que :

— La différence d'intégration entre notre **compréhension intellectuelle** et notre **compréhension émotionnelle** du changement ne comporte, en soi, rien d'anormal.

— La grande difficulté, en matière de changement, ne réside pas tant dans la reconnaissance intellectuelle de sa structure que dans l'application par un être « sensible » (en l'occurrence, nous-même) des conséquences qui en ressortent.

— Le changement ressort de phénomènes certes un peu déroutant, mais il ne comporte en lui-même rien d'inaccessible à l'individu de bonne volonté doué d'une intelligence normale que nous sommes tous en puissance.

— Les *bottes de sept lieues,* en matière de changement, n'existent pas. Elles n'existent pas car il n'existe pas de raccourci en matière de connaissance de soi. Faisons-en notre parti.

Les bottes de sept lieues, en matière de changement, n'existent pas, car il n'existe pas de raccourci en matière de connaissance de soi.

3. L'exemple enseigne

Il est intéressant de voir concrètement comment la notion de changement peut être perçue et ressentie dans la pratique. Pour ce faire, nous allons observer et analyser les remarques qu'un de mes analysants, un instituteur âgé de trente-deux ans (nous l'appellerons M. Dujardin), fit récemment lors d'une séance de groupe. Nous retranscrivons ici mot à mot le début de son propos :

« J'ai reçu beaucoup d'encouragements. Ça m'a fait plaisir d'entendre que j'avais gagné en "format". Est-ce que ce sont ces "petites choses" que j'ai faites qui ont fait que les gens trouvent un changement en moi ? Je ne me trouve pourtant "pas foncièrement différent" par rapport à avant. Quand même, cette semaine je me suis senti capable de faire plein de choses et j'ai été actif dans plein d'autres domaines. C'est comme si je prenais davantage la vie comme elle vient. Maintenant, je me pose la question : "Est-ce que je ne risque pas d'"oublier" cela, de "régresser" en quelque sorte ?" En tout cas, si j'avais su qu'il ne fallait faire que cela, je n'aurais pas attendu si longtemps ! »

Reprenons maintenant ces propos et tentons d'en saisir la portée et les conséquences.

◆ Est-ce que ce sont ces petites choses que j'ai faites qui ont fait que les gens ont trouvé un changement en moi ?

De toute évidence, M. Dujardin est étonné de lui-même. Cela tient au fait que, face à ses exigences personnelles surdimensionnées, il a – probablement depuis toujours – véhiculé sur son propre compte une image d'impuissance achevée. Il s'agit là d'un schéma de comportement bien connu des psychologues. En effet, l'une des erreurs humaines les plus classiques consiste à nous piéger dans l'alternative absurde consistant, soit à vouloir « soulever des montagnes », soit à ne pas « broncher ». Comme la première alternative n'est pas vraiment à la portée du premier venu (7), nous nous voyons contraint de nous conformer à la seconde.

---

7. Je n'ai personnellement encore jamais rencontré un tel spécimen d'*Homo sapiens*, et vous ?

Ici, en l'occurrence, M. Dujardin a mis le doigt sur ce que j'ai coutume d'appeler une *« homéopathie de l'agir ».* S'il me fallait définir grossièrement le processus de l'homéopathie, je dirais qu'il s'agit d'un traitement consistant à administrer à un patient un remède en quantité infinitésimale qui, paradoxalement, va produire de grands effets (8).

Il en va de nos velléités de changement comme de l'homéopathie. Les expériences que nous jugeons si minimes que nous n'oserions même pas en faire état auprès de nos proches peuvent, si nous nous risquons à l'action, produire des résultats concrets tout à fait substantiels. Il s'agit d'actions au millimètre induisant elles-mêmes des changements au millimètre : une prise de position là où nous n'aurions jamais osé marquer notre présence, un geste là où nous nous serions senti paralysé, un simple mot là où, auparavant, nous serions resté sans voix.

Si les autres ont remarqué un changement en M. Dujardin, c'est précisément parce qu'il est parvenu à instaurer **un commencement de politique d' « effort ».** Car c'est en effet dans les premiers soubresauts de l'effort que réside la différence. Cet effort si minuscule qu'on avait négligé jusqu'à présent et qu'on réalise maintenant, va produire un certain résultat, puis un autre, puis un autre encore et ainsi de suite. Et comme nous l'avons intégré imperceptiblement, il nous devient naturel. Ainsi se trouve renversée une certaine « logique de l'échec ».

Toutefois, ce n'est pas pour autant qu'elle sera vécue comme **une « logique de la réussite ».** Car il est un trait de caractère humain tout à fait étrange qui veut que tout ce qu'on ne fait pas (mais que les autres font, bien entendu !) est vécu par nous comme unique, exceptionnel, formidable, etc., tandis que tout ce qu'on fait soi-même sera ressenti comme minime, banal, voire anodin. Ainsi, on pourra admirer une personne capable de se lever très tôt le matin, mais ne trouver rien que de très « normal » à un tel état de chose dès lors qu'il s'agit de notre propre personne *(Des millions de gens se lèvent aussi tôt que moi, et même plus tôt encore !...).*

---

8. Cela n'est, en fait, que l'aspect le plus connu de la médecine homéopathique. Il conviendrait d'ajouter : tout en faisant en sorte que le symptôme du patient soit en similitude avec les symptômes du remède.

◆ **Je ne me sens pas foncièrement « différent » par rapport à avant.**

En effet, la politique d'effort de M. Dujardin a certes commencé à porter ses fruits, mais lui-même n'a pas encore eu le temps d'en repérer les changements et de les « enregistrer » émotionnellement dans son vécu quotidien des choses.

On pourrait rapprocher ce phénomène de ce que la philosophie nomme la « concrescence », c'est-à-dire le propre de ce qui se fait en se faisant (9). Par exemple, les stalactites que l'on trouve dans les grottes sont des formations « concrescentes » de calcaire formées au fil du temps par l'écoulement lent et perpétuel de gouttes d'eau en un même endroit.

On pourrait rapprocher le phénomène du changement de celui de la "concrescence", c'est-à-dire de ce qui se fait en se faisant, tels les stalactites...

9. Ce mot vient du latin *concrescere,* qui signifie se solidifier. En fait, il s'agit d'un terme qui, au départ, fut utilisé en géologie pour désigner le phénomène de solidification des sels en solution en masses cristallisées tels qu'on les trouve dans le cristal.

Il en va de l'effort humain comme du calcaire des stalactites. Nos millièmes d'efforts, répétés et ajoutés, finissent par constituer d'abord un certain « terrain », puis une certaine « consistance » là où la situation individuelle apparaissait marécageuse, puis une certaine « carrure », puis un certain « format ».

◆ **Tout d'un coup, je me suis senti capable de faire plein de choses et j'ai été actif dans d'autres domaines.**

En effet, ce premier repère homéopathique de l'action a, même si imperceptiblement seulement, libéré M. Dujardin de l'angoisse d'agir ; il a constitué un tremplin d'encouragement sur lequel il a pu venir s'appuyer pour mettre en œuvre d'autres *« chantiers » d'action.*

L'un des pas les plus difficiles à franchir consiste à prendre conscience de notre immobilité et d'en saisir la « vacuité », c'est-à-dire l'inutilité et le vide qui en résulte. Ce que M. Dujardin a découvert, c'est que **l'action induit l'action,** qu'elle nous fait nous sentir davantage « en phase » avec la vie, qu'elle nous confère un sentiment de légèreté et, par-delà, de liberté. De même que le stalactite se fait en se faisant, M. Dujardin a compris que **c'est en faisant les choses qu'on en découvre la facilité** et, surtout, la « faisabilité ».

◆ **C'est comme si, maintenant, je prenais la vie comme elle vient…**

Oui ; toutefois, au lieu de la subir, M. Dujardin va dorénavant interpeller et interroger la vie au fur et à mesure qu'elle se « déroule » devant lui. Car *« prendre la vie comme elle vient »* ne signifie pas « attendre » que les choses se solutionnent comme par miracle ; cela signifie maîtriser l'une après l'autre les situations plus ou moins complexes ou plus ou moins problématiques (en psychologie adlérienne, on appelle cela les *« tâches de la vie »*) que la vie nous somme de rencontrer et de résoudre.

◆ **Est-ce que je ne risque pas d'oublier, de régresser ?**

M. Dujardin n'a aucune crainte à avoir, une telle *expérience prototypique* du « changement » ne s'oublie pas de si tôt car elle constitue, en fait, une « autre » lecture de la vie. Or, la lecture ne s'oublie pas (10). Chaque fois que nous découvrons une nouvelle attitude, une nouvelle capacité, une nouvelle « connaissance » de nous-même ou des autres, celle-ci nous est définitivement acquise.

Bien sûr, une « régression » reste toujours possible en ce sens que **nous sommes toujours également « déterminé » par notre milieu.** En effet, comme nous l'avons indiqué dans un précédent ouvrage (11), un milieu peut être pour nous facteur de progression ou de régression. Ainsi, une personne peut pendant des années de sa vie se montrer intuitive, sensible, intelligente, pénétrante puis, pour des raisons X (changement de domicile, de travail, divorce...) être conduite à fréquenter un autre milieu qui petit à petit, si elle ne se montre pas extrêmement vigilante et exigeante vis-à-vis d'elle-même, déteindra sur elle et la conduira à perdre sa brillance et son éclat de vie. Tout comme pour chacun d'entre nous, il ne tient qu'à M. Dujardin de surveiller le milieu dans lequel il évolue et de trier le type de personnes qu'il fréquente.

*
* *

M. Dujardin a vécu là, de toute évidence, une très belle expérience de confirmation de soi par autrui. Même s'il n'est pas encore capable d'en mesurer aujourd'hui toute la portée et même s'il advient qu'il se détourne ultérieurement de cette *« homéopathie de l'agir* (12) *»*, il a très bien saisi dans sa profondeur la subtilité des mécanismes de l'action qui conduisent l'humain aux entreprises les plus prometteuses.

*
* *

---

10. Si vous voulez en faire l'expérience, mettez un livre devant vous, regardez-le et essayez de ne pas lire ce qui est imprimé sur la couverture. Vous verrez que cela est impossible ! À moins de tricher (par exemple, en retournant le livre à l'envers ou, encore, en choisissant un ouvrage qui n'est pas écrit dans notre langue).

11. *Le Couple retrouvé* (p. 325).

12. Franz Kafka assurait que *« l'oreille met parfois fort longtemps avant de devenir "mûre" pour quelque chose »*.

Pour clore le chapitre du changement, il est enfin une question que nous ne saurions passer sous silence, à savoir : *Peut-on changer les autres ?* Attardons-nous quelques instants sur cette question.

4. Peut-on changer les autres ?

Quand on y met tout son poids, on a du poids !

Nous avons observé, dans les pages précédentes, que le commun des mortels s'identifiait bien peu volontiers à la nécessité d'un changement de ses conditions de vie professionnelles et qu'il préférait généralement renvoyer cette épineuse question vers les autres. Le lecteur et la lectrice auront compris, plus haut, que lorsque mes interlocuteurs rétorquaient : *Eh bien, il faudra offrir votre livre à mon patron !,* ils sous-entendaient de fait : *Si quelqu'un a besoin de changer, ici, c'est bien lui* (13) *!* Mais, en dehors du dilemme exclusif « lui » ou « moi », sommes-nous certain qu'il n'existe pas d'autres alternatives ? Ne pourrions-nous pas, par exemple, envisager un « lui à travers moi (14) » ? En d'autres termes, *ne puis-je pas, par ma propre attitude, imposer un certain style de relation ?* Ou, pour poser plus clairement encore la chose : *Ne puis-je pas amener mon interlocuteur, par mon propre comportement, à « changer » vis-à-vis de moi ?* La réponse qui nous vient généralement à l'esprit est : *Les autres sont comme ils sont et nous n'y pouvons rien changer !* Personnellement, j'ai toujours été convaincu du contraire et je vais tenter d'en établir l'évidence.

Il existe des concepts psychologiques humains faisant figure de constante. Parmi ceux-ci, il en est un que le lecteur et la lectrice assidus connaissent fort bien pour l'avoir rencontré à plu-

13. Evidemment, le même patron interrogé aurait tôt fait de renvoyer la balle dans le camp de son employé(e).

14. Ainsi, du reste, qu'un « Moi à travers lui ».

sieurs reprises dans mes autres livres. Ce concept a pour nom l'*induction,* que j'ai définie dans un précédent ouvrage (15) comme *« la capacité dont nous disposons tous d'amener une personne à adopter envers nous un type de comportement que nous aurons nous-même choisi et non celui qu'elle nous destine ».* Je distinguais en outre l'*induction d'élaboration* et l'*induction d'intervention,* la première étant destinée à véhiculer l'image que nous voulions que les autres aient de nous, la seconde constituant une alternative aux moyens de défense traditionnels auxquels nous avons habituellement recours lorsque nous nous sentons mis en danger.

Le changement est un processus dynamique interactif entre l'environnement humain et la personne. Ainsi, le changement d'ambiance d'un certain milieu professionnel peut avoir des répercussions sur les personnes, de même que le changement de politique professionnelle d'une personne avoir des répercussions sur son environnement humain immédiat.

Généralement, l' *« Homo tripaliens »* que nous sommes tous connaît bien ce système dans sa forme négative, c'est-à-dire dans sa dimension « victimisatrice », mais il tend à l'occulter ou à le banaliser lorsqu'il pourrait agir dans le sens positif, c'est-à-dire dans sa dimension « bénéfique ». Ainsi, chacun de nous a-t-il probablement pu constater les dégâts que peut produire la nomination d'un nouveau chef (chef de service, d'atelier, contremaître...) lorsque celui-ci se révèle moins communicatif, moins flexible et moins avenant que son prédécesseur. En revanche, rares sont ceux d'entre nous qui ont l'occasion de vérifier concrètement les effets positifs que peuvent avoir **leurs propres efforts** sur leur environnement lorsqu'ils parviennent à déjouer les traquenards que leur tendent les contingences hiérarchiques et l'habitude de leur rôle.

Répétons-le, si notre attitude est susceptible d'induire l'attitude des autres, il n'y a aucune raison pour que notre changement n'induise pas leur changement. Mais attention ! Tout comme existe, ainsi que nous l'évoquions plus haut, une « homéopathie de l'agir », existe une **« homéopathie du changement »** de nos

15. *Réussissez votre personnalité* (p. 156).

interlocuteurs vis-à-vis de nous. En effet, il est bien rare que le changement d'attitude d'autrui à notre encontre se manifeste de façon immédiatement perceptible et concrète. La plupart du temps, c'est par petites touches que ces changements s'opéreront : telle approbation cherchée dans notre regard, telle considération marquée pour l'une de nos suggestions, telle cordialité venant appuyer une recherche tacite d'alliance, tel nouvel entregent marquant sensiblement une nouvelle répartition des pouvoirs en présence, etc.

*

* *

Ne soyons ni défaitiste ni n'attendons de miracles. Travaillons millimètre après millimètre à l'instauration des nouvelles données relationnelles potentielles engendrées par notre politique d'effort.

Notre changement s'inscrit non pas en lettres gravées dans le roc, mais en filigrane dans un ensemble d'attitudes qui rayonnent vers les autres et qui induit leurs propres modifications d'attitudes vis-à-vis de nous. Et n'oublions pas : **c'est dans la différence de façon dont les autres nous traiteront que nous pourrons évaluer notre degré de changement.**

L'homme, c'est bien connu, rêve de changement mais le craint comme la peste.

Nous rêvons d'un monde professionnel meilleur, plus humain, plus engageant, plus responsabilisant, plus épanouissant mais, parallèlement, nous craignons que notre environnement ne change, de même que nous craignons de nous voir changer nous-même. Moins nous sommes le témoin conscient des transformations qui s'opèrent autour de nous ou en nous, mieux nous nous portons (ou en tout cas le croyons-nous). Nous nous lamentons volontiers de ce que les gens sont méchants, de ce que notre patron de nous comprend pas, de ce qu'il n'y a plus de morale professionnelle, de ce que les conditions de travail ne sont plus ce qu'elles étaient… mais notre estomac se noue à l'idée qu'il nous appartiendrait d'agir pour changer les choses.

Le moment est donc maintenant venu pour le lecteur ou la lectrice de **choisir** le type d'utilisation qu'il souhaite faire de cet ouvrage. Ainsi que nous l'avons suggéré précédemment, il pourra se limiter à n'y chercher qu'une information psychologique intéressante sur la façon dont se font et se défont, se forment et se transforment les relations interhumaines dans la vie en général et dans la vie professionnelle en particulier. Et, somme toute, ce n'est déjà pas si mal ! Mon vœu serait toutefois qu'au-delà de la quête *stricto sensu* de ladite « information », le lecteur ou la lectrice puisse y trouver matière à une véritable base de départ pour un « **changement** » **effectif** de sa politique professionnelle et pour son **épanouissement relationnel** dans son lieu de travail.

CHAPITRE VII

L'homme et la femme d' « impression »

1. Les modèles de référence

La liberté, c'est le sentiment existentiel du construit.

Nous touchons maintenant progressivement au terme de notre analyse sur les relations humaines dans le travail. Depuis le début de notre ouvrage, nous avons déjà éclairci nombre de questions et levé nombre d'obstacles. Même si nous n'avons pu, parfois, jeter qu'un « œil de moineau » sur ces questions, nous devrions tout de même voir maintenant un peu plus clair en nous-même et dans les autres. Arrêtons-nous encore un court instant et récapitulons brièvement les différentes analyses auxquelles nous nous sommes successivement livré :

Après quelques considérations préambulaires et certaines « mises au point » indispensables pour bien situer le problème du « relationnel » dans l'entreprise :

— Nous avons, dans un deuxième temps, tenté de cerner ce qu'était la relation humaine.

— Dans un troisième temps, nous avons observé la psychologie des personnages les plus marquants intervenant généralement dans un environnement professionnel donné.

— Dans un quatrième temps, nous avons évoqué les problèmes liés à la demande, tant vis-à-vis de l'autorité dirigeante que face aux collègues.

— Dans un cinquième temps, nous avons recensé les différents problèmes de rivalité pouvant surgir dans notre vie professionnelle.

— Dans un sixième temps, nous nous sommes interrogé sur l'épineuse question du changement.

Reste maintenant, pour peaufiner notre besogne, à mettre en évidence l'homme et la femme vers lequel ou vers laquelle nous devrions tendre pour vivre le maximum d'épanouissement sur le plan relationnel et professionnel. En cet instant, le lecteur doit sans doute se demander quel personnage idéal, quel surhomme, quel demi-dieu... le psychothérapeute que je suis va bien pouvoir sortir de son chapeau de magicien. Qu'il se rassure. Tel ne sera pas le cas. Notre monde et notre société sont assez avides de merveilleux et de surnaturel sans qu'il soit besoin d'en rajouter ici. Non, l'*Homo tripaliens* (homme ou femme) auquel nous pensons ici n'a rien que nous ne puissions fournir nous-même, qui que nous soyons et à quelque niveau hiérarchique que nous appartenions.

Dans les pages qui vont suivre, nous allons essayer de recenser les principaux modèles de référence auxquels puisent l'*homme d'impression* et la *femme d'impression* pour établir et entretenir leur personnalité, et nous verrons, ce faisant, que ces critères sont finalement en nombre assez limité. Bien sûr, nous aurions pu multiplier à l'infini les qualités humaines de ces caractères, mais nous aurions alors véritablement brossé un portrait par trop idéal auquel aucun d'entre nous ne se serait senti à même de s'identifier. Comme nous allons le voir, tel n'a pas été notre choix.

*
* *

Le premier modèle de référence auquel puisent l'homme et la femme d'impression réside dans la capacité d'action. Nous verrons ensuite l'autorité et la crédibilité.

2. La personnalité agissante

A force de prendre son temps, on finirait par prendre celui des autres !

Dans le chapitre consacré à l'*Intuition de la relation,* nous avons mis en évidence et expliqué les quatre notions d'*action,* de *réaction,* d'*abréaction* et d'*inaction,* précisant que plus nous tendrions vers une politique d'action, plus fort serait notre sentiment d'être le décisionnaire de ce qui nous arrivait.

Dans ce qui suit, nous allons nous pencher sur la question concrète de savoir comment l'homme et la femme d'impression s'y prennent pour mettre en œuvre leur capacité d'action.

a) La gestion de notre temps

En guise de préambule, j'aimerais relater une anecdote personnelle qui nous fera entrer dans le vif du sujet mieux que n'importe quel discours.

Il y a quelque quatorze années de cela, lorsque je décidai de quitter l'*Institut de psychologie analytique* de Berlin et que je fus rentré en France afin de m'y établir en tant que psychothérapeute, je conservai de nombreux contacts avec mon « patron », le professeur Josef Rattner. Ce faisant, il est une chose qui, au début, ne laissait pas de me surprendre : chaque fois que je lui écrivais, je pouvais être certain de recevoir la réponse – écrite de sa main – par retour du courrier. Que je pusse apparaître si important dans l'estime du docteur Rattner me comblait, comme on peut s'imaginer, d'orgueil et de fierté. Toutefois, au bout de quelque temps, et devant l'insistance d'un tel privilège, il me fallut mettre mon orgueil dans ma poche et analyser différemment la situation : si le professeur Rattner répondait aussi rapidement à sa correspondance, ce n'était probablement pas tant dû à la prééminence de ma personne sur ses autres correspondants qu'à sa discipline professionnelle et à son « ascèse » épistolaire. En effet, lorsqu'on sait combien l'emploi du temps de cet homme de science était chargé (thérapie, cours, conférences, écriture, voyages...), on peut penser que la seule manière de faire face à ses multiples activités était de ne surtout *« jamais remettre au lendemain »* ce qu'il pouvait faire le jour même, et en particulier d'éviter de prononcer pour lui-même le fatidique leitmotiv : *« Je n'ai pas le temps* (1). »

Je dois concéder que cette « leçon » fut l'une des meilleures qu'il me fut donné de prendre en tant que professionnel de la psychologie et que cet exemple reste, aujourd'hui encore, très vivace dans ma mémoire et dans ma pratique professionnelle. Mais foin de considérations personnelles, voyons maintenant comment s'inscrit la gestion de notre temps dans la mise en œuvre de notre capacité d'action.

*

* *

Il est un phénomène philologique fort étrange quoique couramment répandu : il s'agit de notre curieuse propension à nous exprimer sur le mode de l'impératif *(Il n'y a qu'à...)* lorsqu'il s'agit de l'action des autres, et sur le mode du conditionnel *(Il faudrait que...)* lorsqu'il s'agit de la nôtre. C'est comme si, parlant de nos propres agissements, il nous fallait diluer l'**insupportable immédiateté des choses** dans un bain de conditionnel.

Si nous devions expliquer cette « maladie délaitatoire » ambiante et chronique dont nous avons vu, avec Marc Aurèle, qu'elle n'était pas un phénomène propre à notre société moderne (2), il nous faudrait probablement en trouver l'origine dans quatre types de raisons :

— La première est que nous nous trouvons la plupart du temps écartelé entre un **principe de plaisir** nous poussant à mettre en avant ce qui conviendrait le mieux à nos besoins immédiats *(Moi d'abord !)* et un **principe de réalité** qui nous ramène à

1. Probablement tient-il cette attitude de Marc Aurèle (qui la tenait, paraît-il, lui-même d'Alexandre le Platonicien) : *« Ne pas, souvent et sans nécessité, dire à quelqu'un ou mander par lettre : "Je n'ai pas le temps"... »* Je renvoie le lecteur à la fin de cet ouvrage pour la citation complète.

2. En effet, Marc Aurèle a vécu de l'an 121 à l'an 180 de notre ère.

une vision beaucoup plus immédiatement intervenante de la vie *(Si tu ne fais rien, tu n'auras rien !)*.

— La deuxième est que l'action apparaît comme virtuellement **privative de liberté** *(Si la vie m'impose d'agir dans un certain sens, elle m'empêche d'agir dans le sens qui me conviendrait)*.

— La troisième réside dans une vague perception (erronée, bien sûr !) d'**immortalité** nous conduisant, entre autres, à remettre au lendemain ou au surlendemain, voire même à « beaucoup » plus tard ce que nous aurions à faire à l'instant ou le jour même.

— La quatrième, enfin, est que notre **tendance à la gâterie** nous pousse, dans la majorité des cas, à attendre que les choses se fassent sans que nous ayons à intervenir, comme jadis nos parents agissaient et décidaient pour nous.

b) La prise de risque

Directement liée à la gestion du temps est une autre notion tout aussi capitale pour la mise en œuvre de notre action : il s'agit de notre aptitude à la prise de risque. Oh ! rassurons-nous ! Il n'est pas ici question des risques majeurs que la vie met parfois sur notre chemin (3). Non, ceux auxquels nous pensons ici sont les mille et mille risques quotidiens, petits et moyens, qui se constituent dans toutes les intentions d'initiatives liées à nos desseins, à nos projets, à nos objectifs, et qui se traduisent dans l'alternative souvent rédhibitoire du *faire* ou *ne pas faire*.

Nos « **risques d'intentions** » s'articulent généralement sur des alternatives de choix sur les termes desquelles nous hésitons jusqu'à ce que :

— Soit le « danger d'action » se soit dissipé de lui-même.

— Soit la situation ait décidé à notre place et nous contraigne à agir « malgré » nous.

Pour bien saisir notre propos, nous allons prendre un exemple concret.

3. Encore qu'il soit tout à fait frappant de constater que nous nous avérons généralement beaucoup plus aptes à « trancher » dans ces risques majeurs que dans tous les autres risques minimes rencontrés dans notre vie quotidienne.

Un de mes analysants s'ouvrit un jour en consultation d'un problème qui, à ses dires, le déprimait, le rendait maussade et l'empêchait de dormir. Ce monsieur (nous l'appellerons M. Guillaume) travaillait comme informaticien dans l'administration. Il avait appris qu'il lui était possible, dans le cadre de sa formation continue, de passer un certain diplôme universitaire par le biais de la voie administrative, ce qui lui permettrait de gagner deux ou trois années d'étude, et il avait donc fait une demande à son directeur général pour que lui soit accordée l'autorisation ad hoc. La rentrée universitaire d'octobre approchant, mon analysant s'inquiétait de ne toujours pas avoir reçu la lettre idoine qui lui eût permis de procéder à son inscription. Une semaine avant le délai de clôture, il attendait encore la réponse.

A ma question de savoir pourquoi il n'avait pas déjà repris contact avec son directeur, il m'avoua qu'il avait entendu dire que nombreuses étaient les demandes, de sorte qu'il craignait qu'en relançant ce responsable celui-ci en prenne ombrage et réponde par la négative.

Si on analyse ce cas, on s'aperçoit que l'absence de prise de décision de M. Guillaume s'articule sur une double attitude d'attente de gâterie et de superstition.

— De **gâterie,** car il attendait, en fin de compte, que son directeur général se comportât envers lui à la manière d'un parent gâteau et prenne en charge son problème, se positionnant ainsi dans une relation de type parent/enfant plus que dans une relation d'adulte à adulte.

— De **superstition** car il pensait que son action « risquait » d'engendrer un malheur (en l'occurrence, un refus).

De tels « manquements à agir » ne revêtent pas forcément d'aussi terribles conséquences pour la personne concernée, mais ils n'en constituent pas moins la structure « prototypique » d'une politique générale d'échec professionnel ou relationnel.

Le pire, pour M. Guillaume, et ce qui, probablement était à l'origine de sa « déprime » et de ses insomnies, était de se voir obligé de laisser les rennes de sa vie entre les mains d'un autre et de se sentir incapable de les reprendre. Face à sa non-action, l'**étau de la réalité** s'était progressivement refermé sur lui et la clôture des inscriptions avait soudain constitué une échéance dont on ne sait trop, à l'analyse, si elle serait un « alibi » pour agir ou un obstacle supplémentaire pour ne pas agir.

En l'occurrence, à la sortie de sa consultation, M. Guillaume prit son courage à deux mains et entreprit de téléphoner à son directeur général. Il apprit de sa bouche qu'il n'avait aucun souci à se faire dans la mesure où un « début de dossier » avait déjà été préalablement constitué et enregistré. Dans ce cas précis, M. Guillaume en fut donc quitte pour quelques nuits blanches et quelques angoisses. Cependant, combien de situations similaires M. Guillaume a-t-il vécu dans le passé et se sont-elles toutes terminées aussi bien ? Il est, hélas ! à craindre que non.

*
* *

Combien d'entre nous rencontrent quotidiennement de telles situations dans leur travail, combien hésitent à demander, qui à leur patron, qui à leur chef de service, qui au chef du personnel, un renseignement ou à effectuer une démarche dans la peur que leur action n'entraîne des conséquences fâcheuses pour eux ?

Parmi les situations les plus embarrassantes et les plus frustrantes pour notre vie professionnelle, le sentiment de ne pas savoir *« à quelle sauce on va être mangé »* est certainement le plus pénible à supporter. Il faudrait que ceux rencontrant ce problème comprennent que :

A quelle sauce
serons-nous mangé ?

1. Ne pas entrer dans l'action est déjà une forme d'action.

2. Tout blocage d'action peut, de toute manière, entraîner autant de conséquences (positives ou négatives) qu'une attitude décisionnelle.

3. Plus ils retardent le début de leur action, plus celle-ci prendra la forme d'un étau.

4. Tous leurs *« pourvu que »,* leurs *« si seulement »,* leurs *« Mon Dieu ! faites que »* constituent des **prémices de superstition** plus que des promesses à agir.

*
* *

La mise en œuvre de notre action est essentiellement une question d'opportunité du moment. Nous connaissons tous le *« to be or not to be »* de William Shakespeare ; toutefois, il est d'autres passages du *Hamlet* tout aussi édifiants, voire davantage. Ainsi, Shakespeare, psychologue avant la lettre, fait-il dire à l'un des personnages de sa pièce (en l'occurrence le roi) : *« Ce que nous voulons faire, faisons-le quand nous le voulons, car la volonté change. »* Mais il ne s'en tient pas là. En effet, un peu plus loin, le célèbre dramaturge anglais livre la solution au problème du déclenchement de l'action en faisant dire à un autre personnage (en l'occurrence, le premier fossoyeur) : *« Un acte comporte trois branches : le mouvement, l'action et l'exécution... »*

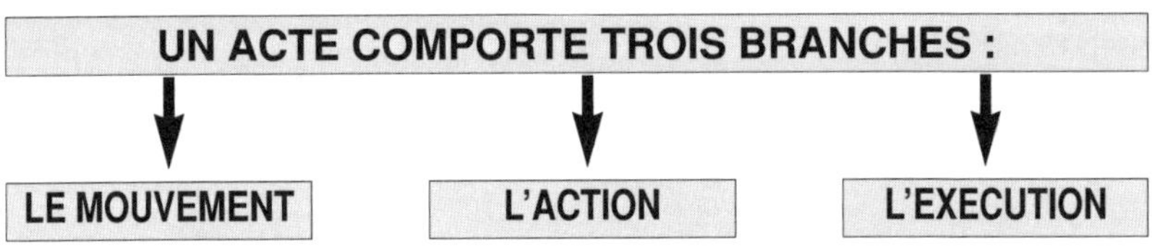

Tant qu'un tel acte concerne des détails de notre vie quotidienne ou professionnelle, nous opérons selon un tel schéma sans même nous en rendre compte. Toutefois, dès qu'il s'agit de problèmes plus sérieux, nous tendons fâcheusement à négliger les deuxième et/ou troisième termes de ce postulat.

Si nous devions maintenant traduire ces réflexions dans le vocabulaire de la psychologie, nous dirions que l'action humaine est liée à plusieurs règles dont l'une d'entre elles pourrait stipuler : plus nous retardons dans le temps le déclenchement de notre action, plus celle-ci apparaît âpre à mettre en route et à réaliser ou, plus simplement, **plus la durée s'étale, plus la pénibilité** (et le sentiment de risque afférent) **augmente.**

La difficulté de réalisation de notre action pourrait suivre la courbe suivante :

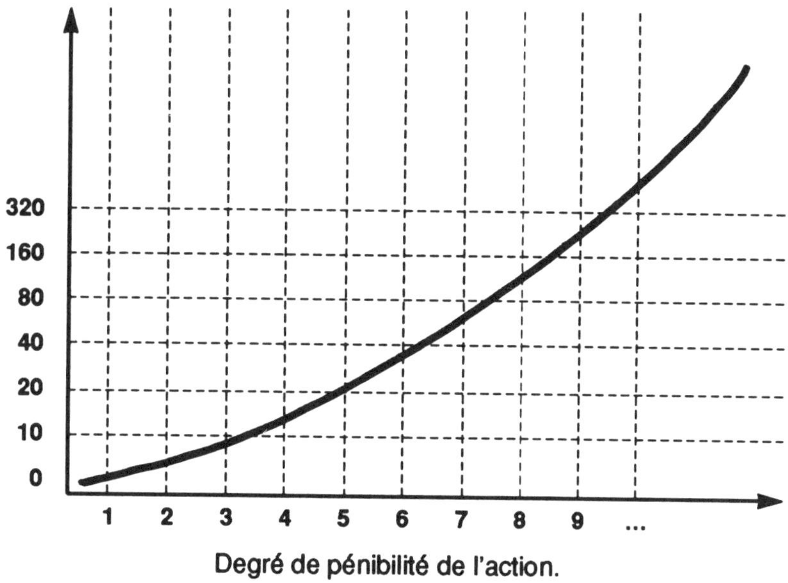

Comme on peut le lire sur ce schéma, si nous exprimions cela en kilos poids, par exemple :

— Le poids (moral bien sûr !) d'une action enclenchée entre zéro et un ne pèserait que quelques grammes sur nos épaules.

— Celui d'une action enclenchée entre un et trois nous coûterait un certain effort, mais serait encore aisément réalisable.

— Celui d'une action enclenchée entre trois et six s'avérerait beaucoup plus lourd à supporter.

— Celui d'une action enclenchée entre six et neuf (ou plus) serait tout simplement prohibitif.

c) L'égalité d'humeur

Bien que n'ayant a priori rien à voir avec les deux éléments étudiés précédemment, ce troisième élément de la mise en œuvre de l'action de l'homme et de la femme d'impression revêt, à notre avis, une importance beaucoup plus grande qu'il n'y paraît. Qu'appelons-nous *égalité d'humeur ?*

Dans notre ouvrage, nous avons déjà pris sous notre loupe nombre de « concepts psychologiques » dont nous avons dénoncé la pseudo-légitimité (souvenons-nous à titre d'exemple du prétendu « droit à l'erreur »). Parmi ces concepts, il en est un autre, à notre avis, **criant d'« illégitimité » :** il s'agit de celui hypothéquant qu'il existerait quelque chose comme un démarrage de la journée sur un « pied droit » et/ou sur « un pied gauche ». Nous voudrions ici nous exercer en faux contre cette idée.

Après une fréquentation de la psychologie humaine d'une vingtaine d'années et vérification minutieuse, nous sommes en droit de déclarer au lecteur que nos investigations ne nous ont pas permis de mettre en évidence le moindre rapport entre le pied avec lequel il se lève et l'état de son humeur ! En revanche, il nous a été donné de mettre en évidence le **caractère d'enfant gâté** (et les impulsions agressives ou violentes qui en découlent) des personnes pratiquant une telle politique relationnelle.

— Que le « professionnel » de la mauvaise humeur sache qu'il est avant tout de mauvaise humeur par rapport à lui-même. Qu'il s'interroge sur ses façons de faire et sur ses attitudes vis-à-vis des autres et qu'il s'efforce de découvrir les problèmes relevant de son enfance qu'ils masquent.

— L'égalité d'humeur est la « vibration » correcte de l'homme et de la femme d'impression. Elle est l'un des meilleurs signes de son être adulte. Elle confère à l'action et à la prise de risque qui s'y rattache leur nécessaire crédibilité.

— Le *ton juste* est le « témoin » sonore de notre harmonie intérieure.

— Peut-être, enfin, cette réflexion d'une de mes analysantes – occupant un poste assez important dans une administration – pourra-t-elle lui donner la mesure de ce que peut représenter ce problème : *Aujourd'hui, si je rencontrais quelqu'un comme celle que j'étais avant, je n'aurais pas vraiment envie de lui parler ni de devenir son amie.*

3. La personne d'autorité

Une certaine présence...

a) Alchimie de l'autorité

Lorsqu'on questionne des personnes se trouvant dans la vie active sur leur conception de l'autorité, rares sont celles qui, sur le « fond », y trouvent à redire. Au contraire, le manque de toute autorité fait même peur.

Dans l'idéal, l'autorité est assimilée à la force de personnalité que peut revêtir la fonction de commandant d'un navire ou encore à celle d'un capitaine d'une équipe sportive. Et en effet, une simple enquête suffit à montrer que l'immense majorité d'entre nous considère qu'aucun groupe ne peut se gérer par lui-même, s'il n'est dirigé et soutenu par une personnalité de premier plan faisant autorité. Il existe donc entre l'autorité et ceux qui la rencontrent un *modus vivendi* se basant sur une convention de reconnaissance tacite.

La personne qui détient l'autorité canalise, dynamise, « synergise » toutes les énergies autour d'elle. Elle est, pour reprendre l'image du capitaine évoquée plus haut, celle qui, dans toutes les situations – aisées ou malaisées – va insuffler un sentiment de sécurité, de réalisation et de succès possible à toute l'équipe. Ce souffle de vie passe pour l'essentiel par sa présence, sa connaissance, son dynamisme personnel et la mise en œuvre de son autorité. Attardons-nous sur chacune de ces quatre qualités.

◆ Sa **présence** doit être entendue ici dans le double sens de :

— Présence en tant que *présence physique,* à savoir la nécessité qui lui est faite d'être toujours là où il faut au moment opportun, en d'autres termes *être disponible.*

— Présence en tant qu'« être là » au sens d'« être avec » (les autres) (4), c'est-à-dire sa capacité à constituer pour les autres un *point de repère* auquel il est possible de se référer à tout moment.

Contrairement à ce qu'on pourrait penser, une telle présence n'est pas une « grâce divine » mais une disposition qu'on éduque en soi (5). C'est généralement dans l'enfance que l'individu apprend à se manifester en tant que *référence* pour les autres (6). C'est dans sa capacité à se mettre à la disposition de ses comparses, à se montrer généreux envers eux, à faire converger vers lui et à centraliser les activités positives – mais aussi les ennuis, les préoccupations, les problèmes en tout genre – qu'il trouve l'« humus » qui lui servira au fil de sa vie à faire pousser et s'épanouir son autorité.

◆ **Sa connaissance.** Pourtant, la présence ou même l'« omniprésence » ne suffisent pas à faire d'une personne une « autorité ». Il lui faut encore légitimer sa préséance. Généralement, c'est dans la connaissance qu'elle est capable de verser au compte de son « art » qu'elle trouvera ladite légitimation.

Sans vouloir verser dans une « psychologie de pochette-surprise », il nous semble nécessaire de distinguer ici les deux notions de *savoir* et de *connaissance* telles que nous les entendons : le **savoir** est l'accumulation et la mémorisation d'informations provenant de l'étude à laquelle on s'adonne. La **connais-**

---

4. J'espère ne pas être trop abscons. En fait, les notions que je développe ici sont des notions de la philosophie de Heidegger, qui nous a fait comprendre que l'*« être là »* s'assimile, en quelque sorte, à un *« être avec »*.

5. A notre avis, il ne convient pas de prendre au pied de la lettre l'expression « autorité naturelle » au sens où certains en disposeraient dès leur naissance tandis que d'autres en seraient dépourvus. En fait, chacun possède en lui les dispositions naturelles d'une telle autorité.

6. Ainsi, lorsqu'un enfant – dans le milieu scolaire – prend sur lui de devenir le « représentant de la classe », il se place en tant que référence par rapport aux autres élèves.

sance, elle, est toujours liée à autrui en ce qu'elle est « initiée » et transmise par les autres en même temps qu'elle est « initiable » et transmissible par nous-même. En d'autres termes, le savoir est l'intégration personnelle d'une science donnée, tandis que la connaissance est la science que nous recevons d'autrui et que nous reprojetons vers autrui (7). A l'analyse, un lien s'établit donc entre la présence (être là = être avec) et la connaissance (transmission interpersonnelle du savoir).

◆ **Son dynamisme personnel.** Mais donner à voir l'autorité en faisant preuve de « présence » et en laissant deviner une solide « connaissance » dans son art ne suffit encore pas à faire d'une personne une autorité. Encore faut-il qu'elle soit *reconnue* en tant que telle par les autres. Et c'est précisément en **transposant en actions** sa « présence » et sa « connaissance » qu'elle parvient à impulser une « synergie » à sa dynamique et qu'elle conduit ses interlocuteurs ou ses « partenaires » à la *reconnaître* comme autorité. Pour reprendre l'idée de l' *« être-avec-les-autres »* évoquée précédemment, nous dirions par conséquent qu'il ne suffit pas d'être *avec* les autres par sa présence ou par sa connaissance ; encore faut-il que présence et connaissance soient reconnues par eux, c'est-à-dire qu'ils reconnaissent (consciemment ou inconsciemment) en la personne **un maillon de transmission de la chaîne de l'humanité** (8). Pour devenir une « personne d'autorité », il faut par conséquent être disposé à se laisser aller au sein d'un processus interrelationnel. Une personnalité indifférente à

---

7. En poussant un peu plus loin ce point de vue, force serait d'admettre que le système de reconnaissance de l'autorité doit remonter à l'aube de l'humanité, faisant probablement partie de ce que C.G. Jung a nommé l'*inconscient collectif*.

8. Blaise Pascal a pu dire : *« L'homme est un néant capable de Dieu. »* Sans vouloir suggérer ici de rivaliser d'une quelconque façon avec le Grand Architecte, cela nous ferait malgré tout parfois grand bien de nous détourner de notre fâcheuse tendance à nous assimiler systématiquement au néant.

Par ailleurs, le lecteur et la lectrice n'imaginent pas combien de « responsables » viennent consulter en psychothérapie pour de tels problèmes de positionnement face à leur propre autorité. Au demeurant, qui sait, peut-être sans même que vous le sachiez (et sans doute ne le saurez-vous jamais), votre nouveau patron, votre nouvelle chef de service, votre nouveau responsable du secrétariat récemment promu a-t-il (ou a-t-elle) décidé d'entreprendre un travail de thérapie analytique pour se sentir plus d'attaque à assumer ne nouveau poste ?

autrui ou au devenir de l'humanité ne pourrait pas aller très loin dans ses velléités de reconnaissance.

◆ **La mise en œuvre de son autorité.** Mais au-delà de ces trois qualités fondamentales indispensables à tout candidat à l'autorité, en existe une quatrième procédant des trois autres sans pourtant sembler vraiment en découler : il s'agit de sa capacité personnelle à mettre en œuvre, et au-delà à mettre en émotion et en intelligence, les actions qu'elle conduit. C'est la plus simple mais également la plus difficile à réaliser, car elle implique non plus une quelconque « capacité », un *skill* comme diraient les Anglo-Saxons, mais la prise de conscience et l'acceptation de soi en tant que personne ayant droit de faire autorité. Une telle prise de conscience de soi est loin de couler de source. En effet – qu'il y paraisse ou non – nous portons tous en nous de tels *stigmates* d'infériorisation et de culpabilisation que nous pouvons difficilement nous identifier à l'image de quelqu'un qui pourrait avoir accès à une position d'autorité. C'est un grand pas en avant lorsque, prenant progressivement conscience de notre capacité d'autorité, nous parvenons à **transformer le « subi » en « conquis ».**

*

* *

On voit ici combien l'autorité est finalement simple à appréhender et combien, en même temps, son *alchimie* est sensible. Une certaine forme d'autorité est nécessaire, mais à partir de quels critères la définir ? Sans vouloir répondre exhaustivement à cette question, nous pouvons au moins établir ceci :

Il existe en tout être humain ce qu'on pourrait appeler un *dominus,* c'est-à-dire une partie de lui qui cherche la domination d'autrui, en même temps qu'un *magister,* c'est-à-dire une partie de lui qui cherche à « maîtriser » et à transmettre son savoir (9).

L'homme n'est jamais plus vrai que lorsqu'il aspire à une dimension *magister* de sa vie (maîtrise de sa destinée, de lui-même, de ses actes, de son autorité, etc., mais aussi de ses rela-

---

9. Ce mot vient du latin *magisterium,* signifiant « qui a la fonction de précepteur, d'enseignant ». Le *magister* est le « maître ».

tions avec les autres), de même qu'il n'est jamais aussi éloigné de lui-même que lorsqu'il a recours à sa seule dimension de *dominus* (10).

Il serait erroné de penser que certains d'entre nous pourraient ne détenir que l'une ou l'autre de ces deux tendances seulement. Qui que nous soyons et à quelque niveau hiérarchique que nous appartenions, nous possédons tous en nous une part de *dominus* et une part de *magister*. Toutefois, comment expliquer que chez les uns le *magister* prédomine, tandis que chez d'autres c'est le *dominus* qui tend à occuper le terrain ?

Il y a, pour l'essentiel, à cela trois types d'explication : notre milieu, notre libre arbitre et la société dans laquelle nous vivons.

◆ **Le milieu** dans lequel nous évoluons détermine pour une large part notre propension au *magister* ou au *dominus*. Ainsi, on peut tenir pour certain qu'un monde dans lequel la méfiance, la peur, l'égocentricité, le pessimisme, le calcul permanent de l'intérêt personnel, le sentiment d'infériorité, etc., sont quotidiennement à l'ordre du jour, contribuera à développer des attitudes réactives à tendance *dominus*. A l'inverse, un milieu où règne essentiellement la confiance, l'optimisme, la compréhension, l'écoute, l'intérêt pour autrui, la patience, la bonté, la solidarité, etc., sera un milieu propice à l'épanouissement de la dimension *magister* résidant en chacun de nous.

◆ **Notre libre arbitre :** s'il est vrai que notre milieu nous détermine dans une large mesure, chacun de nous possède malgré tout un libre arbitre lui permettant d'opter pour certains choix existentiels (par exemple, persister à vivre dans un milieu que nous savons mauvais pour nous, ou nous en éloigner). Notre libre arbitre nous aide à déterminer l' « orientation » que nous souhaitons conférer à notre vie et à fixer les valeurs de vie que nous désirons privilégier *(Dans quel monde relationnel, émotionnel et environnemental est-ce que je souhaite vivre ?).*

---

10. En fait, l'autorité idéale serait probablement celle du « *Primus inter pares* », c'est-à-dire le premier parmi ses semblables. C'est le type d'autorité que la légende confère volontiers au roi Arthur qui réunissait ses chevaliers autour d'une table « ronde ».

◆ **La société :** la troisième raison tient à la société telle qu'elle se manifeste aujourd'hui. Bien que d'ordre *sociologique* plus que psychologique, cet aspect paraît suffisamment important pour que nous nous y attardions plus particulièrement. C'est ce que nous allons faire maintenant.

b) L'autorité en « crise »

Lorsqu'on observe notre société occidentale européenne du point de vue du monde du travail, force est de constater qu'on a assisté durant les dernières décennies (11) à un infléchissement sensible de la notion de « patron » en même temps qu'à une surprenante prolifération de celle de « directeur ». Du directeur du personnel au directeur commercial en passant par le directeur technique, par celui du projet, celui des ventes, celui des réalisations, etc., les « directeurs » font certes figure de cadres, mais le tableau manque souvent à l'appel. Car le directeur doit diriger, mais il lui faut aussi être crédible, c'est-à-dire capable de faire sentir le poids de son autorité.

Or, dans une entreprise, il est une constante aisément vérifiable ; plus la délégation de l'autorité est grande :

— Plus elle se trouve diluée ;
— Moins elle est efficace en tant qu'autorité ;
— Moins elle est à même de servir son but ;
— Plus elle est elle-même menacée par l'autorité se situant au-dessus d'elle.

Ainsi, dans la pratique, plus une entreprise multiplie ses responsables, moins ceux-ci ont, d'une part, d'autorité sur les personnels qu'ils sont chargés d'encadrer et plus eux-mêmes se trouvent, d'autre part, en danger d'être « déplacés ». En effet, ce qui caractérise aujourd'hui un poste de directeur, c'est qu'il est attaché à ce qu'il conviendrait de nommer un « siège éjectable ». C'est ainsi que celui dont devrait émaner un sentiment d'omniprésence, de souveraineté, de force tranquille et d'assurance se trouve souvent le premier menacé dans sa propre sécurité.

---

11. On pourrait probablement situer l'axe de changement autour des années 60, avec une cristallisation des effets au tournant de l'année 1968.

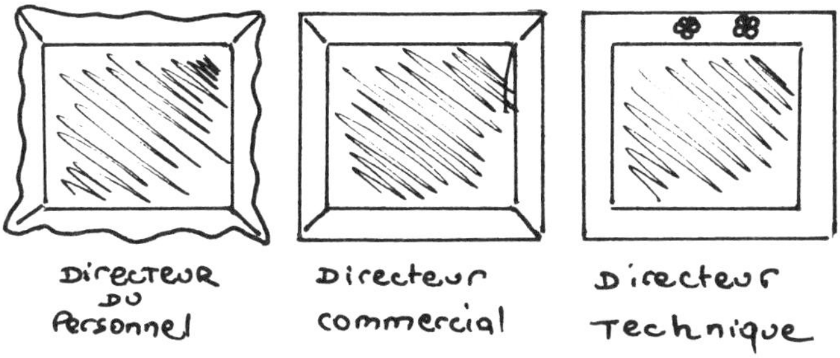

Les directeurs font certes figure de cadres, mais le tableau manque souvent à l'appel !

Pour saisir la crise que traverse l'autorité, il est une seconde constante méritant d'être mentionnée : moins une entreprise est capable de garder longtemps son personnel, moins celui-ci trouve le temps de se qualifier. Or, il semble que la qualification des personnels soit de plus en plus difficile à maintenir. A quoi un tel état de chose tient-il ?

— Lorsqu'on interroge des personnes en recherche d'emploi, celles-ci mettent en cause les contrats dits de « premier emploi » permettant aux patrons d'employer à petits frais – sinon gratuitement – des personnels « en cours de qualification » dont ils font grande consommation (12).

— Lorsqu'on interroge des personnels qualifiés, ceux-ci tendent à mettre en cause la « mentalité étudiant » véhiculée par les stagiaires invités à venir travailler quelques semaines ou quelques mois dans l'entreprise et qui, bénéficiant d'un statut privilégié, sèment, par leurs attitudes d' « intouchables », le doute dans la « foi professionnelle » des permanents.

— Lorsqu'on interroge enfin des patrons de petites ou moyennes entreprises, ceux-ci mettent en cause, d'une part l'opportunisme des « premier emploi » en stage chez eux *(Inutile de me surpasser ; dans trois mois, je ne serai plus là)* et celui des grandes

12. Un patron d'une moyenne entreprise du bâtiment me confiait récemment : *« Ces jeunes permettent aux personnels qualifiés de se décharger un peu sur eux dans la préparation d'un travail, dans le tri de certains outils ou de certains courriers, etc. Mais pour nous, finalement, voyez-vous, s'ils tirent trois coups de stylo ou frappent trois coups de marteau dans le mois, cela nous fait trois coups de stylo ou trois coups de marteau gratuits ! »*

entreprises avec lesquelles elles sont contraintes de travailler en sous-traitance, ces dernières gardant pour elles la gestion financière, de loin plus rentable que la réalisation du travail proprement dit.

Ainsi, les patrons ou les directeurs d'entreprises se trouvent, eux aussi, pris entre deux feux. D'une part, les questions de productivité et de rentabilité les obligent à céder à la tentation que représente cette manne de personnels gratuits, d'autre part, lorsqu'il s'agirait de garder des stagiaires de « premier emploi » compétents, l'entreprise ne peut généralement pas « suivre » car son « quota » financier ne lui permet pas d'absorber cette main-d'œuvre.

En fin de compte, ni les stagiaires, ni les permanents, ni les patrons n'éveillent **un sentiment de crédibilité** aux yeux des autres.

— Les *stagiaires,* conscients d'être rémunérés par l'Etat et se sentant tout à la fois exploités par les patrons et rejetés par les permanents, ne montrent pas toujours tout le zèle qui serait souhaitable.

— Les *personnels permanents,* se sentant déconsidérés par les « intouchables » et déçus par leurs patrons, tendent à distiller leur savoir au compte-gouttes et à se démobiliser face à leur travail.

— Les *dirigeants,* suspectant d'une part les stagiaires de profiter de leur entreprise et les personnels permanents de pratiquer la « rétention d'information », se sentant d'autre part discrédités par leurs supérieurs hiérarchiques, éprouvent souvent les pires difficultés à trouver leur identité propre.

Plus grave encore, peut-être, **aucun d'entre eux n'alimente plus l'impératif d'autorité** que sous-tend toute activité professionnelle :

— Le *jeune stagiaire* ne se reconnaît aucune autorité puisqu'il se trouve invité temporaire dans l'entreprise.

— Le *personnel permanent* sent son autorité sujette à caution car un rendement ou une productivité en baisse peut faire de lui à tout moment un chômeur en puissance.

— Les *directeurs,* conscients de pouvoir être « remerciés » à tout moment, ne parviennent pas à légitimer leur autorité en profondeur.

— Les *grands patrons* eux-mêmes ne sont pas exempts de crises d'autorité dans la mesure où ils peuvent être conduits à véritablement « kamikazer » leur propre outil de travail, le dépôt de bilan et le « dégraissage » (comprenez le licenciement) massif tendant aujourd'hui à devenir une véritable tactique de gestion.

*
* *

On le voit, l'entreprise est devenue une véritable « mosaïque » ; chaque pierre se trouve tenue par un fragile ciment et toutes sont indépendantes.

Dans le passé, l'autorité de l'homme constituait ledit ciment ; aujourd'hui elle se trouve balayée par les impératifs de productivité et de rentabilité. En leur nom, on préfère licencier (même si c'est à coup d'indemnités de départ totalement démesurées) plutôt que de lutter pour la persistance de l'outil de travail. Et c'est en cela que réside le danger. Car en même temps que la productivité et la rentabilité « compriment » l'outil professionnel, elles érodent une certaine tradition du travail hautement qualifié encadré par des patrons et des chefs reconnus pour leur compétence patiemment acquise et pour leur autorité.

L'entreprise est un **écosystème** comme tous les autres. En ignorer les règles de progression – et surtout les règles de régression et de dégradation – revient à ouvrir des brèches d'autorité par lesquelles les « petits chefs » sans cœur et sans « états d'âme » ne demandent qu'à s'infiltrer pour occuper la place.

Entreprises, administrations, collectivités, libéraux, patrons indépendants, cadres, employés, salariés petits et grands : nous nous trouvons tous dans un même navire et la question de l'autorité nous concerne tous. L'Europe, qui s'est constituée en 1993, cause quelques frayeurs introspectives à bon nombre d'entre nous, et ce, à tous les échelons de la hiérarchie professionnelle. **On demande d'urgence « capitaines » !**

4. La crédibilité

Une certaine mobilisation qui fait que l'autre est obligé de repenser sa position.

a) Une question d'appréciation

Si d'emblée nous devions donner une définition de la crédibilité, nous dirions tout simplement qu'elle est une qualité qui consiste à *« faire ce qu'on a dit qu'on ferait »*.

Fort de la simplicité d'une telle remarque, on serait tenté de croire que la crédibilité – surtout dans le milieu du travail – est la qualité la mieux partagée au monde et pourtant il n'en est rien. En effet, lorsqu'on regarde autour de soi – et plus particulièrement lorsqu'on a affaire aux autres dans un cadre professionnel – on est étonné de constater combien cette qualité est peu répandue. Par exemple ?

Notre avocat nous dit-il qu'il rappelle dans les cinq minutes qui suivent, que nous sommes obligé de le rappeler le lendemain ; l'électricien nous jure-t-il qu'il nous envoie le devis des travaux qu'il se propose de réaliser chez nous, que le jour « J » il n'est toujours pas arrivé ; la secrétaire de notre médecin nous promet-elle que notre feuille de maladie est partie par le courrier d'hier, qu'une semaine plus tard nous l'attendons encore.

Dans le cadre intraprofessionnel, même chose : notre chef de service nous signale-t-il qu'il nous verra demain matin pour un dossier important que nous apprenons qu'il est parti pour deux jours à Bordeaux ; le service d'entretien de la photocopieuse nous signifie-t-il qu'il passera cet après-midi pour la révision, qu'il est venu en fin de matinée pendant que nous étions en réunion avec notre succursale de l'autre côté de la ville ; la secrétaire nous affirme-t-elle avoir informé notre patron de notre départ en stage que celui-ci semble tomber des nues au moment où nous nous apprêtons à dire au revoir à tout le monde.

Il s'agit là, il faut le concéder, non de cas d'espèce isolés, mais d'un courant quasi général touchant toutes les couches socio-professionnelles sans exception. Pourtant, il nous arrive à tous, à l'occasion, de rencontrer sur notre chemin des personnes qui, sans avoir l'air de rien, montrent des attitudes professionnelles et relationnelles à l'opposé de ce qui vient d'être dit. Qu'est-ce donc qui les différencie des autres ?

Nous allons dans ce qui suit prendre sous notre loupe un « spécimen » de personne *crédible* et essayer de mettre en évidence les particularités les plus marquantes de sa personnalité.

b) Portrait de la personnalité crédible

La personnalité crédible est crédible avec tout le monde, à commencer avec elle-même. Elle entretient une bonne relation avec sa propre vie, avec son propre corps, avec ses propres valeurs de vie. Respectueuse de ses engagements, son respect commence par le respect de sa propre personne. Elle dispose d'une image juste d'elle-même, ni plus grande (affabulateur) ni plus petite (sous-estimation de soi). En bonne résonance avec son Moi profond, elle agit en fonction de ce qu'elle est réellement. Elle vit en paix avec elle-même car elle sait respecter ses besoins de base.

Loin de jouer les « Supermen » ou les « Superwomen », elle connaît ses forces et ses limites. Cela lui permet de bien gérer son temps et son espace.

Elle possède une connaissance fine et réaliste de ce qui est en son pouvoir et de ce qui ne l'est pas. En toute connaissance de cause, elle sait donc toujours évaluer correctement ce qu'elle est en mesure de tenir et de ne pas tenir. Avec elle, point de promesses superflues ; sa parole suffit. Toute vérification est du temps perdu. Vous a-t-elle signifié qu'elle passerait prendre les registres comptables hier soir, que vous pouvez être certain qu'ils seront sur votre bureau ce matin même.

Une analyse trop hâtive pourrait la montrer « entêtée », mais il n'en est rien. Ainsi, elle peut fort bien agir autrement que ce qu'elle avait annoncé si les paramètres de sa décision se sont trouvés modifiés. Il lui arrive (heureusement ! serions-nous tenté de nous exclamer) comme à tout le monde de se tromper, mais cela

Tel un phare au bord de la mer, cette personnalité constitue un point de repère fiable pour les autres.

ne devient jamais une affaire d'Etat car elle sait le reconnaître sur-le-champ et trouver les moyens rapides de corriger l'erreur.

Sa crédibilité n'est donc pas un système qui l'emprisonne, mais **un ensemble de structures** qui, au contraire, contribuent à sa liberté d'expression et à sa liberté d'action.

Ne se mettant pas en balance à tout moment, la personnalité crédible n'est pas bloquée par l'angoisse permanente de perdre. En phase avec elle-même et avec les autres, elle n'a point besoin de recourir au mensonge. Le sentiment de culpabilité lui est par conséquent, pour une large part, étranger car son pragmatisme lui a enseigné à **comprendre la vie en tant que service** (13).

*

* *

Sentiment correct de sa propre valeur, dialogue intérieur riche et serein, personne de confiance, respectueuse face à autrui, discrète et efficace, la personnalité crédible constitue – tel un phare au bord de la mer – un point de repère fiable pour les autres.

S'il nous fallait traduire ce caractère en termes psychologiques, nous dirions que la personnalité crédible est celle

---

13. Rendons à César ce qui lui appartient. Cette idée de « vie en tant que service » n'est pas de moi, mais de Léon Tolstoï. Dans une lettre à son fils, le grand écrivain russe lui explique : *« L'idée, partagée par beaucoup, que la vie est une vallée de larmes, et l'idée – partagée par l'immense majorité (...) – que la vie est un lieu de distraction sont pareillement fausses. La vie est un service... »* Le lecteur intéressé trouvera la citation complète à la fin de notre ouvrage.

sachant se situer correctement entre principe de réalité et principe de plaisir, principes qu'elle intègre de manière fort complémentaire, ce qui lui permet, entre autres, d'éviter les pièges afférant à l'alternative réductive *« J'ai envie »/« Je n'ai pas envie ».*

Sa crédibilité se structure sur trois paramètres :

— Le premier réside dans l'**éducation.** En effet, si dans son enfance une personne a frayé avec un environnement bien structuré, un environnement fait d'amour, d'ouverture, d'encouragement, de confiance, d'aide réciproque, de parole tenue, etc., il est certain que, dès son plus jeune âge, cette personne aura eu le loisir de développer une morale, mieux, une « philosophie » de la parole tenue qu'il lui sera facile ensuite, tout au long de sa vie d'entretenir.

— Le deuxième, en quelque sorte corollaire du premier, réside dans une « obsessionnalité » propre au caractère de la personne. Cette obsessionnalité se traduit d'un côté par une certaine compulsion de répétition proche de ce qu'on pourrait appeler l' « entraînement » et, d'un autre côté, par une série de comportements scrupuleux vis-à-vis des autres : ponctualité, méticulosité, désir de faire le mieux possible, anticipation des situations, etc.

S'il est vrai que les deux premiers paramètres ressortent, comme on l'a vu, de critères échappant pratiquement à notre arbitre personnel, il en va en revanche différemment du troisième qui, lui, émane d'une intervention plus velléitère et plus directe de notre part. C'est ce que nous allons voir.

c) Comment devient-on crédible ?

Le troisième paramètre structurant notre crédibilité réside dans l'**auto-éducation** que nous sommes susceptible de développer au fil des ans.

Par auto-éducation, il convient de comprendre la capacité personnelle résidant en chacun de nous de modifier les données de notre personnalité et de notre parcours de vie. S'il nous fallait appuyer notre assertion par une définition de ce que nous appelons « auto-éducation », c'est certainement dans la réflexion suivante de Jean-Paul Sartre que nous irions la chercher : *« L'important n'est pas ce qu'on a fait de nous, mais ce que nous faisons avec ce qu'on a fait de nous.* » Sur quels critères repose une telle auto-éducation ?

S'il nous fallait donner quelques points de repère au « candidat à la crédibilité », voilà ceux que nous lui suggérerions :

— Le tout premier point de repère réside dans la compréhension de la crédibilité, non en tant que simple « comportement » épiphénoménal, mais en tant qu'**attitude de vie globale.** En d'autres termes, et pour parler clairement, il ne faudrait pas croire que l'on puisse être crédible dans un contexte donné ou avec une personne donnée et à moitié crédible dans un autre contexte ou avec une autre personne. Ainsi, un patron crédible le sera aussi bien en face de ses employés qu'en face de ses enfants, ou encore, avec une personne occupant un poste important qu'avec un simple subalterne.

— Un deuxième point de repère de la crédibilité réside dans l'**antériorité.** En effet, la crédibilité est une qualité qui se « mûrit » progressivement, sur les plus infimes détails, comme sur les situations les plus fondamentales. Elle se base sur un certain nombre d'actions passées qui servent de référence pour que les autres puissent apprécier notre degré de crédibilité. S'il fallait représenter la crédibilité par une image, c'est probablement celle des banques suisses qui nous apparaîtrait manifestement la plus parlante.

— Un troisième point de repère réside dans la capacité de la personnalité crédible à **manifester sa présence dans l'instant.** Chez elle, *l'acte est le collaborateur immédiat de la parole.*

— Un quatrième point de repère réside dans la **confiance** qu'autrui est capable de placer en nous. Cela suppose de notre part une bonne capacité à compartimenter les différents secteurs de notre vie professionnelle. Etre capable de garder pour nous ce qui nous a été confié, ne pas colporter de jugements sur les autres, etc.

— Un cinquième point de repère réside dans son **attitude « conséquente ».** La personnalité crédible intervient en se faisant intervenir elle-même. Avec elle, point de « politique du parapluie » : elle s'engage et sait se « mouiller » quand nécessaire.

— Un sixième point de repère enfin, réside dans le fait que la personnalité crédible constitue **un centre de convergence naturel.** Elle établit des rapports ouverts avec les autres et s'efforce d'exclure les rapports de rivalité *(Je vous reconnais et vous respecte en tant que personne différente de moi).* Les autres ont donc envie d'entreprendre avec elle.

On le voit, la crédibilité n'est pas un don du « Seigneur » ; elle est **une « place à conquérir ».** Elle s'acquiert sur du concret, sur du réel et sur du répétitif. Mais ces trois critères ne suffisent pas. Il faut y ajouter une bonne dose de **vigilance.** Car la grande difficulté dans la crédibilité, avons-nous dit, réside dans la globalité de notre comportement et dans son antériorité.

*

* *

S'il nous fallait formuler les « douze commandements » de la personnalité crédible, nous choisirions :

1. Agis toujours selon ce que tu dis.
2. Dis toujours en fonction de ce que tu es, c'est-à-dire de ce que tu peux véritablement fournir.
3. Traduis immédiatement dans le présent tes intentions.
4. Apprends à ne pas aller systématiquement vers le plus offrant ; n'agis pas seulement en fonction de ce qui semble t'arranger, mais en fonction de toi-même.
5. Apprends à te saisir comme un point de repère inébranlable.
6. Appréhende les autres dans leur globalité ; ne recherche pas systématiquement leurs points faibles.
7. Evite les mensonges inutiles (14) et les ultimatums que tu ne pourrais de toute manière pas tenir.
8. En toute chose, évite l'alternative réductive du *« to be or not to be ».* Apprends à y rajouter *« to see* (15) *».*
9. Développe une attitude conséquente, c'est-à-dire logique et cohérente par rapport à la globalité de ta personne.

---

14. La différence que nous faisons entre mensonge utile et inutile est la suivante : un mensonge *utile* est un mensonge destiné à protéger la sensibilité de notre interlocuteur. Un mensonge *inutile* est plus trivialement destiné à échapper à notre responsabilité.

15. *« To be or not to be... »* (Etre ou ne pas être, c'est la question) : tout le monde connaît ce début de la célèbre tirade de Hamlet de Shakespeare.

« To see » : voir.

10. Compartimente les événements ; ne mêle pas tout.

11. Ne t'interroge pas systématiquement sur ce que tu as à y perdre ; commence par donner. Le bénéfice ne vient pas toujours de là où on pourrait l'attendre.

12. Ne te compare point aux autres, en mettant en avant leurs attitudes inconséquentes ou erronées pour avaliser les tiennes.

Mais, pour déterminantes que puissent être les qualités humaines que sont la capacité d'action, l'autorité et la crédibilité, elles ne suffisent encore pas. Il est en effet une autre dimension à laquelle puisent l'homme et la femme d'impression : il s'agit de l'*être averti*. Voyons tout de suite de quoi il s'agit.

5. La personnalité avertie

La vigilance de l'esprit... la pétillance du cœur.

a) Un homme averti en vaut deux

Voilà bien l'enfance de l'art ! Et pourtant, à bien y regarder, il semblerait que ce soit l'évidence humaine la moins bien partagée au monde. C'est comme si, averti ou non, nous n'étions absolument pas à même de tenir compte de la mise en garde qui, dans certaines situations, s'imposent à nous. Alors, que signifie au juste « être averti » ?

Au risque de formuler une lapalissade, nous dirions qu'être averti présuppose d'emblée que certaines personnes le soient tandis que, dans le même moment, d'autres ne le sont pas.

S'il nous fallait maintenant donner une définition un peu moins grossière de l' « être averti », nous dirions que cela consiste en une connaissance préliminaire de certaines potentialités humaines nous permettant, d'une part d'**éviter un certain nombre de pièges** que les autres ou la vie peuvent nous tendre, et d'autre part d'**accéder** plus rapidement ou plus facilement **à un**

résultat que ne le ferait le simple quidam ou nous-même en d'autres circonstances.

L'*être averti* nous confère donc un certain « savoir humain (16) » nous permettant de nous maintenir dans une position avantageuse par rapport aux autres.

b) Psychologie de la personnalité avertie

Le savoir humain de la personnalité avertie s'articule sur trois axes : son rapport à elle-même, son rapport à autrui, son rapport au monde extérieur. Reprenons successivement ces trois points.

◆ **Son rapport à elle-même.**

La personnalité avertie est avant tout avertie d'elle-même, c'est-à-dire qu'elle connaît ses modes de « fonctionnement ». Elle sait, face à une situation donnée, si c'est son cœur ou sa raison qu'elle doit mettre en œuvre. Elle peut osciller en toute conscience entre l'un et l'autre et si elle intervertit les priorités, elle en est complice consentante sans jamais en être dupe.

Ce rapport fondamental à elle-même s'effectue par le biais de *dialogues intérieurs* qui lui permettent, face au monde « extérieur », de savoir sur quels critères elle doit se baser pour apprécier telle ou telle situation et, par conséquent, quelle partie d'elle-même elle doit laisser s'exprimer et laquelle elle doit reléguer à l'arrière-plan (17).

La personnalité avertie est capable d'effectuer les synthèses et les déductions qui s'imposent en même temps que de faire pro-

---

16. Nous précisons « humain » pour bien marquer qu'il s'agit ici d'une potentialité qui nous concerne tous et non d'un don magique ou ultralucide de quelques rares privilégiés.

17. Ainsi, pour prendre deux exemples assez caricaturaux, si nous voyons un oisillon tomber de son nid, il ne s'agit pas d'analyser sa chute selon les critères de la théorie de l'attraction universelle d'Isaac Newton, mais de nous préoccuper au plus vite de savoir s'il est blessé et de ce que nous pouvons faire pour lui. De même, si on nous présente une lettre à taper ou une facture à vérifier, il ne s'agit pas de rester ébahi d'admiration devant l'esthétique des pleins et des déliés des lettres ou de la beauté des chiffres alignés les uns à côté des autres, mais d'en assurer correctement et dans les meilleurs délais la rédaction ou d'en recompter le montant.

visoirement taire sa perception immédiatement narcissique, « égotique » des situations vitales rencontrées.

Partant de la connaissance de ses propres modes de fonctionnement, cette personnalité possède donc une *trame de référence* à partir de laquelle elle peut évaluer les propres modes de fonctionnement des autres (18). Cette capacité de différenciation s'articule, pour l'essentiel, sur deux types de questions :

— *Est-ce que ceci relève de mon intériorité ou de l'extériorité ?*

— *Est-ce que ceci doit toucher en priorité mon monde émotionnel ou mon monde intellectuel ?*

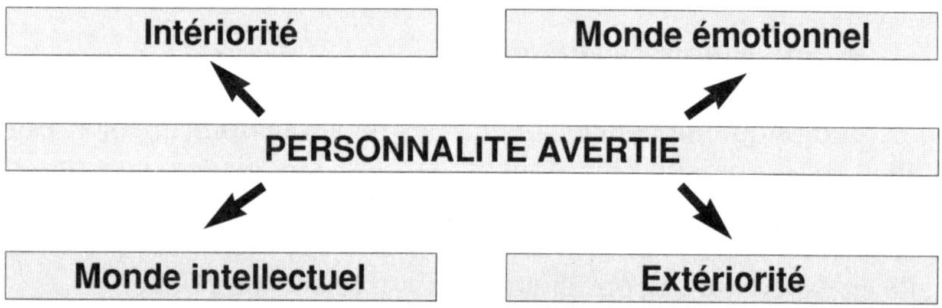

◆ **Son rapport à autrui.**

Le principal axe de son rapport à autrui réside précisément, ainsi qu'il vient d'être dit, dans sa capacité à ne pas systématiquement tout ramener à elle *(Moi, moi, moi !)* et dans son aptitude à penser autrement qu'en termes de « profit immédiat » *(Moi d'abord !)*. La personnalité avertie recherche l'information sans systématiquement la faire passer par le filtre de son narcissisme aveuglant et réductif. Elle agit vis-à-vis de l'information *à la manière d'une éponge*, c'est-à-dire qu'elle s'imprègne de tout ce qui se trouve à sa portée. Elle ne rejette aucun point de vue extérieur, fut-ce le plus futile ou le plus anodin. Elle est ouverte à tout et à tous et évite de fausser ou de dénaturer les informations qu'elle reçoit en les ramenant à sa seule ipséité. Cela s'avère particulièrement important dans son rapport aux autres car elle n'est

18. Nous disons des autres, mais cela vaut tout autant pour les systèmes administratifs, les services organisés, les structures hiérarchiques...

pas liée à la contingence absolue de leur amour « immédiat » (ou de son paradygme, le rejet). Une telle latitude lui permet un entre-gens tout à fait ouvert et naturel par rapport aux autres, ce qui la conduit à être en état constant de *« semer des relations par anticipation »,* c'est-à-dire sans se préoccuper de savoir ce que la moisson lui rapportera comme avantages ou comme privilèges.

Mais il ne faudrait pas croire que la personnalité avertie en serait pour autant une personnalité mièvre et naïve. Lorsque ses interlocuteurs sont animés de mauvaises intentions vis-à-vis d'elle, elle sait anticiper et désamorcer par ses arguments leurs intentions hostiles. Le sentiment général qui se dégage de la personnalité avertie face à ses interlocuteurs est un sentiment de *puissance tranquille* qui force le respect, voire la crainte des autres. Crédible dans la sagesse, elle se révèle aussi crédible dans la force de sa volonté déterminée.

◆ **Son rapport au monde extérieur.**

Si le rapport entre l'être humain et ses semblables ressort de phénomènes fort complexes, son rapport au monde dans lequel il vit ne l'est pas moins, bien au contraire. L'homme s'est probablement de tout temps interrogé sur son rapport avec son environnement, tant proche que lointain (on appelle cela, en jargon philosophique, la « téléologie », c'est-à-dire l'étude de la finalité du monde). Cette interrogation a pu s'effectuer tant sur la base de données spécifiquement humaines (étude, analyse, raisonnement logique ou pragmatique, etc.) que sur des bases de nature spirituelle ou théologique (mysticisme, croyances, religions...).

Si l'on exclut les tentatives d'explication du monde humain et du cosmos se référant à des croyances de type théologique et autres, force est de prendre pour base de réflexion la *dimension purement humaine.* Cela nous conduit à prendre l'homme comme référence pour expliquer le monde (19).

Parmi les démarches possibles pour interroger le monde, il en est une, souvent utilisée en philosophie qu'on appelle le « cercle herméneutique ». Qu'est-ce que le cercle herméneutique ?

---

19. En assimilant l'*« être avec »* et l'*« être dans le monde »,* nous n'inventons rien d'extraordinaire. Les philosophes Martin Heidegger et Ludwig Binswanger, entre autres, ont, répétons-le, largement traité de cette question.

S'il nous fallait définir en quelques mots cette technique, nous dirions qu'il s'agit de la possibilité d'expliquer un texte par son contexte puis, inversement, le contexte par le texte et ainsi de suite pour aboutir, ce faisant, à une meilleure compréhension des deux.

Si une telle technique se révèle efficace pour apprendre à mieux connaître un texte et son contexte, on peut fort bien entrevoir combien elle peut s'avérer précieuse pour cet autre « texte » et cet autre « contexte » que représentent l'homme et son environnement. En effet, à la manière du cercle herméneutique, on peut progresser imperceptiblement mais résolument dans la connaissance du monde en investiguant l'humain, de même qu'on peut progresser dans la connaissance de l'humain en investiguant le monde (20).

Une telle investigation, pour difficile qu'elle soit, n'est pas insurmontable. En dehors de la voie royale que constitue la psychologie compréhensive et analytique, nous disposons, à un moindre niveau, de ce que nous pourrions appeler des « clés de compréhension ».

c) Délice d'initié

L'homme qui s'interroge sur lui-même et qui interroge le monde parvient à synthétiser certaines de ses interrogations sous forme de « concentrations de pensée ». Nous appelons de telles concentrations de pensée des « clés de compréhension ». Ces « clés de compréhension » n'ont rien d'extraordinaire en elles-mêmes, si ce n'est qu'elles apparaissent généralement si évidentes, si *simplissimes* qu'elles tendent à passer inaperçues (21). Alors, que sont au juste ces fameuses clés de compréhension ?

---

20. C'est ce qu'a mis en évidence le philosophe Wilhelm Diltey, dans un traité datant de 1894 intitulé *Idées sur une psychologie descriptive et analytique*.

Ajoutons que, de ce point de vue, Sherlok Holmes pourrait être considéré comme l'un des plus célèbres « herméneutistes ».

21. Ceux d'entre nous friands de philosophie exotique auront tôt fait d'établir un rapport entre cette réflexion et certains enseignements tenus pour « secrets » des bouddhistes tibétains, tels qu'Alexandra David-Neel a pu les importer en France. A mon avis, sans aller chercher aussi loin, n'importe quel esprit pénétrant français, européen ou autre peut appréhender de tels « secrets de vie ». Je renvoie le lecteur à la citation de Mme David-Neel à la fin de cet ouvrage.

Les clés de compréhension peuvent être comparées à des "leviers" qui nous permettent de déplacer certains problèmes afin de les percevoir sous un ou plusieurs autres angles...

Les clés de compréhension peuvent être comparées à des « leviers » qui nous permettent de « déplacer » certains problèmes afin de les percevoir sous un ou plusieurs autres angles et de les appréhender de la façon dont nous le souhaitons au lieu de les subir.

Les clés de compréhension permettent donc de surmonter certains blocages de compréhension que nous pouvons éprouver soit vis-à-vis de nous-même, soit vis-à-vis des autres, soit vis-à-vis du monde, et de *déverrouiller* les « compartimentations » qui se cristallisent les unes par rapport aux autres et qui nous empêchent de saisir les rapports et les correspondances humaines dans leur globalité.

Dans la vie courante, nous utilisons, la plupart du temps sans même nous en rendre compte, un grand nombre de clés de compréhension. En fait, tous les adages populaires *(Une personne avertie en vaut deux... Qui veut voyager loin ménage sa monture... Il ne faut pas vendre la peau de l'ours avant de l'avoir tué... Un tiens vaut mieux que deux tu l'auras...),* toutes les maximes morales *(Un bienfait est toujours récompensé... La curiosité est un vilain défaut... La parole est d'argent mais le silence est d'or...)* contiennent, d'une manière ou d'une autre, des clés de compréhension.

Il existe toutefois des clés de compréhension apparaissant de manière moins évidente et pour lesquelles il convient de développer une certaine **qualité d'écoute** pour en percevoir la portée. Pour éclairer notre propos, nous allons prendre trois exemples, assez simples, de clés de compréhension (22) qu'il m'arrive d'utiliser en psychothérapie lorsque je souhaite faire comprendre un concept psychologique à l'un de mes analysants.

◆ **« Prendre est l'autre moitié de donner. »** Lorsque nous entendons ou lisons une telle affirmation, nous pouvons, pour l'essentiel, réagir de trois manières :

— Soit nous négligeons totalement cette information.

— Soit nous vivons cette assertion comme un simple « bon mot », un trait d'esprit.

— Soit nous y trouvons matière à intérêt, auquel cas nous laissons résonner en nous cette réflexion jusqu'à ce que nous parvenions à en tirer la « substantifique moelle » et la leçon idoine (23).

◆ **« L'objectif de l'effort est la réussite. »** Quiconque rencontrerait cette affirmation pourrait :

— Soit ne pas en relever la signification.

— Soit se trouver choqué par une telle affirmation : *C'est un véritable chantage que vous exercez sur moi, vous tenez absolument à ce que je fournisse un résultat.*

— Soit réfléchir dessus et tenter d'en saisir la portée effective (24).

---

22. Le lecteur avisé aura remarqué que les petits aphorismes que je place en italiques au début de chaque chapitre, dans mes ouvrages, constituent souvent des clés de compréhension.

23. En l'occurrence, l'enseignement qu'il convient de tirer de cette clé de compréhension est que nous devons apprendre à être également capable de *donner* et de *recevoir* ce qui, la plupart du temps, n'est pas le cas. Hormis les parfaits égoïstes – fort peu nombreux au demeurant – nous éprouvons paradoxalement généralement beaucoup plus de difficultés à prendre des autres (demander un service, accepter de se faire aider…) qu'à leur donner.

24. On peut comprendre cette réflexion à plusieurs niveaux. En voici les principaux :

– Tout effort doit être récompensé. En ce sens, la réussite récompense l'effort.

– L'action humaine devrait toujours s'appliquer à s'inscrire dans une perspective d'évolution. La réussite constitue un indicateur d'évolution.

◆ **« La passion est la récompense de l'effort. »** A la lecture de cet énoncé, le lecteur pourra, comme dans les deux cas précédents :

— Soit lire cette réflexion sans qu'elle n'éveille rien en lui de particulier.

— Soit trouver cette affirmation révoltante : *Vraiment, cet auteur ne doit rien comprendre aux passions humaines pour affirmer une chose pareille ! La passion est une sensibilité spontanée n'ayant aucun rapport avec l'effort !*

— Soit s'arrêter, surpris, devant cette affirmation a priori paradoxale (et un peu provocante, il faut bien l'avouer) et se demander ce que cela peut bien cacher (25).

Au vu de ces trois exemples, on constate trois degrés différents de perception :

— Le premier réside dans la simple **perception sensitive** des mots.

— Le second relève d'une **perception** toute personnelle et **subjective** de la chose : *Qu'est-ce que cela provoque en moi par rapport à mon univers émotionnel et/ou intellectuel connu ?*

– Dans notre société moderne – toute tournée vers la consommation à outrance – nous tendons à oublier que nous représentons tous, individuellement, un élément potentiel du progrès humain. Il nous faut prendre conscience du fait que notre réussite, au-delà de notre satisfaction personnelle, revêt aussi une importance pour la société dans laquelle nous vivons.

– Sur un plan plus personnel, enfin, nous sommes souvent conduit à constater que nos efforts tournent en rond et se révèlent infructueux. Cela tient au fait que nous tendons à viser trop haut. Il vaut parfois mieux entreprendre une action plus à notre mesure, qui se trouvera couronnée de succès et se révélera payante, plutôt que d'entreprendre un projet grandiose, à la limite de la « folie des grandeurs », qui sera difficile à mener à bien et qui nous épuisera sans que le résultat soit véritablement à la hauteur des efforts investis.

25. En l'occurrence, ce qu'il convient de comprendre ici, c'est qu'une passion ne naît pas de rien. Elle passe généralement par des phases nous conduisant successivement à l' « attribution d'une tâche » (préoccupation), puis à l'« assignation d'un but » (intérêt), puis à la « mise en place d'un projet » (engagement) pour aboutir finalement à l' « intégration de ce projet » et à la passion.

Je renvoie le lecteur à mon ouvrage *Vivre mieux : mode d'emploi* (p. 170 et suiv.), dans lequel cette question a largement été abordée.

— Le troisième ouvre un **dialogue intériorité/extériorité** visant la recherche d'une compréhension supplémentaire (26).

Les clés de compréhension nous permettent d'accéder à une forme d'action différente de notre agir habituel qui, lui, se résume généralement, comme nous l'avons vu par ailleurs, à un certain nombre de réactions, d'abréactions et d'inactions balayées par le vent de l'habitude.

Les clés de compréhension nous permettent d'entrer, pour ainsi dire, dans **une autre « sphère » de l'action.** Cette autre sphère de l'action nous permet derechef tout à la fois d'investir le domaine concerné de manière plus pénétrante, et d'établir des corrélations insoupçonnées entre un et plusieurs domaines n'ayant a priori aucun rapport entre eux (27).

S'il nous fallait établir l'échelle idéale de progression de la **sphère d'agir** de la personnalité avertie, nous l'établirions, à l'instar de celle évoquée en début de cet ouvrage, de la manière suivante (28) :

— **Déceler** ce qui peut constituer pour elle une clé de compréhension. Pour cela écouter tout, ne faire barrage sur rien ni personne. En l'occurrence, pour ce qui est de son domaine professionnel, penser qu'une idée lumineuse peut venir du plus obscur de ses collègues ou collaborateurs comme du plus en vue d'entre eux.

— **Différencier** ce qui ressort des vraies « valeurs » et ce qui ressort de « pseudo-valeurs » ou de « non-valeurs ». Pour son domaine professionnel par exemple, elle pourra avec profit différencier ce qui ressort de champs de bataille principaux (sur lesquels elle ne transigera pas) et ce qui ressort de champs de bataille

---

26. En fait, dans la pratique les choses peuvent se dérouler de mille et mille façons, car le moment *(« Suis-je vraiment à l'écoute ? »)*, le lieu *(« Ce qui m'est exprimé a-t-il un lien avec le lieu où je me trouve ? »)*, l'interlocuteur *(« Mon patron, mon mari, mon épouse, ma collègue... ? Devant témoin ? En appartée ? »)* sont autant de paramètres qui peuvent contribuer soit à « fermer » notre oreille, soit à l' « ouvrir ».

27. Ainsi, si l'on a, par exemple, compris le rapport entre la passion et l'effort, on devient à même de saisir le rapport qui peut exister entre l'amour et la connaissance.

28. En fait, nous sommes très proche, ici encore, de la conception que nous avons déjà évoquée avec Serge Christophe Kolm à propos des modèles d'identification, de la « stratégie opportune » et des concepts des phénomènes psychiques (voir le paragraphe "Psychologie de la non-rivalité").

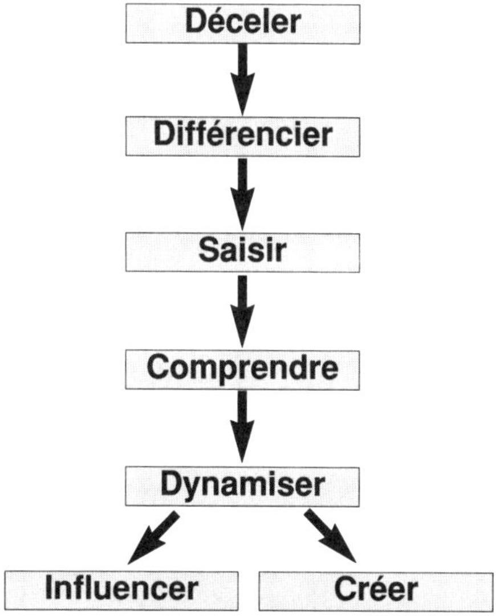

secondaires (sur lesquels elle pourra montrer la plus grande flexibilité).

— **Saisir** le vrai sens de ce qu'elle entend ou voit. Ainsi, pour saisir le sens du discours de quelqu'un, elle pourra profitablement se poser les trois questions suivantes :

— Qui me dit ce que je suis en train d'entendre ?

— Pourquoi me dit-il/elle cela ?

— A quoi cela correspond-il chez lui/elle ?

— **Comprendre** ce qui vient à elle et laisser parler, selon le cas, son cœur ou sa raison.

— **Dynamiser.** Avec le recul pris sur la situation venant à elle et évaluant ce qui provient de sa perception subjective et ce qui ressort de la réalité, elle peut rebondir avec toute sa personnalité sur la situation vécue et lui conférer la dynamique souhaitée.

— **Influencer,** c'est-à-dire conférer son poids à la situation relationnelle vécue.

— **Créer** une nouvelle situation à partir de la dynamique interrelationnelle ressortant de notre sphère d'agir.

*

* *

A la lecture de ce qui précède, le lecteur et la lectrice pourraient être tentés de penser qu'un tel « adagio » est peut-être fort beau dans sa théorie mais qu'il est inaccessible au commun des mortels. Qu'il se détrompe : *être averti* n'est pas une question de « don » réservé à quelques privilégiés. **Chacun de nous constitue en puissance une « personne avertie** (29) **».** Ce qui distingue la personnalité avertie des autres c'est qu'elle est prête au départ à un certain **investissement d'efforts** que chacun de nous n'est pas, par négligence, fainéantise ou méconnaissance, disposé à donner.

— Observons autour de nous les personnes qui nous apparaissent particulièrement averties, et regardons comment elles procèdent. Nous constaterons toujours que, loin de leur venir d'un don « supranaturel », leur aptitude avisée provient du fait qu'elles détiennent simplement un certain « savoir humain » à un certain moment, dans un certain contexte, qui lui confère une position avantageuse par rapport aux autres.

— Chacun d'entre nous détient en lui au départ, qu'il en ait conscience ou non, toutes les dispositions humaines pour faire de lui une personne avertie ; **il s'agit d'une question de conscience de soi.** A nous de savoir si nous souhaitons ou non développer cet effort pour l'acquérir.

6. Synthèse

Flirter avec la simplicité.

L'homme et la femme d'impression ne se soucient pas d'« impressionner » les autres par les artifices, les subterfuges et les tromperies habituels. Pas plus ne se laissent-ils « impressionner » par tout ce qui paraît, brille ou s'agite.

29. Au demeurant, à bien y regarder, chacun d'entre nous peut être considéré dans son domaine de compétence comme une personnalité avertie. L'art de la personnalité avertie, dont nous parlons ici, réside en fait dans l'aptitude à devenir averti dans des domaines qui ne sont pas ordinairement les nôtres.

En revanche, ils se montrent « impressionnés », c'est-à-dire **admiratifs** pour les choses et pour les gens admirables, **reconnaissants** pour les services qu'on leur rend, **respectueux** de l'intelligence dont les autres font montre dans les diverses situations vitales. La relation à autrui de l'homme et de la femme d'impression est donc fondamentalement aimable, courtoise, réconfortante, en un mot « pacifique ».

Ce qui les rend « impressionnants », c'est le sentiment qu'ils inspirent de véritablement « coller » à la réalité et d'être « enracinés » dans la vie. Leur transparence de personnalité et leur égalité d'humeur fleurent la simplicité. Souverains, confiants en eux-mêmes et en leur labeur, conscients de leur juste place, **ils impressionnent par la force tranquille de leur détermination** et de leurs choix.

A l'abri des champs de batailles secondaires que ne manquent pas d'alimenter les tendances à la gâterie et à la rivalité, l'homme et la femme d'impression ne recherchent pas l'*esbroufe relationnelle*. Ancrés dans la réalité, ils savent que chacun porte en soi son propre père et sa propre mère et qu'il est inutile et vain d'aller les chercher chez les autres. Et c'est précisément cela qui les rend **capables d'aimer et de travailler.**

Conscients et respectueux de l'effort que nécessite toute tentative, tout projet, toute démarche humaine – qu'elle soit d'ordre amoureux, relationnel ou professionnel – ils s'efforcent, par leurs points de vue constructifs, optimistes et bienveillants, de **préserver** chaque fois que faire se peut, **d'unifier** chaque fois que faire se peut, **d'édifier** enfin, chaque fois que faire se peut.

Et en effet, leur attitude apparaît « édifiante » à bien des égards. « Ambassadeurs » discrets, habiles et efficaces, l'homme et la femme d'impression savent en tout temps et en tout lieu prendre la mesure de l'entreprise que constitue l'effort humain pour produire une société de travail meilleure et plus clémente.

L'homme et la femme d'impression donnent par leur force de vie leur « impression » au monde dans lequel ils vivent. Cette « impression » est leur « marque » personnelle, c'est-à-dire l'**empreinte** que leur vie, aussi modeste soit-elle, confère au monde, aux choses et aux hommes.

7. Nous sommes tous impressionnables et impressionnants

Un idéal sans rapport avec la réalité n'est pas un idéal !

a) Une bien compréhensible « fascination »

Dans notre vie professionnelle relationnelle (comme au demeurant dans notre vie en général), nous tendons, face aux problèmes que nous rencontrons, à argumenter selon trois tendances principales :

— La première, qui couvre à peu près **75 %** des cas rencontrés, consiste à projeter sur les autres l'origine de nos problèmes : *Ce n'est pas ma faute si... Ce sont les autres qui...*

— La deuxième, qui couvre à peu près **15 %** des cas (quand elle ne recoupe pas la première), consiste à invoquer le destin : *Je n'ai pas de chance... Je ne suis pas né(e) sous une bonne étoile... On m'a jeté un mauvais sort...*

— La troisième enfin, que nous situerions dans une tranche ne dépassant guère les **10 %,** consiste à nous interroger nous-même et à analyser notre propre contribution à ce qui nous arrive.

Si le lecteur a bien suivi le développement que nous avons exposé dans les chapitres précédents, il aura compris que les situations vitales qui y ont été décrites relèvent de cette troisième catégorie.

En effet, et quand bien même, comme nous le verrons plus loin, cela s'avérerait « justifié », il est généralement « inintéressant » de savoir ce que les autres ont fait ou pas, commis ou non, pourquoi ils nous ont traité de telle ou telle manière, ou avec quelle dureté ou quelle indifférence ils se sont comportés avec nous. Pourquoi disons-nous *inintéressant ?* Car ce qui dépend de leur arbitre les regarde et les concerne finalement en propre. En revanche, comme nous l'avons vu précédemment (chapitre " Peut-on changer les autres "), il est *extrêmement intéressant et précieux* d'observer et d'analyser ce qui se passe en nous et qui fait que les autres, confrontés à notre personne, vont précisément se comporter à notre endroit de telle ou telle manière.

Umberto Eco disait que *« chaque grand penseur est le stupide d'un autre »,* sous-entendant par-là que même les plus grandes « têtes pensantes » ne sont pas « intouchables » mais sont susceptibles, elles aussi, d'une certaine remise en cause. A la manière du célèbre philologue et écrivain italien, nous pourrions par conséquent affirmer que toute personne vécue comme impressionnante par nous est susceptible de se sentir *impressionnée* par une autre personne et doit, à ce titre, être considérée comme généralement *impressionnable.* En toute logique, et même si nous ne nous en rendons pas véritablement compte, nous pouvons affirmer que si nous nous laissons « impressionner » par certaines personnes, nous sommes également vécu comme « impressionnant » par certaines autres.

De cela, nous n'en avons généralement aucune conscience car dans notre vie quotidienne, nous ne disposons d'aucune « balise de repérage » pour situer concrètement le type d'impression que nous produisons sur autrui. Comme nous l'avons vu par ailleurs, les seuls indices dont nous puissions disposer sont si « imperceptibles » qu'ils passent généralement inaperçus.

Le psychothérapeute, du haut de l' « observatoire » que constitue son cabinet de consultation, voit cela peut-être mieux que tout autre. En ce sens, les groupes de psychothérapie analytique, par exemple, constituent en soi d'incomparables « terrains d'entraînement » où chacun peut travailler et s'exercer à la compréhension des interactions humaines, tant celles allant dans le sens du groupe à l'individu *(Quelle impression je retire de l'expérience des autres ?)* que celles allant dans celui de l'individu au groupe *(Qu'est-ce que je produis (induis, projette, transfère...) sur les autres ?... Comment me ressentent-ils ?,* etc.*).*

L'impression que produisent sur nous les autres se base d'une part sur ce qu'ils nous montrent à voir de leur agir et, d'autre part, sur ce que nous relevons nous-même de leur action à partir de notre **perception subjective.**

Or, en règle générale, notre perception subjective nous fera percevoir les autres comme des personnes s'activant, entreprenant, déplaçant, dépassant, vainquant… bref réussissant dans leurs entreprises, leurs projets ou leurs démarches, tandis que dans le même temps, elle tendra à nous conférer de nous-même l'image d'une personne engluée, comme une araignée dans du miel, dans ses *petits* problèmes, ses *petites* difficultés, son *petit* quotidien.

Ainsi, la « haute » impression que nous « font » les autres nous prend, nous saisit et nous plonge dans un « vertige d'être » dont nous avons vu par ailleurs qu'il traduit un « vœu » inconscient de se sentir et de se montrer « faible ».

Etrange phénomène que celui qui nous pousse à ce vertige de faiblesse. N'est-ce pas « stupidité » de se laisser ainsi impressionner par autrui ? En quelque sorte, oui. En tout cas, l'étymologie latine de ce mot *(stupidus)* en est, en quelque sorte, révélatrice puisqu'il signifie entre autres : « fasciner ». Et en effet, si nous pouvions nous observer de l'extérieur, nous constaterions que nous nous laissons souvent « fasciner » par la **surdimension** que nous conférons au pouvoir des autres.

Concédons-le, nous sommes tous – à l'occasion – l'objet de telles « fascinations projectives » devant les autres : *Tu vas voir, il a une intelligence folle… Elle a une culture « immense »… Il est « plein » de diplômes…* Et il est vrai qu'une fois ce vertige de fascination passé, nous nous sentons toujours un peu interloqué et « stupide » d'avoir pu monter ladite personne aux nues aussi aveuglément, et de nous être nous-même infériorisé de la sorte.

COMPETENCE DE PERSONNALITE :

Personnalité agissante	Personnalité crédible	Personnalité avertie	Personnalité d'autorité

b) Exercer notre « compétence de personnalité »

Désimpressionnons nos impressions sur le compte des autres ! Ils ne sont jamais aussi menaçants que nous pourrions le redouter, ni aussi faibles que nous pourrions le prétendre. En revanche, enrichissons notre propre vie des impressions vives que confère un regard aigu, réaliste et positivement préjugeant sur les autres et sur nous-même.

Apprenons à développer **une vigilance du cœur** en même temps qu'**une vigilance de l'esprit.** Cette vigilance nous permettra, entre autres de mieux :

— Vérifier et réfléchir sur les valeurs qui nous gouvernent dans la vie.

— Nous protéger lorsque nécessaire et nous faire respecter.

— Nous tourner vers les autres sans angoisses.

— Entretenir un climat empathique, sympathique, voire, amical avec eux.

— Garder à l'esprit notre évolution personnelle et notre épanouissement.

— Nous responsabiliser davantage.

— Vivre le présent et envisager plus sereinement l'avenir, en ayant le sentiment de faire activement partie de l'humanité qui est la nôtre (30).

Ce n'est qu'au prix d'une telle vigilance que nous pourrons accéder à ce qu'il est convenu d'appeler une « compétence de personnalité ».

C'est cette **compétence de personnalité** qui, associée à notre **compétence professionnelle,** nous permettra de rester « maître » de nous-même et de nos « impressions » et de « maîtriser » les interactions problématiques qui ne manquent pas de se présenter dans tout contexte professionnel.

---

30. Comme le lecteur peut le constater, nous sommes bien proche ici des domaines de réalisation professionnelle que nous suggérions en début d'ouvrage, dans le paragraphe "Les trois principales sources de réussite ou d'échec existentiel inhérentes à la vie de l'homme".

CONCLUSION

Le syndrome du « vilain petit canard »

La prise de conscience est un acte de courage !

Le parcours que nous souhaitions proposer au lecteur dans les méandres de la relation interhumaine en milieu professionnel s'achève ici. Certes, nous n'avons pu (une fois de plus) embrasser toutes les situations ni étudier tous les caractères humains rencontrables dans un contexte professionnel donné. Toutefois, il nous semble que nous avons paré au plus pressé.

Avec les réflexions contenues dans cet ouvrage, le lecteur et la lectrice devraient en tout cas trouver matière à réflexion et à *rectification* sur leurs propres manières d'être dans leur vie professionnelle. Nous ne doutons pas qu'il y ait là suffisamment de pain sur la planche.

A notre avis, la conclusion majeure que nous pourrions tirer de la réflexion qui a conduit à cet ouvrage est, répétons-le une dernière fois, qu'en matière relationnelle nous sommes tous impressionnables et impressionnants. Qu'il en ait conscience ou non, **l' « impressionné » est toujours l' « impressionnant » d'un autre.**

Mais nous ne voudrions pas clore ce livre sans avoir attiré l'attention du lecteur et de la lectrice sur un dernier point pouvant revêtir une importance non négligeable, voire capitale pour sa vie professionnelle.

Au-delà de toutes les remises en cause de soi, de toutes les « amendes honorables », de toutes les contritions, de toutes les reconnaissances de nos carences personnelles, il est aussi une chose qu'il convient de bien considérer, à savoir qu'il se peut également fort bien que nous soyons en train de vivre dans **un milieu professionnel qui ne nous convient tout simplement pas !** En effet – et comme nous avons déjà pu le suggérer à quelques reprises – il advient que notre vision du monde, notre sensibilité personnelle, notre éthique du travail ou même ce que nous pourrions appeler notre « vibration personnelle » ne parviennent pas à se mettre en harmonie ou en « phase » avec notre milieu professionnel, soit que celui-ci apparaisse comme un panier de crabe, soit qu'il y règne des conditions de travail insoutenables, soit qu'un(e) petit(e) chef – dictateur sadique et cruel(le) – rende la vie impossible à tout le monde en général et à nous en particulier.

Si tel est le cas – et même si une attitude endurcie par des années de « galère » a pu nous permettre de nous « carapaçonner » – il est bien évident que nous ne parviendrons jamais à nous épanouir dans des relations professionnelles au sein desquelles régneraient de telles conditions de travail. Une semblable situation relève de ce que j'ai coutume d'appeler le *« syndrome du vilain petit canard »*.

Chacun se souvient de ce joli conte d'Andersen dans lequel un petit canard tout gris est rejeté par tous les autres animaux de la basse-cour car il ne ressemble pas aux autres petits canards. Désespéré du rejet et des tortures morales qui lui sont infligées, le vilain petit canard décide de quitter la basse-cour et se révèle finalement, après maintes péripéties, être un merveilleux cygne blanc adoré et adulé par son nouvel entourage. En fait, bien que né dans la cour des canards, ce petit canard-là était sorti d'un œuf de cygne.

Aussi extraordinaire que puisse paraître cette histoire, nous devons bien concéder qu'il en va parfois de même des humains que nous sommes. Il arrive qu'après bien des blessures d'amour propre et bien des vicissitudes, prenant notre courage à deux mains nous décidions d'abandonner ce triste milieu professionnel à son non moins triste sort et que, développant tous les efforts appropriés, nous nous « retrouvions » dans un nouveau milieu professionnel autrement plus sain, plus chaleureux et plus reconnaissant de nos qualités et de nos efforts. Alors peut s'ouvrir pour nous un monde nouveau, un monde fait de chaleur humaine, de compréhension et de bonne humeur. Et ce n'est que mérite pour celui ou celle qui l'aura osé !

Un tout dernier mot enfin. Tous les milieux professionnels ne sont heureusement pas aussi détestables que celui que nous venons d'évoquer ! Si tel est le cas du vôtre et que vous ne songiez pas à le quitter, pourquoi, tout bien réfléchi, n'offririez-vous pas ce livre à votre patron ?

On n'invente rien !

Merci Mesdames et Messieurs…

Michel Adam (1) : « Nous voyons à quel point le langage constitue ce lien psychique entre les personnes, comment il correspond à la réalisation de la vie sociale. »

« Au total, lorsque l'autre accepte en m'écoutant d'être de connivence avec moi, il commence d'abord par subir cette affirmation de moi que j'effectue en lui imposant de m'entendre. »

« Il veut la soumission de l'autre, pour regagner d'abord une confiance en lui-même et pour éviter qu'autrui ne la remette en question. »

« Le plus souvent, les auditeurs semblent tellement impressionnés par ce que dit le calomniateur qu'ils en cherchent l'origine dans le comportement de la victime. C'est au contraire dans le comportement du calomniateur qu'il faut chercher cette origine. »

« L'homme vaut ce que vaut son langage. »

« Le calomniateur est coupable d'égoïsme. Il s'est préféré lui-même à autrui. Le mal qu'il fait est ressenti comme une thérapeutique implicite lui permettant de retrouver l'emploi de sa difficile volonté. »

Alfred Adler : « Grâce au courage et à l'apprentissage, on peut parfois compenser les déficiences de telle sorte qu'elles se transforment en aptitudes exceptionnelles. Affrontée comme il faut, une déficience devient le stimulus qui pousse à une réalisation plus haute (2). »

« Les enfants découragés ont généralement une attitude sceptique et désespérée et chacune de leurs entreprises révèle un mouvement de fuite devant la nécessité de prendre une décision. Cela apparaît très souvent dans le choix de professions variées et incompatibles, dans la préférence

---

1. *La Calomnie, relation humaine* (Le Centurion, Paris, 1968).
2. *Les Névroses* (Aubier Montaigne, Paris, 1969).

donnée à l'oisiveté, à des idéaux vides de sens, au manque de goût du risque ou dans des tendances à la délinquance (3). »

« Les notions abstraites " haut " et " bas " ont manifestement joué un rôle capital dans l'évolution de l'homme civilisé, et cette abstraction remonte fort probablement à l'époque où l'homme a adopté la position verticale (4). »

« L'enfant (...) se rapproche bientôt du front de la vie où il aperçoit les trois grands problèmes de la vie : la société, le travail, l'amour. Tous les trois demandent pour leur solution un intérêt développé vers autrui... Celui qui a été élevé pour la vie en commun gagnera facilement des amis. Il trouvera aussi de l'intérêt à toutes les questions qui touchent l'humanité ; son point de vue et sa conduite seront ajustés pour le bien-être de celle-ci (5). »

« Parfois, la conduite des gens nous paraît complètement stupide, alors qu'en réalité elle est tout à fait intelligible si on l'examine à la lumière de la finalité de leur personnalité (6). »

« Si nous traitons continuellement un enfant de " méchant " ou d' " imbécile ", très rapidement il sera convaincu que nous avons raison et il n'aura pas suffisamment de courage pour affronter une tâche qui se présente à lui. Il échoue alors dans toutes ses entreprises, et croit de plus en plus profondément qu'il est bête (7). »

Hans Christian Andersen (8) : « Le chat était maître de la maison et la poule maîtresse, et ils disaient toujours " nous et le monde ", car ils croyaient en composer la moitié, et la meilleure. Le caneton pensait qu'on pouvait être d'un autre avis, mais c'était une opinion que la poule n'admettait pas.

« — Sais-tu pondre ? demandait-elle.

— Non.

— Alors, tu n'as qu'à te taire.

« Mais que vit-il dans l'eau claire ? Il vit sous lui sa propre image, mais qui n'était plus celle d'un oiseau gris tout gauche, laid et vilain. Il était lui-même un cygne.

« Peu importe qu'on soit né dans la cour des canards, si on est sorti d'un œuf de cygne. Il était enchanté de toute la misère et des tracas qu'il avait subis ; il appréciait d'autant mieux son bonheur, et la splendeur qui l'accueillait. »

---

3. *Ibid.*
4. *Le Tempérament nerveux* (Payot, Paris, 1970).
5. *Le Sens de la vie* (Payot, Paris, 1950).
6. *L'Education des enfants* (Payot, Paris, 1977).
7. *Ibid.*
8. *Le Vilain Petit Canard* ("Père Castor", Flammarion, Paris, 1959).

Armand, Lattès, Lesourne (9) : « Préparer les décisions, c'est essentiellement préciser les objectifs, les contraintes et les limites des problèmes, analyser les relations entre les différentes parties de ces derniers, imaginer les solutions possibles et en prévoir les conséquences, et finalement classer ces solutions les unes par rapport aux autres en fonction d'un ou plusieurs critères. »

Yvan Audouard (10) : « J'ai toujours eu le talent d'avoir des amis qui en avaient plus besoin que moi. Et d'avoir de la tendresse pour ceux de mes ennemis qui n'en ont pas. »

« Après tout, il vaut mieux être prisonnier de son succès que libre de tout engagement. »

Paul-Laurent Assoun (11) : « Si le travail n'est pas glorifié par Freud, il est donc bien reconnu comme le moyen de pacifier l'inexpiable contrariété du désir et de la culture. Chez Nietzsche, par contre, il est identifié comme le symptôme alarmant que la contradiction s'aggrave pour l'individu. Remède estimable à la maladie de la civilisation, comme antidote à l'agressivité, pour Freud, il est un symptôme de la maladie et une aggravation par laquelle la terreur sociale l'emporte sur l'individualité, pour Nietzsche. »

Gaston Bachelard et Jean Lescure (12) : « Partons-nous en flèche ou en boomerang ? »

Charles Baudelaire (13) :
« Nos péchés sont têtus, nos repentirs sont lâches ;
Nous nous faisons payer grassement nos aveux,
Et nous rentrons gaiement dans le chemin bourbeux,
Croyant par de vils pleurs laver toutes nos taches. »

Simone de Beauvoir (14) : « L'homme est rongé par le souci de se montrer mâle, important, supérieur ; il joue des comédies afin qu'on lui en joue ; il est lui aussi agressif, inquiet ; il a de l'hostilité pour les femmes parce qu'il a peur d'elles, et il a peur d'elles parce qu'il a peur du personnage avec lequel il se confond. Que de temps et de forces il gaspille à liquider, sublimer, transposer des complexes, à parler des

---

9. *La Matière grise : une mutation capitale de l'espèce humaine* (Denoël-Gonthier, Paris, 1970).
10. Dans *le Canard enchaîné* du 3 octobre 1990.
11. *Freud et Nietzsche* (P.U.F., Paris, 1980).
12. *Entretien avec Bachelard* ("Les Valeurs de la science", I.N.A., 1952).
13. *Les Fleurs du mal* ("Au lecteur") (Aux Quais de Paris, Paris, 1957).
14. *Le Deuxième Sexe*, t. II ("L'Expérience vécue", Gallimard, Paris, 1949).

femmes, à les séduire, à les craindre ! On le libérerait en les libérant. Mais c'est précisément ce qu'il redoute. »

« Si on invite un enfant à la paresse en l'amusant tout le jour sans lui donner l'occasion d'étudier ; sans lui en montrer l'utilité, on ne dira pas quand il atteint l'âge d'homme qu'il a choisi d'être incapable et ignorant : c'est ainsi qu'on élève la femme, sans jamais lui enseigner la nécessité d'assumer elle-même son existence ; elle se laisse volontiers aller à compter sur la protection, l'amour, le secours, la direction d'autrui... »

« Comme le marchand qui ne vend des pommes de terre que si on lui " prend " des navets, elle ne cède son corps que si l'amant " prend " par-dessus le marché des heures de conversation et de sortie. »

Ambrose Bierce (15) :

« *Admiration :* reconnaissance polie d'un point commun que nous rencontrons chez autrui.

« *Ecouter aux portes :* accéder secrètement au catalogue des vices et des crimes d'un autre que vous-même.

« *Excentricité :* manière de se faire valoir qui est si facile à mettre en œuvre que les imbéciles l'utilisent pour mettre en relief leur nullité.

« *Ignare :* personne ignorante peu familiarisée avec certains domaines du savoir qui vous sont familiers, et qui ont des domaines de prédilection auxquels vous n'entendez rien. »

« *Machination :* méthode employée par un adversaire pour faire échouer nos propres honorables efforts vers un objectif clair et estimable.

« *Malheur :* un peu plus qu'un souci ordinaire, et qui nous rappelle avec force que les rouages de cette existence ne sont pas sous notre contrôle. Les malheurs sont de deux catégories : infortunes pour soi-même, coups de chance pour les autres.

« *Médire :* faire le portrait d'un homme comme il est, quand il n'est pas là.

« *Reconsidérer :* chercher une justification pour une décision déjà prise.

« *Responsabilité :* fardeau portatif aisément transférable sur les épaules de Dieu, du Destin, de la Fortune, de la Chance ou du voisin. Quand l'astrologie était florissante, il était bon d'en charger une étoile.

« *Rumeur :* l'arme favorite des tueurs de réputation.

« *Téléphone :* invention du diable qui annule quelques-uns des avantages à maintenir une personne désagréable à distance.

« *Travail :* l'un des processus selon quelque A gagne des biens pour B. »

---

15. *Le Dictionnaire du Diable* (Rivages, Paris, 1989).

Hermann Broch (16) : « Les considérations d'envergure mondiale aboutissent souvent à des résolutions très pot-au-feu. »

« L'homme porte en lui des possibilités diverses et selon la chaîne logique dont il enlace les choses il peut se prouver qu'elles sont bonnes ou mauvaises. »

« Cependant, il savait malgré tout qu'en ce monde-ci nous devons tous aller notre route avec des béquilles. »

Georg Buchner (17) : « Et moi, je deviens ministre d'Etat ; on promulguera un décret suivant lequel toute personne qui aura des ampoules aux mains sera placée sous tutelle ; toute personne qui tombera malade à force de travail sera justiciable d'un tribunal criminel, et tous ceux qui se vantent de manger leur pain à la sueur de leur front seront déclarés déments et nuisibles pour la société ; puis nous nous étendrons à l'ombre et nous prierons Dieu de nous envoyer des macaronis, des melons et des figues, des gorges mélodieuses, des corps classiques et une religion commode. »

Armelle Cressard (18) : « Le mot " vulgarisation ", qui signifie *" adapter un ensemble de connaissances techniques à un public non spécialisé "*, fut, dit-on, inventé par Mme de Staël au début du XIXᵉ siècle. »

Confucius (19) : « C'est par la porte qu'on sort. Pourquoi personne ne veut-il utiliser cette sortie ? »

Philippe Cruellas (20) : « Si vous n'avez pas d'objectifs, vous rencontrerez des gens qui en auront pour vous ! »

Alexandra David-Neel (21) : « On peut clamer sur les grandes routes les enseignements tenus secrets, ils demeureront " secrets " pour les individus à l'intellect obtus qui entendront les discours qu'on leur adressera et n'en saisiront que le son. »

« Ce n'est pas du Maître que dépend le " secret ", c'est de celui qui l'écoute. Un maître ne peut être que celui qui ouvre une porte ; il appartient au disciple d'être capable de voir ce qui se trouve au-delà d'elle. »

« A certains, les théories qu'ils auront approchées serviront de clef pour ouvrir la porte d'un domaine qui leur était jusque-là demeuré

---

16. *Les Somnambules* (Gallimard, Paris, 1956).
17. *Léonce et Lena* (L'Arche, Paris, 1953).
18. Journaliste. *Le Monde* du 20/21 octobre 1991.
19. Cité par Watzlawick, dans *Changements.*
20. *Le Temps : mode d'emploi. Reconquérir son temps... et sa vie* (E.S.F., Paris, 1990).
21. *Les Enseignements secrets des bouddhistes tibétains* (Adyar, Paris, 1985).

fermé, tandis que d'autres tourneront la clef entre leurs mains sans l'introduire dans la serrure, ou même ne se douteront point qu'il existe une porte à ouvrir. »

« Rien de ce qui se produit ne reste sans effet. »

Diderot (22) : « Et les voilà embarqués dans une querelle interminable sur les femmes, l'un prétendant qu'elles étaient bonnes, l'autre méchantes, et ils avaient tous deux raison ; l'un sottes, l'autre pleines d'esprit, et ils avaient tous deux raison ; l'un fausses, l'autre vraies, et ils avaient tous deux raison (...) ; l'un bavardes, l'autre discrètes ; l'un franches, l'autre dissimulées ; l'un ignorantes, l'autre éclairées ; l'un sages, l'autre libertines ; l'un folles, l'autre sensées ; l'un grandes, l'autre petites, et ils avaient tous deux raison. »

Umberto Eco (23) :

« — Le *génie,* c'est celui qui fait jouer une composante de façon vertigineuse, en la nourrissant avec les autres composantes.

— Le *crétin* (...) prend la porte tambour en sens contraire.

— Etre *imbécile* est plus complexe. C'est un comportement social. L'imbécile est celui qui parle toujours hors de son verre... Si vous voulez, en termes communs, c'est celui qui fait des gaffes, qui demande des nouvelles de sa charmante épouse au type que sa femme vient de larguer... L'imbécile est fort demandé, surtout dans les occasions mondaines. Il met tout le monde dans l'embarras, mais ensuite il offre matière à commentaires. Dans sa forme positive, il devient diplomate. Il parle hors de son verre quand ce sont les autres qui ont fait une gaffe, il fait dévier les propos... L'imbécile ne dit pas que le chat aboie, il parle du chat quand les autres parlent du chien. Il se mêle les pinceaux dans les règles de la conversation et quand il se les mêle bien, il est sublime...

— Le *stupide* ne se trompe pas dans son comportement. Il se trompe dans son raisonnement. C'est celui qui dit que tous les chiens sont des animaux domestiques et que tous les chiens aboient, mais que les chats aussi sont des animaux domestiques et donc qu'ils aboient... Le stupide peut même dire une chose juste, mais pour des raisons erronées.

Le stupide est des plus insidieux. L'imbécile, on le reconnaît tout de suite (sans parler du crétin), tandis que le stupide raisonne comme vous et moi, sauf un écart infinitésimal. C'est un maître ès paralogismes. (...) La stupidité nous entoure. Toute l'histoire de la logique consiste à définir une notion acceptable de stupidité.

---

22. *Jacques le Fataliste* (Librairie générale française, Paris, 1972).
23. *Le Pendule de Foucault* (Grasset, Paris, 1990).

— Le *fou,* c'est un stupide qui ne connaît pas les trucs. Le stupide, sa thèse il cherche à la démontrer, il a une logique biscornue, mais il en a une. Le fou par contre ne se soucie pas d'avoir une logique, il procède par courts-circuits. Tout pour lui démontre tout. Le fou a une idée fixe, et tout ce qu'il trouve lui va pour la confirmer… On le reconnaît à la liberté qu'il prend par rapport au devoir de preuve. »

Mircea Eliade (24) : « Le mythe est considéré comme une histoire sacrée, et donc une " histoire vraie ", parce qu'il se réfère toujours à des " réalités " (…) En effet, les mythes relatent non seulement l'origine du Monde, des animaux, des plantes et de l'homme, mais aussi tous les événements primordiaux à la suite desquels l'homme est devenu ce qu'il est aujourd'hui, c'est-à-dire un être mortel, sexué, organisé en société, obligé de travailler pour vivre, et travaillant selon certaines règles. »

Epictète (25) : « Si tu le peux, ramène par tes paroles les entretiens de ceux avec qui tu vis sur des sujets convenables. Mais, si tu te trouves isolé au milieu d'étrangers, tais-toi. »

« Toute chose comporte deux anses : l'une par où on peut la porter, l'autre par où on ne le peut pas. Si ton frère a des torts, ne le prends pas par où il a des torts, ce serait l'anse par où on ne peut rien porter. Prends-le plutôt par l'autre, te rappelant qu'il est ton frère, qu'il a été nourri avec toi, et tu prendras la chose par où on peut la porter. »

Michel Foucault (26) : « Toute cette attention bavarde dont nous faisons tapage autour de la sexualité, depuis deux ou trois siècles, n'est-elle pas ordonnée à un souci élémentaire : assurer le peuplement, reproduire la force du travail, reconduire la forme des rapports sociaux ; bref aménager une sexualité économiquement utile et politiquement conservatrice ? »

Sigmund Freud : « Les usages sociaux ont tenu compte de cet état de chose en permettant un certain jeu à l'envie de plaire de la femme mariée et à l'envie de conquérir de l'époux… La convention établit que les deux parties n'ont pas à se tenir rigueur de ces petits écarts en direction de l'infidélité… (Mais) le jaloux ne veut pas reconnaître cette tolérance conventionnelle… il ne croit pas que le " flirt " mondain puisse être une assurance contre une infidélité réelle (27). »

---

24. *Aspects du mythe* (Gallimard, Paris, 1963).
25. *Manuel d'Epictète* (Garnier-Flammarion, Paris, 1964).
26. *Histoire de la sexualité,* t. I : "La Volonté de savoir" (Gallimard, Paris, 1976).
27. *Névrose, psychose et perversion* (P.U.F., Paris, 1973).

« L'expérience a montré que même dans les cas de simple collaboration, les relations libidineuses s'établissent régulièrement entre les camarades (qui prolongent et rendent plus solides les relations entre eux) et que ces relations survivent aux avantages purement pratiques que chacun retire de cette collaboration (28). »

« Le psychanalyste connaît des personnes qui se sont créé à elles-mêmes des prohibitions tabous, qu'elles observent aussi rigoureusement que le sauvage obéit aux prohibitions communes à sa tribu ou à sa société (29). »

« La possibilité de transférer les composantes narcissiques, agressives, voire érotiques de la libido dans le travail professionnel et les relations sociales qu'il implique, donne à ce dernier une valeur qui ne le cède en rien à celle que lui confère le fait d'être indispensable à l'individu pour maintenir et justifier son existence au sein de la société (...) S'il est librement choisi, tout métier devient source de joies particulières, en tant qu'il permet de tirer profit, sous leurs formes sublimées, de penchants affectifs et d'énergies instinctives évoluées ou renforcées déjà par le facteur constitutionnel (...) La grande majorité des hommes ne travaillent que sous la contrainte de la nécessité, et de cette aversion naturelle pour le travail naissent les problèmes sociaux les plus ardus (30). »

Erich Fromm (31) : « En fait, lorsque nous nous demandons si l'homme est un loup ou un mouton, nous ne faisons que formuler sur un mode plus précis une question qui, dans une perspective plus vaste et plus générale, a constitué depuis toujours l'une des interrogations fondamentales de la pensée philosophique et théologique de l'Occident : l'homme est-il par essence méchant et corrompu, ou au contraire bon et perfectible ? »

« Ce n'est pas en " définissant " l'homme comme un animal politique (Aristote) ou un animal capable de se lier par des promesses (Nietzsche), ou un animal qui exerce une activité productive en mettant en œuvre des facultés de prévoyance et d'imagination (Marx), que l'on peut résoudre le dilemme. »

« La plupart des gens ratent leur vie non parce qu'ils sont intrinsèquement mauvais, ou parce qu'ils manquent à tel point de volonté qu'ils sont incapables de mener une existence meilleure ; non, ils la ratent

---

28. *Psychologie collective et analyse du moi,* également cité par H. Marcuse.
29. *Totem et tabou* (Payot, Paris, 1975).
30. *Malaise dans la civilisation* (P.U.F., Paris, 1971).
31. *Le Cœur de l'homme* (Payot, Paris, 1964).

parce qu'ils ont les yeux fermés et qu'ils ne s'aperçoivent pas qu'ils se trouvent à la croisée des chemins et qu'il leur faut prendre une décision. Ils laissent passer, sans en prendre conscience, le moment où la vie les place devant une alternative et où ils ont encore le choix entre diverses solutions. Ensuite, il leur devient de plus en plus difficile, à chaque pas qu'ils font sur le mauvais chemin, de reconnaître qu'ils se sont "bel et bien" trompés, cela pour la seule et unique raison qu'un tel aveu les obligerait à admettre qu'ils doivent revenir jusqu'à leur point de départ et que, depuis leur première erreur, ils ont gaspillé leur temps et leur énergie. »

Albert Fuchs (32) : « Au bas de l'échelle des types humains, se trouve celui de l'imbécile ignorant, fainéant et satisfait de soi… »

« Il est sûr de lui-même grâce à la conviction d'avoir toujours agi comme il le devait, et grâce à sa vitalité. »

« Il est celui qui obéit avec aisance et envergure à sa loi intérieure, sans se soucier des suites matérielles et morales… Voilà les richesses intimes d'où lui vient sa force et qui font que sa "grande âme" se suffit à elle-même et n'a besoin ni d'obéir ni de dominer pour posséder de la valeur. »

« Si elle repousse la sentimentalité qui n'est que volonté qui fléchit, elle sait en revanche quand la douceur, les émois d'un sentiment vrai et profond sont de mise. »

« Si elle se donne à un homme, elle compte en faire bien moins un moyen de jouir qu'un moyen de parvenir. »

René Girard (33) : « Que chacun se demande où il en est sous le rapport des boucs émissaires. Personnellement, je ne m'en connais pas et je suis persuadé, cher lecteur, qu'il en va de même pour vous. Nous n'avons l'un et l'autre que des inimitiés légitimes. Et pourtant l'univers entier fourmille de boucs émissaires… "hypocrite lecteur, mon semblable, mon frère…". »

André Glucksmann (34) : « Pour interroger quelqu'un d'intelligent, il n'est pas nécessaire d'être plus bête que lui. Ou plus intelligent. Il suffit de découvrir une manière différente d'être averti. »

« Plus encore que d'appliquer le règlement, il s'agit de faire croire qu'il existerait quelque chose comme "LE" règlement. »

---

32. *Goethe, un homme face à la vie* (Goethe psychologue) (Aubier, Paris, 1946).
33. *Le Bouc émissaire* (Grasset et Fasquelle, Paris, 1982).
34. *Les Maîtres penseurs* (Grasset et Fasquelle, Paris, 1977).

Goethe (35) : « Il n'y a aucun signe extérieur de politesse qui n'ait un profond sens moral. »

« Sépare toujours les affaires de la vie. Celles-là veulent du sérieux et de la rigueur, celles-ci de la fantaisie ; une affaire exige la continuité la plus stricte, la vie a souvent besoin d'une inconséquence, qui est même plaisante et divertissante. Autant tu auras de fermeté d'un côté, autant tu pourras avoir de laisser-aller de l'autre, tandis que si tu les mêles, toute fermeté sera emportée et annulée par le laisser-aller. »

« J'ai toujours constaté que personne ne prête attention aux avertissements, que l'attention est toujours orientée vers les signes flatteurs et prometteurs, en lesquels seuls on croit ardemment. »

« Demandons-nous si n'importe quelle créature étrangère arrachée à son milieu, ne produit pas sur nous une certaine impression d'angoisse, que seule l'habitude émousse. Il faut déjà mener une vie agitée et bruyante pour supporter autour de soi des singes, des perroquets et des Maures. »

« Leurs conversations n'étaient que dérobades. Parfois on voulait bien n'entendre qu'à demi ; plus souvent une expression était mal interprétée, sinon par la raison, du moins par le sentiment. On avait peur de blesser et cette peur même était l'occasion de la première blessure et blessait la première. »

Antonio Gramscy (36) : « Il y a crise quand le vieux ne meurt pas et quand le neuf ne veut pas naître. »

André Green (37) : « "A ses propres yeux", qu'est-ce que cela veut dire ? Cela signifie la façon dont quelqu'un se voit soi-même, ce qui n'a rien à voir avec le fait de se regarder dans le miroir. Ce dont on n'a pas conscience, quand on se voit soi-même, qu'on se "regarde dans le miroir" au sens métaphorique, c'est que le regard qu'on croit porter de soi sur soi n'est en fait que l'intériorisation, devenue partie du moi, du regard qui fut à l'origine, porté par nos parents sur nous. »

« La quête de l'identité est un processus qui ne s'arrête pas, et se poursuit indéfiniment. »

Edith Hamilton (38) : « Prométhée, dont le nom en grec signifie "prévoyant", était sage, plus sage et plus sagace que les dieux eux-mêmes, mais Epiméthée, dont le nom signifie "qui réfléchit trop tard", était un écervelé qui suivait invariablement son impulsion première pour ensuite changer d'avis. »

---

35. *Les Affinités électives* (Aubier-Flammarion, Paris, 1968).

36. *Cahiers de prison* (Gallimard, Paris, 1983).

37. *L'Honneur : image de soi ou don de soi ; un idéal équivoque, l'honneur et le narcissisme* (Editions Autrement, série "Morales", Paris, 1991).

38. *La Mythologie* (Marabout, Paris, 1978).

Hermann Hesse (39) : « Il faut faire attention à tout, car on peut tout interpréter. »

« L'on a certes des yeux perçants pour voir ses faiblesses, mais aucun organe pour reconnaître ses grandes qualités. »

« Il avait acquis une prescience lucide de la réalité, d'origine en grande partie intuitive et corsée seulement d'une très faible expérience, mais qui a fait de lui un homme mieux informé et plus ouvert au siècle que la majorité de ses concitoyens... »

« Ce ne sont que des petites tâches par elles-mêmes, mais chacune exige d'être faite à son heure, et la journée de fonctions comporte plus de tâches que d'heures. C'est bien ainsi, il ne faut pas qu'il en soit autrement. »

Karen Horney (40) : « La première contradiction à mentionner est celle qui sévit entre la compétition et la réussite d'une part, l'amour fraternel et l'humilité d'autre part. D'un côté, tout nous incite au succès, ce qui signifie que nous devons non seulement nous affirmer, mais nous montrer agressifs et capables d'écarter autrui. D'un autre, nous sommes profondément imbus de l'idéal chrétien déclarant qu'il est égoïste de désirer quoi que ce soit pour nous-mêmes, que nous devons être humbles, tendre l'autre joue, nous montrer conciliants. Deux solutions seulement peuvent résoudre cette contradiction : ou bien prendre au sérieux l'une de ces aspirations et rejeter l'autre, ou bien les prendre toutes les deux au sérieux et se trouver alors inhibé dans les deux directions. »

Pierre Jardillier et **Henri Bauduin** (41) : « Une étude attentive nous conduit à penser que bien des entreprises génèrent l'absentéisme dont elles souffrent en créant les conditions de sa survenance. S'il est donc vrai que toute entreprise a l'absentéisme qu'elle mérite, elle peut aussi provoquer l'assiduité nécessaire à sa marche. »

« Qu'une personne soit absente pour se remettre de quelques jours d'une vie professionnelle trop lourde, ou quinze jours pour se remettre d'un rhume de cerveau, ou un lundi pour se remettre de deux jours consécutifs de loisir, ou le vendredi pour faire le pont, ou au bon moment pour éviter tel travail pénible ou tout simplement parce que le travail qu'on lui confie lui paraît prodigieusement ennuyeux, dans tous les cas, il s'agit de quelqu'un de mal affecté, d'inadapté à un travail dont le contenu ou les conditions, les deux parfois, lui sont incompatibles. »

---

39. *Le Jeu des perles de verre* (Calmann-Lévy, Paris, 1955).
40. *La Personnalité névrotique de notre temps* (L'Arche, Paris, 1953).
41. *L'Absentéisme : mythes et réalités* (E.S.F., Paris, 1979).

Karl Jaspers (42) : « Mais ne pas agir est déjà une action, c'est s'abstenir, elle a des conséquences... Ne pas pénétrer dans le monde, c'est se faire à soi-même défaut devant l'exigence de la réalité, qui s'adresse obscurément à moi pour m'inciter au risque et à voir ce qui s'ensuit. Dans ma situation, je porte la responsabilité de ce qui se produit du fait que je n'interviens pas ; si je peux faire quelque chose et si je ne le fais pas, je suis coupable des conséquences de mon abstention. Par conséquent, que j'agisse ou n'agisse pas, les deux ont des conséquences et, dans les deux cas, je suis inévitablement coupable. »

Franz Kafka : « Pour pardonner mes faiblesses, je rends mon environnement plus fort qu'il ne l'est en réalité (43). »

« Evidemment, il est des ruses si subtiles qu'elles se contrecarrent elles-mêmes (44)... »

« Enfin, maintenant j'ai ma place forte, mais l'obscur sentiment qu'elle puisse suffire seule a disparu de ma conscience (45). »

Milan Kundera (46) : « Qu'est-ce que la coquetterie ? On pourrait dire que c'est un comportement qui doit suggérer que le rapprochement sexuel est possible, sans que cette éventualité puisse être perçue comme une certitude. »

« La valeur du conquis se mesure au temps consacré à le conquérir. »

« On a tous tendance à voir dans la force un coupable et dans la faiblesse une innocente victime. »

« Les décisions humaines sont affreusement faciles. »

« La faiblesse de Thérésa était une faiblesse agressive qui le forçait chaque fois à capituler. »

« Avoir le vertige c'est être ivre de sa propre faiblesse. On a conscience de sa faiblesse et on ne veut pas lui résister, mais s'y abandonner. On se saoule de sa propre faiblesse, on veut être plus faible encore, on veut s'écrouler en pleine rue aux yeux de tous, on veut être à terre, encore plus bas que terre (47). »

Gustave Le Bon (48) : « Le prestige acquis, ou artificiel, est de beaucoup le plus répandu. Par le seul fait qu'un individu occupe une

---

42. *Philosophie, éclairement de l'existence* (Berlin, 1932).
43. Cité par Gustav Janouch, dans *Gespräche mit Kafka* (Fischer, Hambourg, 1961).
44. *La Colonie pénitentiaire* (Gallimard, Paris, 1948).
45. *Ibid.*
46. *L'Insoutenable Légèreté de l'être* (Gallimard, Paris, 1987).
47. *L'Art du roman.*
48. *Psychologie des foules* (Alcan, Paris, 1937).

certaine position, possède une certaine fortune, est affublé de certains titres, il est auréolé de prestige, si nulle que puisse être sa valeur personnelle. »

Marc Aurèle (49) : « D'Alexandre le Platonicien : ne pas, souvent et sans nécessité, dire à quelqu'un ou mander par lettre "Je n'ai pas le temps". Et, par ce moyen, constamment ajourner les obligations que commandent les relations sociales, en prétextant l'urgence des affaires. »

« Ne suppose pas, si quelque chose t'est difficile, que cette chose soit impossible à l'homme. Mais, si une chose est possible et naturelle à l'homme, pense qu'elle est aussi à ta portée. »

« Efface l'imagination. Arrête cette agitation de pantin. Circonscris le moment actuel. Comprends ce qui t'arrive, à toi ou à un autre. Distingue et analyse, en l'objet qui t'occupe, sa cause et sa matière... La faute que cet homme a commise, laisse-la où la faute se tient. »

« Confronte la pensée avec les mots qui l'expriment. Pénètre en esprit dans les effets et les causes. »

« Ai-je fait acte utile à la communauté ? Je me suis donc rendu service... »

« Prends pour habitude, à toute action, si possible, que tu vois faire à quelqu'un, de te demander à toi-même : "A quel but cet homme rapporte-t-il cette action ?" Mais commence par toi-même, et examine-toi le premier. »

Herbert Marcuse (50) : « Le bonheur doit être subordonné à la discipline du travail en tant qu'occupation à plein temps, à la discipline de la reproduction monogame et aux lois de l'ordre social. Le sacrifice systématique de la libido, son détournement rigoureusement imposé vers des activités et des manifestations socialement utiles "est" la civilisation. »

« La notion selon laquelle *Eros* et *Agape* peuvent être après tout la même chose, non pas qu'*Eros* soit *Agape,* mais parce que *Agape* est *Eros,* peut paraître étrange après presque deux mille ans de théologie. »

« L'idée d'un penchant érotique vers le travail n'est pas étrangère à la psychanalyse. Freud lui-même a remarqué que le travail fournit "la possibilité de transférer les composantes narcissiques, agressives, voire même érotiques de la libido". »

« Le travail est d'abord la principale manifestation du principe de réalité. Dans la mesure où le travail est fondé sur le report et le détournement de la satisfaction instinctuelle, il est en contradiction avec le principe de plaisir... A coup sûr, il y a un travail qui procure du plaisir

49. *Pensées pour moi-même* (Garnier-Flammarion, Paris, 1964).
50. *Eros et civilisation* (Paris, 1963).

par l'utilisation des organes corporels "disponibles pour le travail". Mais quel genre de travail et quel genre de plaisir ? »

« Bien sûr, il peut y avoir aussi du "plaisir" dans un travail aliéné. La dactylo qui tape une copie parfaite, le garçon d'institut de beauté qui fixe une coiffure parfaite, le tailleur qui livre un costume allant parfaitement bien, l'ouvrier qui remplit sa norme – tous peuvent ressentir le plaisir de "l'ouvrage bien fait". Cependant, ou bien leur plaisir est extérieur (espoir de récompense) ou bien il est dans la satisfaction (en elle-même un signe de répression) d'être bien employé au bon endroit, de contribuer pour sa part au fonctionnement de l'appareil. »

Idem, citant **C.B. Chilshom** (51) : « Nos enfants devraient être préparés à élever leurs enfants afin qu'ils n'aient pas à travailler comme une nécessité névrotique. La nécessité de travailler est un symptôme névrotique. C'est une béquille. C'est une tentative de l'homme pour se rendre valable à ses propres yeux, même s'il n'est pas nécessaire de travailler. »

Idem, citant **Barbara Lantos** (52) : « Travailler est l'effort actif du moi... pour tirer du monde extérieur tout ce qui est nécessaire à l'autoconservation. »

Abraham Maslow (53) : « Wertheimer (...) a souligné que dans une activité donnée, moins de 10 % du temps qui y est consacré est rentablement utilisé pour atteindre le but fixé. »

« Les gens qui sont engagés dans la réalisation d'eux-mêmes apprécient la vie pratiquement sous tous ses aspects, tandis que les autres n'apprécient que quelques moments fugaces de succès, d'achèvement ou de satisfaction. »

« Le développement de soi est un but lointain. Les enfants et les adolescents qui se développent bien ne vivent pas dans la perspective de buts lointains ni pour un futur éloigné. Ils sont trop occupés à vivre le moment présent dans la spontanéité. Ils sont occupés à "vivre" et non à se "préparer" à vivre. »

Edgar Maurin (54) : « Nous apprenons très bien à séparer et nous apprenons très mal à relier. »

Alexandre Mitscherlich (55) : « Un processus qui a conduit de l'amibe à l'homme semble signifier pour le philosophe un progrès évident, mais ce que nous ignorons, c'est si l'amibe est de cet avis. »

---

51. Dans *The Psychiatry of Enduring Peace and Social Progress.*
52. *Le Travail et les instincts.*
53. *Vers une psychologie de l'être* (Fayard, Paris, 1972).
54. Interview sur France-Inter (17 octobre 1991).
55. *Vers la société sans pères* (Gallimard, Paris, 1969), citant Bertrand Russel.

« Ce qui est étranger, quand il est ressenti comme une force, menace notre équilibre, suscite de l'angoisse. Les préjugés associés à l'affect servent donc au maintien de l'équilibre. »

« Les rituels, les cérémonies, les lois, toutes les formes habituelles de notre comportement quotidien sont établis par accord collectif et doivent être appris individuellement. La part la plus difficile de cet apprentissage est d'obéir à ce qu'on a appris. »

« Comme l'homme est passablement un inconnu pour lui-même, il trouve un appui dans des préjugés de toute sorte. Le conflit en principe insoluble réside dans la fonction de ces préjugés : lesquels sont bienfaisants, lesquels sont erronés mais apaisants ? La tâche du moi est donc de poursuivre la recherche. »

« Dans la mesure où nous nous trompons nous-même sur nos propres motivations, nous restons un mystère pour nous-même. »

« L'émancipation est une tentative pour prendre conscience (...) de notre propre univers subjectif et de ses rapports avec la société actuelle. »

« Les phénomènes névrotiques reflètent non seulement la puissance d'adaptation et de résistance de l'individu, mais aussi une norme sociale de comportement. »

Molière :

« Quand sur une personne on prétend se régler,
C'est par les beaux côtés qu'il faut lui ressembler,
Et ce n'est point du tout la prendre pour modèle,
Ma sœur, que de tousser et de cracher comme elle. »

« Qui veut noyer son chien l'accuse de la rage ;
Et service d'autrui n'est pas un héritage (56). »

« L'hypocrisie est un vice privilégié qui, de sa main, ferme la bouche à tout le monde, et jouit en repos d'une impunité souveraine. (...) Ceux que l'on sait même agir de bonne foi... sont toujours les dupes des autres ; ils donnent bonnement dans le panneau des grimaciers, et appuient aveuglément les singes de leurs actions (57). »

« Enfin, c'est là le vrai moyen de faire impunément tout ce que je voudrai. Je m'érigerai en censeur des actions d'autrui, jugerai mal de tout le monde, et n'aurai bonne opinion que de moi. Dès qu'une fois on m'aura choqué tant soit peu, je ne pardonnerai jamais, et garderai tout doucement une haine irréconciliable (58)... »

---

56. *Les Fourberies de Scapin* (Librairie Garnier, Paris).
57. *Don Juan.*
58. *Ibid.*

Frederic Nietzsche (59) : « Le bonheur de ceux qui connaissent augmente la beauté du monde et ensoleille tout ce qui est ; la connaissance non seulement enveloppe les choses de sa beauté, elle introduit aussi sa beauté, d'une façon durable, dans les choses. »

« En attendant, la question reste à résoudre si l'on sert davantage son prochain en courant immédiatement et sans cesse à son secours et en lui aidant, ce qui ne peut se faire que très superficiellement, à moins de devenir une mainmise tyrannique, ou si l'on fait de soi-même quelque chose que le prochain voit avec plaisir, par exemple un beau jardin tranquille et fermé qui possède de hautes murailles contre la tempête et la poussière des grandes routes, mais aussi une porte hospitalière. »

« L'individu de mœurs nobles... répond à un discours provoquant par de la retenue, avec un esprit clair, non comme s'il était scandalisé, anéanti, honteux, hors d'haleine, à la façon des plébéiens. »

Nietzsche (60) : « La familiarité exaspère chez un supérieur, parce qu'on n'a pas le droit de lui rendre la pareille. »

« Il y a une exubérance de la bonté qui ressemble à la méchanceté. »

« — Il me déplaît. — Pourquoi ? — Il me dépasse. — Quel homme a jamais fait une telle réponse ? »

Nicolas Pigasse (61) : « Communiquer, c'est aussi éviter les phrases malheureuses, les jugements hâtifs, légers, provocants. »

William Shakespeare (62) : « La perfection, poussée à l'excès, meurt de pléthore. Ce que nous voulons faire, faisons-le quand nous le voulons, car la volonté change ; elle a autant de défaillances et d'entraves qu'il y a de langues, de bras, d'accidents ; et alors le devoir à faire n'est plus qu'un soupir de prodigue, qui fait du mal à exhaler... »

« Car voici un point : si je me noie de propos délibéré, cela implique un acte, et un acte à trois branches : le mouvement, l'action et l'exécution... »

Sheridan (63) : « Coupez la tête à la Médisance, la langue marchera encore. »

« Oui, mon cher Snake, blessée moi-même à mes débuts par la langue venimeuse de la calomnie, je confesse n'avoir jamais connu depuis de plaisir égal à celui d'abaisser les autres au niveau de ma propre réputation. »

---

59. *Aurore* (Paris, 1919).
60. *Par-delà bien et mal* (Gallimard, Paris, 1971).
61. *Lettre d'un jeune à son église* (Desclée de Brouwer, Paris, 1992).
62. *Hamlet* (Librairie générale française, Paris, 1984).
63. *L'Ecole de la médisance* (Aubier-Flammarion, Paris, 1969).

Léon Tolstoï (64) : « L'idée, partagée par beaucoup, que la vie est une vallée de larmes, et l'idée, partagée par l'immense majorité, que la vie est un lieu de distraction sont pareillement fausses. La vie est un service, où il faut parfois endurer de grandes épreuves, mais où l'on connaît souvent de grandes joies. Seulement, les vraies joies ne sont que pour ceux qui comprennent leur vie comme un service, qui ont autre chose pour but dans la vie que leur bonheur personnel. »

Voltaire : « Il est démontré, disait-il (Pangloss), que les choses ne peuvent être autrement : car tout étant fait pour une fin, tout est nécessairement pour la meilleure fin. Remarquez bien que les nez ont été faits pour porter des lunettes ; aussi avons-nous des lunettes. Les jambes sont visiblement instituées pour être chaussées, et nous avons des chausses (65)... »

« Des hommes d'un génie profond lui présentèrent des projets. L'un avait imaginé de mettre des impôts sur l'esprit. "Tout le monde, disait-il, s'empressera de payer, personne ne voulant passer pour un sot..." (66). »

Paul Watzlawick, J. Weakland et **R. Fisch** (67) : « La recette consistant à faire "plus de la même chose" est une "solution" qui crée le problème. »

« Il s'agit de changer de vitesse et non de pousser l'accélérateur au plancher. »

« Si un "terrible simplificateur" est quelqu'un qui ne voit pas de problème là où il y en a un, son contraire philosophique est l'utopiste qui voit une solution là où il n'y en a pas. »

« En somme, ce n'est pas la manière dont les choses sont réellement qui constitue le problème et qui doit être changée, mais la prémisse selon laquelle les choses devraient être d'une certaine façon. »

« On est amené, en abordant un problème, à formuler et à appliquer une démarche en quatre temps :

1. Définir clairement le problème en termes concrets.
2. Examiner les solutions déjà essayées.
3. Définir clairement le changement auquel on veut aboutir.
4. Formuler et mettre en œuvre un projet pour effectuer ce changement. »

*
* *

64. *Lettres II, 1880-1910* (Gallimard, Paris, 1986).
65. *Candide, ou l'optimisme* (Garnier, 1960).
66. *L'Homme aux quarante écus.*
67. *Changements* (Le Seuil, Paris, 1975).

Et merci M. **Josef Rattner :**

« Probablement les sentiments sont-ils pour le déroulement de l'existence humaine des phénomènes beaucoup plus primordiaux que les pulsions. Au plus profond de la personnalité humaine et de sa vie, nous trouvons un faisceau de sentiments au travers desquels se construit l' "être-dans-le-monde" humain.

« Dès que nous détectons une valeur, nous tendons à l'assimiler, c'est-à-dire, à faire un avec elle.

« En ce sens, on ne peut parler que de "sentiments positifs". Lorsque le ressenti se traduit en négatif, il convient de parler d' "affects". Ces derniers n'ont généralement pour toute utilité qu'une lutte pour l'affirmation de soi ; dans les sentiments en revanche, il s'agit de l'établissement et du renforcement des relations humaines.

« Partant de tels concepts, l'on pourrait imaginer une "famille de sentiment" qui se composerait selon le modèle suivant : joie, bienveillance, bonté, pitié, courage, politesse, réciprocité, etc., en seraient les " enfants ". L' "amour" en serait la mère...

« Agir et ressentir sont complémentaires. L'homme est dans le monde pour agir ; bien que le "sentir" ait une importance capitale, il y reste malgré tout lié et soumis.

« Que signifie agir ? La plus simple définition indique que nous nous intégrons au monde par l'action, c'est-à-dire que nous y sommes indissociablement liés.

« On est obligé d'agir si on veut vivre. Mais agir n'est pas chose aisée pour l'homme. Ça n'est pas seulement une question de difficulté mais aussi une question de perte de liberté.

« C'est la "puissance des sentiments" qui dirige nos actions et nos comportements. Et c'est bien ainsi. Un homme de "tête" ne ferait que réfléchir et "projeter" et cela en resterait là. C'est le cœur qui nous pousse à "inscrire" la réflexion dans la réalité au travers de l'acte.

« ... Il est bien connu que la "raison" est fort proche de la "connaissance de soi", et que celle-ci est derechef bien proche de la "connaissance des autres" et de la "connaissance du monde"

« La folie collective et individuelle telle que nous pouvons la constater dans la vie spirituelle et culturelle est à mettre en corrélation directe avec la multiplicité des maladies du corps dont nous sommes menacés. La prophylaxie médicale doit combattre la bêtise, l'ignorance, la déraison et le manque d'esprit (68). »

« La véritable origine du comportement erroné d'un individu dans son milieu professionnel peut, par exemple, se trouver dans sa vie

---

68. *Psychosomatik* (Berlin, juillet/août 1990).

amoureuse, ou dans sa peur de la vie, ou dans sa peur des contacts sociaux (69)... »

« Plus un homme est vaniteux, moins il a de raisons d'être fier de lui. »

« Nous sommes convaincu que la capacité à travailler se rapproche d'une certaine manière de la capacité à aimer. Les êtres créatifs se caractérisent par l'amour dont ils sont capables de faire preuve pour les hommes et les choses ; c'est sur cet amour que pousse leur créativité (70). »

« Le caractère est l'expression du monde émotionnel de la personne. »

« Pour Alfred Adler, un homme capable de coopérer est celui également capable de *"voir avec les yeux d'un autre, d'entendre avec les oreilles d'un autre, de sentir avec le cœur d'un autre"* (71). »

« Le développement et l'épanouissement humain passent par une relation correcte de l'homme face à l'avenir ; l'homme vraiment laborieux ne se perd pas en souhaits et en espoirs, mais prépare et organise de manière active l'avenir. C'est l'avenir qui donne tout leur sens au passé et au présent. »

« ... Celui qui comprend ainsi sa conscience ne restera pas collé à ses anciennes fautes, mais s'efforcera de corriger et de compenser ses erreurs passées par des actes positifs à venir. »

« Être soi-même et agir socialement ne se contredisent en aucune façon. »

« Comme le travail prend place dans l'ensemble du processus existentiel... il est à conseiller de détacher le regard des seules préoccupations professionnelles et de prêter attention au style de vie général qu'on mène et au rapport qu'on entretient vis-à-vis de soi-même, des autres et du monde. »

« Une "éthique de la productivité" n'est certainement pas à sous-estimer ; toutefois, elle doit être soumise à une "éthique de l'humanité" (72). »

---

69. *Connaissance de soi et connaissance d'autrui* (Munich, 1973).
70. *Psychanalyse : Journal pour la psychologie analytique compréhensive et l'analyse culturelle*, t. III (Verlag für Tiefenpsychologie, Berlin, 1983).
71. *Psychologie individuelle et capacité à travailler.*
72. *Phénoménologie de la capacité à travailler.*

Table des matières

La composition et l'impression de cet ouvrage
ont été réalisées par CLERC S.A.
18200 SAINT-AMAND - Tél. : 48-96-41-50
pour le compte des ÉDITIONS DANGLES
18, rue Lavoisier - 45800 ST-JEAN-DE-BRAYE

Dépôt légal Éditeur n° 1847 - Imprimeur n° 5084

Achevé d'imprimer en Avril 1993

Dans la même collection :

Patrick ESTRADE :

VIVRE MIEUX : MODE D'EMPLOI. Comment surmonter crises et déprime et décider d'être heureux.

Format 15 x 21 ; 208 pages ; illustré.

Les problèmes, tout le monde connaît ; ils font partie de notre vie quotidienne. Mais quand ils deviennent trop nombreux à s'imbriquer simultanément les uns dans les autres, ça ne s'appelle plus « problèmes » mais *crise, déprime, névrose...* Lorsque nous ne savons plus où nous en sommes ni à quel saint nous vouer, lorsque notre horizon de vie n'est plus que pessimisme, incertitude, angoisse, échec... il ne faut pas laisser la situation continuer à se dégrader. **Il faut réagir !** Toute crise, aussi inattendue soit-elle, possède sa propre structure, sa propre dynamique, sa propre expression. Ce qui importe, c'est d'en comprendre les lois de progression et de régression (que, la plupart du temps, nous ignorons) afin **d'en sortir rapidement.** Nos problèmes ne sont jamais dus au hasard, ne naissent pas de rien.

En un langage simple et accessible à tous, Patrick Estrade nous propose ici de comprendre vraiment ce qu'est une « crise psychologique » et comment on s'en sort. Pour ce faire, il analyse les différentes remises en cause (de soi-même, d'autrui, du monde extérieur...) auxquelles nous devons procéder, dénonce ce qu'il appelle les *« malfrats de notre âme »* (sentiment d'infériorité, peur de l'autorité...) et propose enfin une méthode de pensée et d'analyse apparaissant comme une **véritable alternative** à la spirale infernale qui nous conduit habituellement de la déprime à l'échec.
Il nous présente un véritable **mode d'emploi « pour » la vie,** démontrant que l'escalade névrotique n'est pas irréversible. Par une compréhension correcte de ce qui se passe en nous, une analyse lucide des facteurs perturbateurs de notre vie psychique, nous pouvons – qui que nous soyons – agir de telle sorte que la névrose régresse, la crise s'aplanisse, le problème se résorbe. **En toute chose, il est bon de savoir qu'une « autre » voie existe. Toujours.** C'est donc un livre positif, un antidote aux ouvrages prônant la destruction de la vie humaine, un guide pratique pour se réconcilier avec l'existence, avec soi-même et avec les autres... **pour définitivement vivre mieux !**

EXTRAIT DE LA TABLE DES MATIÈRES :

Première partie : **LA DURE RÉALITÉ DU MILIEU.** Principes de plaisir et de réalité - Tâches de la vie et événements - Réalité et vérité - La remise en cause - Notre réalité personnelle - Conviction et vérités...

Deuxième partie : **LA CRISE MISE A NU.** Les problèmes - La lutte du Moi - Le radeau de la déprime - Du problème à la crise pathologique - Terrains négatifs - La sphère crisiaque...

Troisième partie : **REMISE EN CAUSE OBLIGE !** La crise d'ouverture - Perception subjective - Objets de notre remise en cause - Remise en cause du monde extérieur, d'autrui, de nous-même - Besoin névrotique de changement - L'immobilisme - La crise à la carte - Action et réaction...

Quatrième partie : **CERTAINS FACTEURS DE CRISE.** Sentiment d'infériorité - Culpabilité, mauvaise conscience et regrets - Peur de l'autorité - Sentiment de rejet - Négativisme - La névrose ordinaire...

Cinquième partie : **VERS UNE NOUVELLE POLITIQUE DE SANTÉ PSYCHIQUE.** Ce qui nous pousse à être actif - Transparence de personnalité - Le souci de soi - Apprentissage de la sagesse - Vivre dans le projet - « Adagio » de la vie...

Dans la même collection :

Patrick ESTRADE :

LE COUPLE RETROUVÉ.
Les mésententes conjugales et leurs remèdes.

Format 15 x 21 ; 352 pages ; illustré.

Un couple épanoui et harmonieux : rien de tel pour nous faire progresser dans la vie à pas de géant. Mais un couple en crise, ça nous démolit, nous anéantit, nous ruine l'âme et le cœur. Lorsque notre couple *s'emmêle* comme les algues autour d'une hélice, arrive un moment où *tout bloque :* travail, obligations quotidiennes, caractère, vie sociale... tout s'en ressent. **Il faut alors savoir s'arrêter et faire le point.**

Dans le langage simple et accessible à tous qui a fait le succès de ses précédents ouvrages, Patrick Estrade (psychologue et psychothérapeute) nous guide dans le dédale de nos échecs conjugaux, de nos erreurs, de nos méprises. Sans concession aucune ni moralisme, il nous montre comment analyser nos faiblesses personnelles qui contribuent à fragiliser notre vie de couple, comment analyser nos habitudes, comportements et réactions, nos pratiques erronées pouvant dégénérer en *mésententes,* voir même en *affrontements* puis en *rupture.*

C'est un véritable tour d'horizon de nos ressources humaines : quelles sont nos attitudes face à l'amour, à la sexualité, à l'*Autre,* nos problèmes de communication, la contribution des enfants et des parents dans ces crises, nos difficultés à affronter les différents problèmes existentiels qui se présentent, nos idéaux de vie... tout est ici abordé et étudié sur le ton de la franchise et de la simplicité.

Bien entendu, **face à tous ces problèmes des remèdes existent.** Ils sont ici détaillés d'une manière concrète et applicable par tous. Les « situations de crise » dans le couple sont inévitables ; encore faut-il savoir comment en sortir. C'est le but de ce guide pratique.

EXTRAIT DE LA TABLE DES MATIÈRES :

Première partie : **LE COUPLE TEL QU'IL APPARAIT.**
I. **Les méprises de départ -** Le choix du partenaire - Un modèle parental - La lassitude face à l'autre - Dynamique et contre-dynamique - Faits et méfaits...
II. **Les terrains de nos mésententes -** La différence d'évolution - La tolérance - La gâterie - Les concessions - Les attitudes autosacrificielles - La relation symbiotique - La peur de ne pas être aimé - Le risque de l'extériorité...
III. **Le couple au quotidien -** La maniaquerie - Le désordre - Mon problème ou le sien ? - Evolution professionnelle du couple - La « désertion » du foyer...

Deuxième partie : **LE COUPLE TEL QU'IL S'AIME.**
IV. **L'amour dans le couple -** Définition - La capacité amoureuse - L'amour « affectif » et l'amour « filial » - La carence amoureuse - La jalousie - Réapprendre l'amour.
V. **La sexualité dans le couple -** Une fonction naturelle - L'attrait érotique - Quelle importance conférer à la sexualité ? - La façon de faire l'amour - La rencontre dans la sexualité - Repenser la sexualité - L'infidélité et sa psychologie...

Troisième partie : **LE COUPLE TEL QU'IL S'ENTEND.**
VI. **La non-communication -** La « désencontre » - Les causes - Carence de communication - Dépendance et soumission - Du silence au mutisme...
VII. **La pseudo-communication -** Le simulacre - Le malentendu - Le sous-entendu - Les reproches - L'autoritarisme - L'infantilisme - Pour en sortir...
VIII. **Les avatars du discours -** Faut-il tout dire ? Concordances et divergences - Champs de bataille secondaires, médisances et clichés - Le discours et l'acte...

Quatrième partie : **LE COUPLE TEL QU'IL S'AFFRONTE.**
IX. **Les conflits -** De la plainte à la querelle - De la dispute défensive au conflit - Du conflit à la crise - La personnalité belliqueuse - Le « terme » de nos conflits...
X. **Enfants et parents face aux mésententes -** L'enfant préservé - L'enfant défié - L'enfant accusé - L'enfant de l'autre - La présence des parents...

Cinquième partie : **LE COUPLE RETROUVÉ.**
XI. **Réapprendre le couple -** Un « présent positif constructif pluriel » - Changer notre comportement - Ce que parler veut dire - Perestroïka et glasnost - La générosité dans le couple - Prendre et donner - Donner à l'autre le sentiment d'exister...
Postface : **Pour une écologie du couple.**

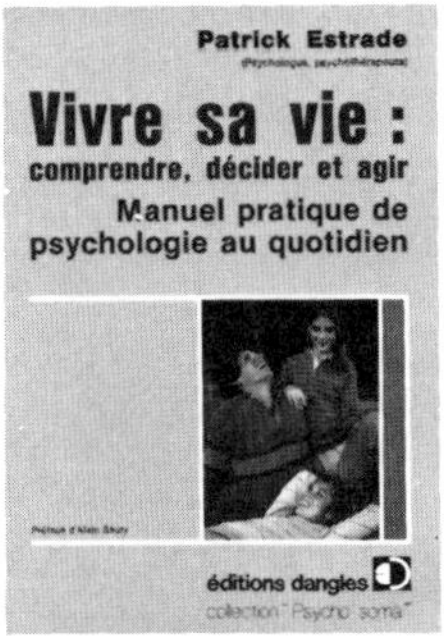

Dans la même collection :

Patrick ESTRADE :

VIVRE SA VIE : comprendre, décider et agir. Manuel pratique de psychologie au quotidien.

Format 15 x 21 ; 208 pages ; illustré.

« ...J'ai voulu faire **simple, clair, compréhensible...** J'ai voulu écrire un livre pour tout le monde, laissant de côté les grandes théories, réécrire ou réinventer la psychologie avec des mots de tous les jours, mettre le doigt sur nos faiblesses quotidiennes et leur donner un sens, une explication... J'ai voulu faire un livre de **recettes toutes simples** afin que chacun découvre que ses faiblesses et ses problèmes ne sont **ni définitifs, ni immuables** » (Patrick Estrade, psychologue).

L'existence est pleine de hauts et de bas. Parfois, sans aucune raison apparente, certains dégringolent subitement, allez savoir pourquoi. Et le contre-coup arrive : *« Ah, si j'avais su ! Mais pourquoi ne m'a-t-on pas prévenu ? », « Allo maman bobo »...* Trop tard, maman n'est plus là ; fallait pas jouer avec le feu !
– Je ne recommencerai plus, c'est promis, juré !
– Trop tard vous dis-je, fallait y penser avant.
– Mais alors, il y a des « trucs » que je ne savais pas ?
– Oui, parfaitement, il y a des « trucs » que vous ne saviez pas...
... des trucs que nous non plus ne savons pas. Et quand on ne sait pas, eh bien il faut apprendre. Alors, allons-y ! C'est l'objectif de ce livre.

Vivre, c'est résoudre des problèmes. Ce guide pratique – qui se lit comme un roman – vous prend par la main et vous apprend à résoudre **vos** problèmes : comment **émerger** de vos difficultés, comment **comprendre** vos faiblesses et vos erreurs et enfin comment **agir** pour éviter de « replonger ». Un fidèle compagnon de route qui vous guidera au travers des embûches, vers une existence heureuse et épanouie.

EXTRAIT DE LA TABLE DES MATIÈRES :

Première partie : **ÉMERGER** - Comment on en arrive à « se mélanger les pinceaux » - Qui sommes-nous ? - Soigner quoi, guérir quoi ? - Les paramètres du dérapage - Le moteur à névrose - Toi le névrosé, mon frère - Découvrir le pot à névrose - Avoir raison et avoir tort - Imposer ou négocier - Le chantage - « Je retourne chez ma mère » - Manipulation et téléguidage - Terrorisme psychologique - Jalousie - Chantage au suicide - Goulot, piqûre - L'art de la rupture - Rupture « à cause » ou « pour » - Autopsies du « quitteur » et du « quitté » - Le changement - Redonner un sens au présent - Ne pas confondre problème et impasse - Vivre au quotidien singulier - Planifier le temps - Gérer son capital vie...

Deuxième partie : **COMPRENDRE -** Vie en dents de scie : danger ! - Illusions et désillusions - Vivre, c'est résoudre des problèmes - Paradoxe et contradictions - Distance, proximité et juste milieu - Nos relations à autrui - Envie et non-envie - Maquillage et trucage - Attention prévenante ou intervenante - Ne pas trop gâter - Ultimatum et forcing - Cynisme, dérision et dérisoire - Se prendre au sérieux - L'image de nous-même - Gare au « trop sérieux » - Qui se joue de qui ? - Intention et décision - L'indécision - S'écouter pour décider - Les conseilleurs ne sont pas les payeurs - Trouvons notre vraie place - Occupons notre espace tout entier - Apprendre à déranger les autres - Personne n'a besoin de personne...

Troisième partie : **AGIR -** Assumer nos problèmes non résolus - Bien-être, mal-être... ou être ? - Nos problèmes nous aident à vivre - Notre véritable beauté - Il n'y a pas de faiblesses honteuses - Sens de la vie et force de caractère - Ron-ron = danger - Chance ou hasard : à nous de choisir - La culture, une passion salvatrice - Les « écorchés » de l'existence - L'amour en plus - Sensibilité, émotivité et sensiblerie - Dépassons nos limites - La spontanéité - « Battant » ou « pensant » ? - La peur d'une relation claire - L'intelligence des choses - Curiosité et communication - Allons vers les autres - Apprendre à dire non - La révolution constructive - Résoudre l'impossible - Oser - La peur de l'inconnu - Bien appréhender les problèmes...

Dans la même collection :

Patrick ESTRADE :

RÉUSSISSEZ VOTRE PERSONNALITÉ. Guide pratique pour mieux vivre avec soi-même et les autres.

Format 15 x 21 ; 208 pages ; illustré.

Nos problèmes existentiels trouvent, pour une très large part, leur explication dans **une extraordinaire méconnaissance de nous-même et des autres.** Dans tous les échelons de la vie sociale, il n'est personne qui n'ait ressenti, à un moment ou à un autre, la nécessité de construire ou d'asseoir le personnage qu'il veut présenter à autrui.
Or, **une personnalité, ça se construit...** mais pas n'importe comment, pas sur n'importe quoi ! Le propos de ce guide pratique de psychologie est de vous y aider.

Dans un langage simple, clair et accessible à tous, l'auteur nous propose ici de prendre conscience de notre **identité profonde,** passant tour à tour en revue les attitudes quotidiennes qui l'entravent (tendance à la bouderie, colérisme, besoin de compliquer les choses...) et celles qui, au contraire, favorisent son épanouissement (curiosité, esprit de nuance, autonomie...). Parallèlement, il nous indique une technique progressive de prise de conscience de soi et d'autrui et nous apprend à trouver enfin notre vraie place dans les trois domaines relationnels vitaux : professionnel, social et sentimental.
C'est par cet apprentissage, par un dépistage soigneux de nos attitudes erronées, de nos comportements carentiels et inadaptés, par l'abandon de nos automatismes psychiques et par une perception claire de notre rôle dans la collectivité que nous parviendrons à l'épanouissement total de notre véritable personnalité.

Nos comportements sont le reflet de notre être profond. Apprenons donc à donner à ceux qui nous entourent l'image d'un personnage clair, cohérent, différencié, qui tienne compte de la réalité et de l'actualité en même temps que de nos possibilités et ressources insoupçonnées.

EXTRAIT DE LA TABLE DES MATIÈRES :

Première partie : **DE L'IDENTITÉ A LA PERSONNALITÉ.** Tous nos problèmes viennent des autres - Apprendre à vivre ensemble - Qu'est-ce que l'identité ? - L'héréditaire et l'acquis - Quel sens donner à notre vie ? - Les obstacles à notre identité - L'école de la vie - Identité et personnalité - Relations interindividuelle et interpersonnelle - De l'individu à la personne - Personnalité et névrose - Dynamique de la personnalité - Créer l'événement - Psychologie du comportement...

Deuxième partie : **CE QUI INFIRME NOTRE PERSONNALITÉ.** Le boudeur - Le têtu - Gâterie et personnalité - Autorité et hiérarchie - Sentiment d'infériorité - Violence, agressivité et combativité - Fanatisme - Le besoin de compliquer les choses - Le critiqueur et l'esprit critique - Le dénigreur - Le plaisir de la rhétorique - Le besoin de simplifier les choses - Le simpliste - L'harmoniste...

Troisième partie : **CE QUI CONFIRME NOTRE PERSONNALITÉ.** La personne centrée - Conflit névrotique et conflit sain - Curiosité et goût de l'exploration - L'esprit de nuance - Devenir actionnaire du temps - L'improvisation - Indépendance et autonomie - Réapprendre l'altruisme...

Quatrième partie : **LA CONSTRUCTION DE NOTRE PERSONNALITÉ.** Rôle et personnalité - Ecrire l'histoire de notre propre Moi - Choisir le héros - Le gentil - La séduction - Le méchant - L'agressivité - Mise en dynamique du personnage - Paradoxes et induction - Pluralité de l'identité - Organisons notre identité au quotidien singulier et au quotidien pluriel...